부모교육

Parent Education

박명순 · 김현경 · 이수현 공저

학지사

머·리·말

유치원과 어린이집에서 영유아를 지도하는 교사는 어린 아동을 지도하는 것
뿐 아니라 학부모의 자녀교육 관련 질문에 응답하고 상담해야 하는 과제도 갖고
있다. 따라서 영유아 교육 또는 보육을 담당하는 교사는 학부모에 대한 '부모교
육'에 관심을 갖고 학부모에게 조언할 수 있는 능력을 키워 두어야 한다. 그런
의미에서 유아교육학, 보육학, 아동학을 전공하는 학생에게 '부모교육'은 필수
교과목이며 현장의 지도자나 교사가 꼽는 주요 교과목 중 하나다.

자신의 삶을 성공적으로 이끌어 가는 부모일지라도 확신을 갖고 말하지 못하
는 일이 '자녀교육'이다. 그만큼 자녀교육은 정답이 없고 뜻대로 되지 않는 일이
다. 자녀를 낳아 키우는 부모의 역할은 시대나 가치관의 변화와 맞물려 있기 때
문에 부모 자신이 성장할 때의 부모 모습만이 부모 역할의 기준이 될 수도 없다.
가족의 기대 속에 태어난 자녀가 예쁘고 사랑스럽기만 하다가 어느 순간 말을
안 듣고 떼쓰는 아이가 될 때 부모는 당황하게 된다. 그러나 냉철하게 짚어 보면
자녀의 부정적인 행동의 출발은 부모에게 그 원인이 있는 경우가 많다는 것을
알 수 있다. 최근 들어 젊은 부모들은 자녀와 어떻게 놀아 줘야 할지, 또 어떻게
상호작용해야 할지 몰라서 부모 역할이 너무 어렵다고 하소연하기도 한다.

자녀를 바르게 키우려면, 부모는 무엇보다도 한 인간으로서 성숙하여 안정된
자아를 갖춰야 하며, 동시에 원만한 부부관계를 형성하여 자녀에게 서로 사랑하
고 존중하는 모습을 보여 주어야 한다. 교육은 말로 하는 것이 아니라 행동으로
하는 것이다. 부모는 자녀를 사랑하는 마음을 바탕으로, 확고한 교육관을 갖고
주변의 유행에 쉽게 휩쓸리지 말아야 한다. 남들의 기준을 따르다 보면 우왕좌

왕하게 되어 자녀교육이 혼란스러워질 것이다. 부모는 허영심을 버리고 장기적인 안목을 가져야 하며, '남'을 지나치게 의식해서도 안 된다.

유능한 부모가 되려면 부모는 자녀의 발달 시기에 따른 특성을 이해해야 하며 어떻게 양육해야 하는지 알기 위해 지식을 얻고 기술을 익혀야 한다. 영어를 잘하려면 영어 공부에 시간을 투자해야 하듯이, 자녀를 잘 키우는 방법과 기술도 배우고 익히며 연습해야 자녀의 긍정적 발달에 도움이 되는 방법과 해가 되는 방식을 깨달을 수 있다. 부모는 사회와 사회 변화에 대한 통찰을 지녀 다음 세대를 살아가야 할 자녀에게 우리가 몸담고 살아가는 이 사회에서의 주인의식을 키워 주어야 하고, 자녀가 사회에서 타인에게 해가 되거나 부적응한 사람이 되지 않도록 끊임없이 지도해야 할 것이다. 가정은 아이가 성장하며 발달단계를 거치면서 여러 측면의 역량을 키우는 주요 환경으로서, 가정에서 부모의 역할은 절대적이다.

이 책은 4부로 구성되어 있다. 제1부는 부모교육의 필요성에 대해 고찰하고 유능한 부모는 어떠해야 하는지 알아보고자 부모-자녀 관계를 다루었다. 시대가 변하고 '가족'에 대한 정의도 바뀌고 있는 상황에서 부모의 역할은 어떠해야 하는지에 대해서도 언급하였다. 제2부에서는 가족생활주기와 그에 따른 부모의 역할을 다루고 있다. 자녀가 영아기, 유아기, 초등학생인 아동기를 거칠 때, 시기마다의 핵심적 발달을 짚어 주고 자녀의 발달에 따라 부모가 신중을 기해야 하는 점을 제시하고 있다. 제3부는 다양한 가족과 부모 역할을 다루었다. 한부모가족, 다문화가족, 조손가족, 재혼가족, 입양가족의 특징과 이들 가족에서 나타나는 부모 또는 부모 역할을 하는 사람의 어려움 및 자녀의 어려움을 짚어 보고, 이들 가족에 대한 정책적 지원을 살펴보았다. 제4부는 부모교육 이론 및 프로그램을 다루었는데, 에릭 번의 상호교류분석, 기노트의 인본주의적 관점을 살펴보고 부모교육 프로그램의 실제를 취급하여, 부모효율성 훈련 프로그램(PET), 효율적 부모 역할을 위한 체계적 훈련 프로그램(STEP) 및 우리나라 유아교육 현장에서 진행되는 부모교육을 소개하였다.

이 책이 유치원 현장에서 또 보육 현장에서 일하는 교사들에게 부모교육을 위한 좋은 지침서가 되길 바라며, 또한 영유아 자녀를 키우고 있는 부모에게도 부모 역할을 어떻게 해야 할지에 대한 안내서가 되길 바란다. 끝으로 이 책이 나오기까지 힘써 주신 학지사 김진환 사장님과 편집부 여러분께도 감사의 인사를 전한다.

2015년 2월
저자 일동

차 · 례

제2부 가족생활주기와 부모교육

제4부 부모교육 이론 및 프로그램

제**1**부

현대의 부모교육

부모-자녀 관계의 이해

　부모교육을 관통하는 핵심 내용은 부모-자녀 관계에 대한 이해다. 따라서 부모-자녀 관계에 대한 내용이 이 책 전체에 걸쳐 다루어지겠지만 이 장에서는 부모역할과 부모-자녀 관계의 본질적 측면을 간략히 짚어 보려 한다.

　동서고금을 막론하고 자녀 양육이 중요하면서도 결코 쉬운 일이 아닌 것은 분명하지만 오늘날 만큼 부모들이 부모역할의 어려움을 겪은 적은 일찍이 없을 것이다. 우리나라의 경우를 보더라도 지난 50여 년간 여성교육이 확대되어 대부분의 여성들이 고등학교 졸업 이상의 학력을 갖게 되었고, 여성들의 사회 진출로 여성들도 직업을 갖는 것이 대세가 되었다.

따라서 가정에서 아버지와 어머니 역할의 경계가 점차 허물어지고 있으며, 또한 이전에는 생각하지도 못했던 인터넷의 보급과 SNS 사용이 인간관계나 우리 삶의 패턴을 송두리째 바꿔 놓고 있는 점이 오늘날 부모들이 자녀를 키우며 겪는 어려움의 주된 요인으로 생각된다. 결혼 후 자녀를 출산하면 어머니가 자녀 양육에 몰입하던 때와는 달리 이제 대다수 어머니들이 직장을 갖게 됨에 따라 자녀양육을 책임지는 주체가 바뀌고 있으며 그와 동시에 자녀양육은 자녀를 키우는 즐거움과 기쁨을 주기보다 부모들에게 무거운 짐으로 인식되기 시작했다.

1. 부모교육의 필요성

자녀가 건강한 심리상태를 지니고 올바르게 행동하도록 가르치는 일은 자녀를 양육하는 부모의 역할 중에서 가장 중요하면서도 쉽지 않은 일이다. 내 자녀가 바르게 성장하기를 원하지 않는 부모는 단 한명도 없을 것이다. 문제는 부모 입장에서는 내 자녀이지만 동시에 자녀 자신의 삶에 주체적인 한 인간을 어떻게 가르칠 수 있을까 하는 것이다. 아이를 위한다는 것이 엉뚱하게 역효과를 초래하는 경우를 우리는 어렵지 않게 볼 수 있으며, 때에 따라서는 자녀를 대하는 방법에 너무 무지하거나 또는 부모의 허영이나 욕심이 자녀를 바람직한 모습으로 이끄는 데 걸림돌이 되기도 한다.

고든(Gordon, 1970)은 1960년대 미국에서 고학력이고 사회적으로 성공한 부모들조차도 효과적 인간관계나 의사소통 기술에 무지해 학교의 형식적 교육이 부모역할에 아무런 도움을 주지 못한다는 점을 발견하고 PET프로그램을 개발하고 보급시켰다. 그는 처음 캘리포니아 Pasadena에서 17명의 부모들을 대상으로 교육을 시작하였는데 1980년에 이르러서는 미국에서만 60만 여명의 부모가 참여할 정도로 폭발적인 호응을 받았다. 부모교육을 진행하면서 고든이 발견했던 것은 예상 밖으로 많은 부모들이 자녀들의 자존감과 자신감을 손상시키고 사기를 떨어뜨리며 부모의 사랑을 전혀 느낄 수 없는 말과 행동을 서슴없이 한다는 점이었다. 자녀를 잘 키우려고 훈육한다는 것이 그만 무심결에 자녀들에게 평생 가슴에 남는 상처를 주는 60년대 미국 부모들의 모습이 현재 한국 부모들에게서도 비슷하게 나타나고 있다는 것을 부인할 수 없다. 물론 그동안 부모들은 자녀교육에 대해 많이 고민하고 교육도 받아 훨씬 좋아지기는 했지만 아직도 자녀교육은 대부분 부모에게 매우 어려운 과제임에 틀림없다.

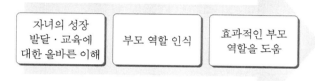

[그림 1-1] 부모교육의 내용

자녀를 이렇게 키워야 한다는 정답은 없다. 부모들은 시행착오를 통해서 자녀를 양육하는 방법을 모색하게 되는데, 융통성 있는 부모는 시대 상황과 자녀 연령에 걸맞게 자녀와의 관계를 형성하고 의사소통하는 새로운 방법을 모색하며, 자녀 양육에 관한 책을 읽고 교육 받으며 인터넷을 통해 여러 가지 유익한 정보를 찾아 자녀들을 이해하고 그들 행동을 다루는 데 활용할 것이다.

결혼 후 아이를 낳고 준비 없이 부모가 된 경우, 부모는 흔히 자녀교육에 대한 고정관념을 갖고 접근하며 자신을 양육하던 부모의 양육방식을 답습하게 되는 경우가 많다. 아직도 많은 한국의 부모들은 자녀들은 부모에게 순종해야 한다는 생각을 갖고, 부모의 시각을 고집하며 훈계하고 강요하는 경우가 많은 것이 사실이다. 또는 자녀를 민주적으로 키우고 싶다는 생각만 갖고 제대로 된 교육 없이 자녀행동에 반응하고 아이를 대하다 보면, 자칫 타인을 고려하지 않고 자기 멋대로 행동하는 버릇없는 아이로 키우게 되는 경우도 있다.

부모가 자녀를 어떤 시각으로 바라보는가는 매우 중요하다. 대개 부모는 자신의 자녀를 객관적으로 보지 못하며, 따라서 객관적으로 반응하지도 못한다. 부모의 양육방식은 자녀에 대한 부모의 지각, 가치관, 부모의 긍정적 생각, 성차, 자녀의 여러 특성들에 대한 부모의 믿음에 의해 결정된다(Dekovic, Geris, & Janssens, 1991; Luster, Rhodes, & Hass, 1989; Stern & Karraker, 1988). 즉, 부모는 '자신의 성격과 삶의 환경에 따라 자기 나름대로의 자녀양육 모델을 만들고 적극적으로 관찰하고, 때로는 도달하기 힘든 가설을 세우며, 고쳐 나가는 과정을 통해 계속 자녀에 대한 내적 모델을 수정하는 과학자'와 같다(Costanzo & Woody, 1985).

부모역할이 이와 같이 쉽지 않다는 부모들 공통의 고백에서 부모교육이 필요하다고 인식되었고 부모교육이 전 세계적으로 확산되었다. 외국어를 배우고 피아노를 치기 위해서는 배우고 연습해야 하는 것을 당연하게 생각하면서도 진정으로 쉽지 않은 한 인간을 키우는 데 아무런 교육이나 훈련 없이 잘 될 것을 기대한다면 이는 분명 착각일 것이다. 어찌 생각하면 그게 배운다고 될 일인가 하는 심경이라고도 해석할 수 있지만, 분명한 것은 인간의 성장 발달이나 영유아, 아동, 청소년의 심리적 상태에 대해 배우고 인간관계, 의사소통 기술을 배운 부모는 그렇지 못한 부모와는 현저히 다르게 자녀에게 반응하고 지도할 수 있다는 점이다. 아이를 낳아 기르며 맞닥뜨리는 예상치 못했던 일들에 대해 지혜롭게 대처할 수 있는 능력도 자녀양육에 관련된 지식과 정보, 기술, 관계 형성 등에 따라 현저히 다를 것이 명백하다.

부모교육은 부모가 자녀의 성장·발달과 훈육방식에 대해 올바르게 이해하도록 하고, 그에 대한 자신의 역할을 인식하도록 하여 효과적인 부모 역할을 하도록 돕는 데 그 목적이 있다. 부모교육(parent education), 부모개입(parent involvement), 부모지지(parent support), 부모훈련(parent training), 부모참여(parent participation), 부모 역할하기(parenting) 등의 용어들은 학자마다 약간의

[그림 1-2] 부모교육 유사 용어들

차이는 있으나, 특별히 구분되지 않고 부모교육에 포함하여 사용된다.

아이가 태어나면서 제일 처음 접촉하여 관계를 맺고 신뢰를 쌓는 대상은 부모인데, 아이는 부모 특히 어머니와의 관계를 통해 새로운 경험을 쌓고 상황에 적응하는 능력을 갖게 되며, 그러한 과정에서 성격이 형성된다. 부모교육이 아동의 성장·발달을 돕는 정보와 기술의 제공이라는 측면에서 볼 때 부모교육의 세부적 목적은 다음과 같다.

첫째, 부모가 영유아기, 아동기, 청소년기의 발달 특성에 대해 알고 자녀를 바르게 이해하도록 돕는다.

둘째, 자녀 연령에 따라 시기와 상황에 맞는 적절한 자녀 지도 방법을 습득한다.

셋째, 올바른 부모 역할을 통해 부모-자녀 관계를 강화한다.

넷째, 가정과 유아교육기관의 연계를 통해 자녀의 시설 적응과 발달을 돕는다.

다섯째, 건전한 지역사회 환경을 조성하고 아동의 지역사회 적응력을 증진한다.

2. 부모 역할의 목표

부모는 자녀를 양육할 때 확고한 교육철학과 방향을 갖고 있어야 한다. 내 자녀의 특성을 고려하지 않은 채 주변의 유행에 휩쓸리거나 다른 사람들의 자녀교육 방식을 따르다 보면 자녀를 키우는 방향이 우왕좌왕하게 될 것이다. 또한 자녀에 대한 부모 자신의 반응이 자녀에게는 어떤 결과로 나타나는지에 대해서도 추론할 수 있어야 한다. 예를 들어, 자녀가 무엇이든 잘하고 칭찬받았다는 점만을 듣고 싶어하고 반갑게 반응하는 부모는 본인의 의도와 달리 자녀가 거짓말하도록 유도하는 결과를 초래할 수도 있다. 자녀가 밖에서 일어난 부정적인 사건이나 상황을 부모에게 얘기할 때, 부모는 오히려 부모-자녀 사이에 신뢰가 형성되고 아이의 자아존중감이 잘 발달되고 있다는 점에 안심할 수 있어야 한다. 자녀에 대한 지나친 기대나 허영심은 자녀를 빗나가게 하는 원인을 제공할 수 있다. 부모의 허영심은 부모가 타인을 지나치게 의식하게 만들며 이는 결과적으로 자녀에게 매우 해롭다. 자녀를 양육할 때 부모는 장기적인 안목을 갖는 것이 바람직하다.

어느 사회에서나 부모는 자녀가 성인이 되어 자립적으로 살아갈 수 있을 때까지 자녀의 건강, 안전, 사회화를 책임져야 한다. 부모가 바람직하게 역할을 수행할 때 그 결과 얻을 수 있는 자녀의 특징은 다음과 같다(Jaffe, 1997).

첫째, 자녀들이 바람직한 행동을 보인다는 것이다. 대체로 관찰한 바에 의하면 자녀를 기쁨으로 출산하고 아이 돌보는 것을 즐기는 부모들의 자녀들은 좋은 행동 즉, 다정하고 남을 도와주며 친절하고 공손하고 용기있는 행동을 보인다. 물론 문화권에 따라 또는 각 가정의 문화에 따라 과연 자녀의 어떤 행동이 바람직한가에 다소의 이견이 있을 수 있기 때문에 부모들은 자녀를 키우면서 자신들이 가치 있게 여기는 자녀의 자질을 결정해야 할 것이다.

둘째, 연령별 발달 과제를 순조롭게 거쳐 가는 유능한 자녀가 된다. 여기에는 자녀의 자기 확신, 성취동기, 지적 기술 등이 포함될 것이다. 예를 들어, 걸음마기 자녀라면 스스로 먹을 수 있고, 옷 입고, 대소변을 가리는 유능함을 가져야 할 것이며, 아동기에 접어드는 아이라면 자기가 살고 있는 사회에서 성인이 되어 살아가는 데 필요한 기술들을 익혀야 한다는 의미다. 부모가 자신의 역할을 제대로 수행할 때 자녀들은 유능한 사람으로 성장하게 될 것이다.

셋째, 자녀는 부모와 좋은 관계를 맺고, 더 나아가 좋은 대인관계를 맺는다. 아이가 태어나서 처음으로 인간관계를 형성하는 장이 가정인데, 자녀들이 가족관계에서 익힌 기술은 가족 밖의 인간관계에 거의 그대로 반영될 것이다. 아동기까지 익히게 된 관계의 기술 또는 결함은 청년 이후 성인으로 살아가는 동안 자녀의 대인관계에 영향을 미친다.

넷째, 자아존중감이 발달된다. 자아존중감이란 우리가 스스로를 어떻게 느끼고 평가하는가 하는 문제인데, 자신을 수용할 수 있고 자신을 좋아하는 능력은 출생 후 초기 몇 년간 양육자(주로 부모)가 나타냈던 반응을 어떻게 해석했는지에 달려 있다. 어린 아동들은 자아평가 기술과 기준이 부족하기 때문에 부모와 교사의 눈을 통해 자신을 보며, 청소년기가 되어서야 어른들의 평가와는 무관하게 자신을 평가할 수 있게 되지만 여전히 부모나 학교에서 배운 행동기준을 내면화하고 있다. 따라서 자녀에게 지나치게 복종하도록 하는 것은 자녀의 자아존중감을 낮출 위험이 있다. 특히 맹목적인 순종을 강요하는 부모의 자녀들은 자율성이 없어지고 순발력이 떨어지며 결국 자아존중감이 낮아지는 결과를 초래한다.

3. 유능한 부모

유능한 부모의 자질은 부모-자녀의 상호작용과 긴밀하게 연관된다. 유능한 부모와 관련된 요인으로 부모의 정서적 상태, 부모의 어린 시절 삶의 경험, 자아효능감, 부모-자녀의 상호작용 유형, 훈육 유형, 자녀양육에 대한 신념과 추론 능력, 일관성과 유연성 등을 들 수 있다. 뿐만 아니라 부모의 행동은 결혼관계의 질, 생활 스트레스, 사회적 지지 가능성 여부 등과도 긴밀하게 관련되기 때문에 유능한 부모가 되는 데 영향력이 있다.

1) 부모의 정서적 상태

자녀를 바르게 키울 수 있는 부모는 가장 우선적으로 한 인간으로서 성숙해야 한다. 심각한 심리적·정서적 문제를 지닌 사람은 가족 간에 문제를 일으키며 특히 결혼 이후 부부간이나 부모-자녀 간에 문제 발생률이 높다. 만성적으로 우울하고 쉽게 분노하며 불안한 부모들은 애착관계 형성이 쉽지 않다. 이러한 부모들은 영아의 욕구에 민감하지 못하고 자녀에게 종종 반응을 보이지 않는다. Ainsworth(에인스워스)의 애착관계 형성 실험에서도 그런 부모들은 자녀와 불안-회피 애착을 형성한다(Ainsworth, 1989).

유능한 부모가 되는 것은 심리적 성숙과 따뜻함, 공감하는 능력, 안정된 자아개념을 포함하는 부모의 바람직한 개인적 자질과 관련되어 있다. 심리적인 문제를 갖고 있는 부모는 자녀를 객관적으로 바라보기 힘들며 부모에게 의존하는 어린 자녀의 관점을 파악하기 어렵다. 어린 자녀의 끊임없는 일상적인 요구를 이겨 내기 위해서는 부모의 심리적 안정감이 중요한데, 이러한 심리적 안정이 없는 경우 효과적인 부모가 될 수 있는 반응성이나 민감성이 부족하며 인내심을 유지하기 어렵다.

자녀의 건강한 사회-정서적 발달은 부모의 정서적 상태와 긴밀하다. 부모-자녀 관계에서 애정이나 애착의 표현, 정서를 표현하고 경험하는 능력은 친밀한 인간관계를 형성하는 데 중요한데, 문화권마다 부모가 애정을 표현하거나 거절하는 방법이 다를지라도 어린 자녀는 자신이 사랑받는지 아닌지를 본능적으로 안다. 한마디로 부모의 애정은 건강한 부모-자녀 관계에 매우 중요한 역

할을 하는데, 부모와 안정적 애착관계를 형성했던 사람은 나중에 성장한 후에
도 행복한 결혼생활을 하고 자녀 양육을 성공적으로 수행하며 원만한 친구 관
계를 갖는 데 반해(Franz, McCelland, & Weinberger, 1991), 그렇지 못했던 사람들
은 자주 우울하고 자신이 성공하지 못할 것이라는 느낌과 자신이 무가치하다는
기분을 갖는다고 한다. 또한, 부모가 따뜻하고 정서적이며 민주적일 때 자녀는
부모와 의사소통하고 부모의 요구에 응답하려는 욕구를 갖는다(Gottman, Katz,
& Hooven, 1996; Herman & Mchale, 1993). 따뜻하고 동정적인 어머니들의 자녀는
공감을 잘하고 남을 잘 도와주며 타인을 정서적으로 잘 지지해 주는 특성을 보
인다(Jaffe, 1997).

　성장과정의 자녀가 부정적인 감정을 경험하는 것이 반드시 나쁜 것은 아니
다. 때때로 부모가 그들의 분노나 실망 등을 표현하는 것은 자녀에게 그들의 행
동이 다른 사람의 느낌에 영향을 미친다는 것을 알게 하는 아주 중요한 교훈이
된다. 그러나 지나치게 빈번하고 강한 부모의 분노나 적대감은 비생산적이고
효과적인 자녀의 사회화를 방해한다(Camras et al., 1990; Maccoby, 1992). 딕스
(Dix, 1991)는 부모-자녀 관계에서 애정과 적대감 같은 부모의 감정은 자녀의
성장 환경의 질을 예측하게 하며, 부모의 정서는 부모의 대처 자원이나 직업 스
트레스, 결혼 스트레스와 같은 삶의 사건들에 의해 부분적으로 결정된다고 하
였다. 요약해서 부모의 만성적이고 강한 부정적 정서는 가족의 역기능성, 자녀
학대, 우울 등을 예측하게 한다.

　스트레스는 우리 삶에서 피할 수 없는 것이지만 스트레스에 대처하는 능력은
유능한 부모의 중요한 정서적 요인이다. 갈등을 해결하고 긴장을 이완할 줄 알
며, 가족생활을 지혜롭게 끌어갈 수 있고, 사회적 지지를 받는 방법을 알고 있는
부모는 스트레스에 잘 대처할 수 있다.

2) 부모의 자아효능감

반두라(Bandura, 1982, 1986)는 '자아개념'을 '직접적인 경험과 의미 있는 타인으로부터 받아들여진 평가를 통해 형성된 자신에 대한 복합적 관점'이라고 정의한다. 자아존중감은 이러한 정체감에 개인이 부여하는 가치다. 건강한 성격의 주된 요소는 주어진 문제를 해결하고 위협적인 상황에 대처할 수 있는 자신의 능력에 대한 확신인데, 이러한 능력을 자아효능감이라고 한다. 학문적으로 능력을 보인다거나 스포츠에서 두각을 나타내는 등의 성취는 미래 성공에 대한 기대를 증가시키는 반면 실패는 자아효능감을 약화시킨다.

자아효능감이 높은 사람들은 쉽게 행동을 시작하며(나는 이것을 할 수 있어), 새로운 상황에 대한 행동을 일반화하고(이전에도 잘 해냈으니까 이 일도 잘하겠지), 끈기가 있으며(내가 계속 노력하면 결국엔 성공하겠지), 긍정적 정서반응(내가 정말 잘 해냈구나, 자랑스러워)을 나타낸다. 반대로 낮은 자아효능감을 가진 사람은 부정적인 결과를 기대하도록 학습되어 있다. 반두라는 자아효능감이 우리의 행동이나 성격에서 중심적인 역할을 한다고 보았고, 특히 위험을 감수하는 것, 도전을 받아들이는 것, 어려운 목표를 계속 추구하는 것 등에 깊이 관련되어 있다고 보았다. 부모–자녀 관계에서 성공적인 부모 역할을 경험하는 부모의 자아효능감은 강화된다. 마찬가지로 자녀가 기대한 대로 성장하지 않고, 부모 역할에 어려움을 겪는 부모들의 자아효능감은 낮아지는 것을 발견할 수 있다.

Teti와 Gelfand(1991)는 병적으로 우울한 어머니 48명과 우울하지 않은 38명의 어머니가 자녀와 상호작용하는 것을 관찰하였다. 그들은 어머니들에게 자기 확신과 자녀의 기질에 대해 물었고, 어머니들의 자아효능감(자기 확신)이 그들의 유능감과 의미 있게 관련되어 있음을 발견하였다. 즉, 자신의 부모로서의 능력에 대해서 확신하는 어머니는 더 유능하게 행동하고 우울함을 덜 느낀다는 것이다(공인숙 외 역, 2000).

3) 부모의 어린 시절 경험

일반적으로 부모의 어린 시절 양육 경험은 자녀양육에 대한 기본적 신념을 만들어 준다. 즉, 부모들은 자신을 양육했던 사람을(대개 조부모) 자녀를 양육하는 1차 모델로 삼게 된다. 부모의 양육방식이 자녀의 성격 형성과 성장과정에 지대한 영향을 준다는 측면에서 원가족 부모의 영향이 큰 것은 당연하다고 할 수 있지만 그 이외에도 원가족의 부모 역할 신념이나 자녀를 양육하는 방식도 대부분 고스란히 이어받게 되는 경우가 많다. 아들과 딸, 부모와 가족에 대한 문화적인 고정관념도 부모 역할에 영향을 미친다(Okagaki & Divecha, 1993). 물론 부모들이 자녀를 다루는 방식이 그들 부모들의 방식과 완전히 같은 것은 아니지만 부모교육이나 특별한 훈련이 없는 한 우리는 우리가 겪었던 부모-자녀 관계 유형을 재생산하는 경향을 나타낸다. 가장 쉽게 들 수 있는 예가 학대하는 부모 행동의 대물림이다.

4) 일관성과 유연성

일관성과 유연성은 유능한 부모가 지니고 있어야 할 또 다른 조건이다. 즉, 부모는 일관성이 있어야 하되 그 방법은 상황이나 자녀의 성숙에 맞춰 유연해야 할 것이다. 부모의 자녀 훈육에 일관성이 없으면 자녀는 불안하고 눈치 보는 아이가 되기 쉽다. 그러나 인간은 기계가 아니고 상황에 따라서 몸과 마음이 똑같지 않기 때문에 단 한 번의 예외도 없는 규칙은 자라나는 아이들을 숨 막히게 한다.

일관성은 아동이 안정적이고 예측할 수 있는 환경에서 더 기능적이라는 점에서 중요하다. 규칙을 설정해 놓고 그것을 지키지 않는 부모는 자녀를 혼란스럽게 하고 부모에 대한 신용을 떨어뜨린다. 따라서 영유아기든 청소년기든 자녀양육의 가치나 부모 역할 유형에 일관성이 있어야 한다. 부모들은 자녀양육의 가치 측면에서 깊은 신념이나 목표는 대체로 일관성이 있는 반면 일상적인 훈육에서는 일관성이 떨어지는 경우도 자주 목격된다.

유연성은 일관성만큼이나 중요하다. 예를 들어 어린 자녀의 취침 시간이 정해져 있다 하더라도 특별한 상황에서는 상황의존적인 유연성이 요구될 수도 있으며, 자녀가 유아일 때 만들어 놓은 규칙은 자녀가 아동기를 거쳐 청소년으로 성장하는 동안 바뀌어야만 할 것이다. 대부분의 부모는 자녀가 성장함에 따라 자녀의 발달단계에 맞게 부모 역할을 적용하는데, 통제와 감독은 점차 줄이고 자율을 더 허락하게 된다.

4. 바람직한 부모-자녀 관계

생태학적 발달모델이 제안한 것과 같이 부모-자녀 관계는 생물학과 가족, 지역사회, 문화의 영향을 받는다. 부모의 자녀양육 태도는 문화권에 따라 달라 자녀와 놀이를 하거나 자녀에게 섭식 또는 훈육을 하는 태도 유형이 다르게 나타난다. 그리고 부모의 대처 자원 등도 부모-자녀 관계에 영향을 준다.

갈린스키(Galinsky)는 부모의 비현실적 기대가 죄책감을 갖게 하고 실망을 주기 때문에 부모-자녀 관계를 저해한다고 하였다. 부모의 비현실적 기대는 '좋은 부모는 결코 자녀에게 화를 내지 않는다. 좋은 부모는 항상 자녀에게 무조건적인 사랑을 느낀다. 우리는 우리의 부모보다 더 나은 부모가 되어야 한다. 나의 자녀는 나에게 항상 복종하고 착해야 한다. 나의 자녀는 지금처럼 언제까지나 귀엽게 내 곁에 머물 것이다'와 같은 것이다.

부모가 적정 수준의 자극과 지도를 제공하는 것은 부모-자녀 관계에 매우 중요한데, 자녀가 관심을 갖는 활동이나 대상에 대해 흥미 있는 질문을 하며 자녀의 질문에 긍정적이고 적절하게 대답할 때 부모-자녀 관계는 원만해진다. 대부분의 아동은 부모가 자신에게 협동하고 지지하는 행동이나 태도를 보일 때 더 잘 배우고 말도 잘 듣는다(Bronstein, 1994; Dumas & LaFreniere, 1993; Hauser-Cram, 1996). 부모의 행동 역시 자녀가 어떻게 하느냐에 따라 달라지기도 하지만 부모 또한 필요하다면 먼저 바람직한 행동을 할 수도 있어 부모–자녀 상호작용은 상호의존적이다. 자녀의 표현이나 의사소통을 북돋울 때 사용한 부모의 반응적 대화는 자녀의 언어발달과 인지발달에 영향을 준다.

바람직한 부모–자녀 관계를 만들려면 부모는 자녀의 행동을 과다하게 통제하지 않으면서 바람직한 방향으로 지도하려고 노력해야 한다(Baumrind, 1975). 지금까지의 연구들은 처벌적 양육방식이 문제 아동을 훨씬 더 문제아로 만든다고 결론 내리고 있다. 즉, 부모–자녀의 상호작용 측면으로 해석할 때, 부모의 강압적 양육방식은 자녀의 반항적 반응을 더욱 상승시킨다는 것이다. 어린 자녀를 키울 때 가정환경을 적절하게 구조화하는 것은 중요한데, 그것은 성장하는 자녀가 공간을 탐색하고 흥미 있는 물건을 안전하게 조작할 수 있게 한다(Maccoby, 1992). 자녀가 도전적인 모습을 보일 때 반응적인 부모는 자녀의 행동을 협동적으로 지도하며, 위협이나 비판 등의 강제적 방법을 사용하지 않는다. 또한, 사려 깊은 부모는 자녀가 부모의 지도를 따르지 않을 때 협상하고 타협하고 납득시키며, 자녀가 따를 만한 협동적 행동을 유도할 수 있는 방법을 고안해 낸다(Dix, 1991). 이와 같은 부모–자녀 관계는 부모와 자녀가 서로에 대해서 긍정적인 감정을 갖게 한다.

부모가 자녀의 요구에 민감할 때 부모의 요구에 대한 자녀의 저항 역시 줄어든다. 더 나아가 자녀의 잘못된 행동을 예측하고 자녀가 바람직한 대상과 행동에 주의를 집중하도록 지도할 수 있는 부모는 자녀의 문제행동을 줄일 수 있고, 더 많은 협력과 순종을 얻을 수 있다(공인숙 외 역, 2000).

대부분의 부모들은 자녀가 밥을 먹거나 방을 청소하는 등 자신의 일을 스스로 할 수 있기를 바라는데 이러한 부모의 기대는 좌절되는 경우가 빈번하다. 만약 자녀가 숙제하기를 거부한다면 부모는 무조건 비난하기 전에 자녀들 반항의 근원이 무엇인지 이해하려고 노력해야 한다.

부모는 항상 자녀의 행동을 다음과 같은 세 가지 영향 요인 중의 하나로 귀인한다. 첫째는 유전, 둘째는 양육방식이며 셋째는 상황적 요인이다. 하지만 부모는 자녀의 잘못된 행동도 타고난 기질 탓으로 돌려 버리거나("우리 애는 성격이 까다로운 애예요") 상황 탓으로 돌려 버리려 하는데("어제 우리 애가 잠을 못자서……"), 유능한 부모라면 문제를 찾거나 실제적인 해결 방안을 모색하는 것이 바람직할 것이다("부모로서 내가 어떻게 하면 될까?"). 다시 말해 부모-자녀 관계에 대해 다각도의 추론을 할 수 있는 부모는 자녀들에게 더 수용적이고 따뜻하고 적절한 자극을 준다(Dekovic, Gerris, & Janssens, 1991).

부모의 민감성과 반응성은 좋은 부모-자녀 관계 현성을 위해 중요한 요인이다. 부모가 상황에 적절하게 반응할 때 어린 자녀는 자신의 소리와 행동이 효과가 있다는 사실을 배우게 된다(Symons & Moran, 1987). 이는 동시에 부모-자녀 상호작용을 촉진시킨다. 민감한 어머니는 어린 자녀의 몸 움직임을 주시하며 무엇을 요구하는지 재빨리 파악하여 반응하며 위험도 알아차리고 신속하게 대처해 준다. 부모와 긍정적인 감정으로 상호작용하는 것은 자녀의 정서적 성장에 특히 중요하며 초기 사회화의 기초를 제공한다.

부모의 이해와 수용 및 자녀에 대한 인내는 좋은 부모-자녀 관계를 위한 요인이다. 부모들이 자녀를 양육하는 매 순간 착각하기 쉬운 것은 어린 자녀들은 신체적, 정서적, 인지적으로 성인과 다르다는 점이다. 아이들의 논리는 미숙하고 어른보다 직관적이며 즉각적인 만족을 추구하고 문제상황에 대한 대처기술이 부족하여 정서적으로 상처받기 쉽다.

부모가 되는 시기도 부모-자녀 관계에 영향을 주는데, 부모가 되는 시기가 늦어져서 평균적인 부모들보다 나이가 많은 경우 장점은 경제적으로 안정되어 있고, 이혼 가능성이 상대적으로 낮아지며 정서적 안정이 높다는 점이다. 또한 부모 역시 좀 더 성숙하기 때문에 젊어서 부모가 되는 사람보다 부모 역할을 더 즐긴다. 반면에 단점도 많은데 산모의 많은 나이로 인한 출산 부담, 개인적으로 볼 때 사회적 발달시계에서 벗어나는 것, 그리고 부모-자녀 사이에 세대 차가 크다는 점 등을 들 수 있다.

　바람직한 부모-자녀 관계를 형성하기 위해 부모의 훈육유형이나 의사소통 기술은 절대적으로 중요한데 이에 대해서는 뒤에서 더 자세하게 다루어질 것이다.

5. 유아교육기관의 부모교육

　부모교육의 필요성과 좋은 부모 역할은 어떤 것인지에 대해 살펴보았다. 이제는 유치원이나 어린이집 등 유아교육기관에서 부모교육을 하게 될 때 교육내용을 선정함에 있어서 부모교육의 목적과 필요성 및 대상 부모들의 관심, 요구, 시설의 인적·물적 자원, 지역사회 여건 등을 종합적으로 고려한 후 현실적으로 가능한 내용을 선택하도록 한다. 또한, 시설과 가정의 밀접한 유대관계를 통하여 교육성과를 높이며 더 나아가 가정의 양육 환경을 개선하고 지역사회 교육 발전을 주도하는 역할을 할 수 있어야 한다.

　부모교육은 유아교육기관의 사회서비스 프로그램의 일환으로 간주될 수 있으며, 부모에게 적절한 지식, 정보, 기술 등을 알려 주기 위한 체계화된 프로그램이기도 하다. 부모교육은 영유아 교육시설이 적극적으로 주관하여 아동의 부모가 참여할 수 있도록 제공되는 활동 모두를 포함하는 광의의 개념으로 쓰인다.

1) 부모 역할의 중요성 인식

　부모가 자녀의 일차적 교육자라는 사실을 인식해야 한다. 즉, 부모가 자녀를 한 인격체로 보고 그들의 의사를 존중할 수 있을 때 어린 자녀가 올바른 자아개념을 형성한다는 점을 깨달아야 한다. 부모는 시설에서는 가르칠 수 없는 많은 것을 자녀에게 가르칠 수 있는데, 예를 들어 부모는 아동의 자아존중감 형성을 위한 교사의 노력을 돕고, 훈육문제를 감소시킬 수 있다. 따라서 부모교육은 부모가 가정에서 부모 역할을 훌륭히 해내도록 도와 자녀의 발달을 증진시킬 수 있다는 것을 인식하도록 해야 한다. 또한 부모교육 및 부모참여는 종합적이고 잘 계획되고, 장기적으로 지속될 때 가장 효과적으로 이루어진다.

2) 영유아기 발달에 대한 이해 제공

영유아기는 신체적 특성, 사회·정서적 발달, 인지적 발달 등에서 성인과는 매우 다른 특성을 보이므로 아동의 흥미와 욕구를 중심으로 그들의 자연적인 발달을 유도하기 위해서는 아동에게 가장 크고 중요한 영향을 미치는 부모가 그들에 대해 올바로 이해하고 있어야 한다. 그런데 대부분의 성인은 성인 중심으로 사고하고 행동하는 경향이 있으므로, 부모가 갖기 쉬운 아동발달 및 부모 역할에 대한 그릇된 견해를 바르게 고쳐 올바르게 이해하게 해야 하고 그들의 인식 수준을 높여 주어야 한다. 부모교육을 통해 부모가 영유아에 대해 올바로 이해할 수 있도록 도움으로써 가정에서의 아동의 건전한 성장과 발달을 지원할 수 있다.

3) 자녀 지도방법에 대한 지식과 정보 제공

부모는 자녀를 키우며 여러 가지 어려움에 부딪친다. 따라서 부모교육을 통해 부모가 자녀를 다루는 데 필요한 지식과 실제를 배울 수 있는 기회를 제공하도록 한다. 건강과 영양의 필요성 및 주변 환경의 중요성을 인식시키고, 자녀를 키우면서 필요한 문제 해결 능력 및 자녀와 효과적으로 의사소통하는 방법을 습득하게 한다.

자녀를 지도할 때는 적절한 지도 방법과 지침을 가지고 적절한 시기에 행해야 한다. 따라서 부모가 올바른 방법으로 자녀를 지도할 수 있는 지식을 익히도록 돕는 것이 중요하다. 특히 자녀가 문제행동을 보일 때 가정에서의 자녀 지도 방법은 보다 중요한 의미를 갖게 된다.

4) 가족 관계와 환경

아동을 둘러싼 가족 관계는 아동-부모 관계뿐만이 아니라 형제자매 관계, 조부모-아동 관계, 친인척 관계 등 다양한 관계망으로 구성되어 있다. 이러한 각각의 하위체계는 부모와 마찬가지로 아동에게도 큰 영향을 미치며, 특히 형제자매 관계는 아동의 사회화에 많은 영향을 미친다. 부모교육을 통해 부모는 시설에 다니는 자녀뿐만 아니라 아직 더 어리거나 이미 학교에 간 다른 자녀를 키우는 데도 도움을 받을 수 있다. 따라서 부모교육은 가족 전체에 영향을 미치며 부부간이나 이웃 주민과의 관계를 개선하는 데에도 활용할 수 있다.

가족환경은 가족의 사회적 지위, 경제적 능력, 자원의 정도 등 가족 관계 외의 보다 복합적인 요소로 구성되어 있다. 따라서 가족 관계가 원만하게 기능하는 경우라도 빈곤이나 낮은 사회적 지위 등의 요소가 아동의 발달에 부정적 영향을 미칠 수 있다. 하지만 그러한 제한된 자원을 효율적으로 사용하거나 제한된 가족환경에 대해 긍정적으로 사고할 수 있는 태도는 아동의 성장에 긍정적인 기여를 하게 된다. 부모교육은 이와 같이 제한된 가족환경 또는 부정적인 가족환경을 어떻게 효과적으로 활용할 것인가 또는 어떻게 극복할 수 있도록 도울 것인가와 관계된 것으로 특히 저소득층 가정에 절실히 요구되는 내용이다.

5) 시설 적응과 지역사회 환경

가정에서 부모와 생활하다가 어린이집이나 유치원 등 유아교육기관에서 생활하기 시작하는 초기에 영유아는 적응상의 어려움을 겪는다. 이는 새로운 환경과의 상호작용에 쉽게 적응하지 못하는 데서 발생하는 보편적인 문제다. 아동은 일정 시간을 시설에서 지내며, 그 이외 시간은 가정에서 보내게 된다. 따라서 아동이 가정과 시설이라는 분리된 환경에서 적응하여 발달의 연속성을 이룰 수 있도록 시설 적응에 대한 부모교육을 실시해야 한다.

지역사회는 개별 아동의 가정을 포함하는 보다 넓은 범주의 환경 체제로, 가정과 유아교육기관이 지역사회에 속한다. 따라서 가정과 유아교육기관에서 바람직한 환경을 제공한다고 해도 지역사회의 환경이 아동에 적합하지 않다면 이 역시 단순한 문제는 아닐 것이다. 유아교육기관은 아동과 가족이 지역사회에 관심을 갖고 이에 잘 적응하며 부적절한 환경을 변화시킬 수 있도록 노력한다.

생각해 볼 문제

1. 부모교육은 어떤 점에서 필요한지 토의해 보시오.
2. 부모–자녀 관계를 해치는 요인은 무엇인지 논의해 보시오.
3. 유능한 부모의 개인적 자질에 대해 열거하고 설명해 보시오.
4. 최근 우리나라의 사회적 현상을 고려할 때 부모 역할의 어려움은 무엇일지 토의해 보시오.
5. 현재 우리나라의 가족 상황에서 어떤 내용의 부모교육이 필요할지 설명해 보시오.

제2장

가족 및 부모 역할의 변화에 따른 부모교육

학습목표

1. 가족 관계에 따른 부모 역할의 중요성에 대해 설명할 수 있다.
2. 건강한 가족 관계에서 나타나는 특징에 대해 설명할 수 있다.
3. 현대 사회 가족 관계의 변화를 이끄는 주요한 원인에 대해 이해한다.

현대사회 가족의 특성을 한마디로 정의하는 것은 쉽지 않다. 왜냐하면 사회 변화에 따라 가족의 역할과 형태가 다양해졌기 때문이다(Walsh, 2003). 하지만 가족은 세월이 흐르고 사회가 변하여도, 우리의 삶의 양식을 끊임없이 만들어 내는 힘이 되어 왔다. 그래서 혹자들은 오늘날의 가족은 과거와 다르게 너무 복잡하여 심지어 더 이상 가족은 존재하지 않는다고 말하기도 한다(Gilbert & Murray, 2007). 또한 사회와 더불어 진화해 온 가족은 전통적인 형태에서 너무나 변형되고 혼합되어, 현재의 가족 본질을 보다 정확하게 묘사하려면 '가족들(families)'이라는 복수 형태를 사용해야 한다고 권장했다(UN, 1994).

하지만 전통적인 가족의 개념이 변화하였다 하더라도 가족은 사회의 가장 기본적인 단위로 존재할 것이므로 실효성 있는 부모교육이 이루어지기 위해서는 가족 관계에 따른 가족 특성에 대해 바르게 이해해야 할 것이다. 그러므로 이 장에서는 성공적인 가족 관계를 위한 요소와 현대사회의 가족 형태에 대하여 살펴보고자 한다.

1. 가족 관계에 따른 부모 역할과 기능

사회연구가들은 항상 가족을 중요한 사회의 기초 단위로 간주해 왔다. Garbarino와 Abramowitz(1992)에 의하면 가족은 인간 발달의 토대이며 가장 기초적이고 지속적인 사회 기관이라고 하였다. 가족은 서로에 대한 사랑, 친밀감, 서로에 대한 책임을 공유하는 작은 조직이자, 동시에 국가라는 거대한 집단에 영향을 주는 사회단위다. Bronfenbrenner(2004)도 가족을 인간 발달의 핵심으로 보았다. 그의 생태학 이론에 따르면 가족은 개인이 사회문화에 직면하게 되는 최초의 네트워크로, 가족 구성원에 따라서 사회적 기능을 특징짓는 데 결정적인 역할을 담당한다(65쪽 참조).

가족 체계 모델(the family systems model)의 관점에서 보더라도 가족 내의 개별 관계는 다른 관계에 영향을 미치며, 특히 결정적인 관계는 부모의 결혼 관계다. 즉, 부모의 결혼 관계는 다른 대인 관계에 중요한 영향을 미쳐서 부모 아래에서 성장하면서 자녀들은 자신의 부모가 서로를 어떻게 대하고 어떤 대화를 나누는지 관찰하면서 대인 관계 방식에 대해 배우게 한다. 자녀에게 있어 부모의 갈등은 긍정적인 경우에는 유용한 갈등 해결 기술을 학습할 수 있도록 돕지만, 부정적인 경우에는 그에 뒤따르는 분노와 적대감으로 인해 더 예민해지게 하거나 심지어 상처를 주기도 한다. 가족 관계에서 부부의 갈등이 자녀에 대한 관심 부족, 비일관적이고 비효율적인 부모 역할, 밀접하지 못한 부모-자녀 관계 등으로 이

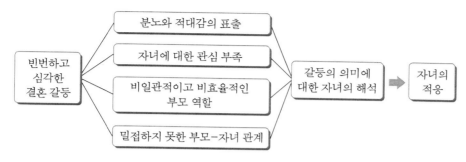

[그림 2-1] 부모 갈등과 자녀의 적응 간 관계

출처: 공인숙 외 역, 2000.

어지는 경우, [그림 2-1]과 같이 자녀의 사회 적응 행동에 영향을 미칠 것이다. 따라서 가족 관계에 따른 부모 역할은 단지 가족 내 부모가 서로 잘 지내는가 혹은 부모의 역할은 어떠한가라는 단순한 차원을 넘어서 자녀의 사회적응 행동과 연계된 역동적이고 상호적인 관계를 갖는다(공인숙 외 역, 2000).

이렇듯 가족 관계는 개인과 사회의 적응을 돕는 중개자로서 가족의 구성원과 사회문화적 환경에 속한 구성원이 되는 방법을 전수한다. 유아가 자신을 독특하고 유능한 존재로 인식하며 성장하도록 돕기 위해서는 관계에 민감하고 반응적인 가족을 필요로 한다. 가족과의 관계에서 유아는 자신이 누구이며 사회에서 어떻게 의미 있는 존재일 수 있는지 관계를 통해 경험하는 것이다. 유아의 발달 과정에서 가족으로부터 얻게 되는 건설적이고 배려하는 관계의 경험은 자녀들에게 안전감, 자존감, 자신감 및 여타의 학습 동기를 증진시키는 데 필수적이다(이승연, 김은영, 강재희, 문혜련, 이성희 역, 2011).

1) 가족의 역할과 기능

자녀들은 성장하면서 자신이 민주 사회의 건설적인 구성원이 되도록 도와주는 가족을 필요로 한다. 그러한 가족을 통해 자녀들은 부모 기대, 사회적 책임,

미래 성인으로서의 행동을 학습한다. 가족이 그와 같은 기능을 수행하는 방법에는 차이가 있더라도 가족에 의해 수행되는 핵심적인 기능은 다음과 같은 것을 포함해야 한다(Melendez & Beck, 2009).

- 기본적 욕구: 가족은 자신들의 기본적인 욕구(음식, 휴식, 경제적 안정)를 충족한다.
- 사회화 과제: 가족은 자녀에게 사회에서 용인되는 행동을 가르쳐 그들의 사회화 과정을 돕는다. 부모가 자녀를 보살피는 역할을 하는 것은 가족과 자녀의 성공적인 사회화를 위해 매우 중요하다. 가족 구성원, 또래 그리고 성인과의 상호작용을 통해 유아는 자기 가족만의 사회문화적 가치와 신념에 대해 배운다. 애정, 존경심, 도덕성, 다른 사람들에게 반응하는 방법이 그 예다.
- 정서적 후원과 영성(spiritual): 가족은 개인을 위한 정서적 후원의 원천이다. 부모는 자녀를 양육하는 과정에서 사랑, 신뢰, 존경, 가족과의 연관성 등의 중요한 후원을 제공한다. 이 같은 정서적 후원은 유아에게 안전과 안정감을 형성하도록 돕는 데 필수다. 유아는 가족 구성원에게서 얻는 감정적 안정성에 대한 느낌 때문에 영성, 이상, 신념을 형성한다. 그중 영성은 가족을 정신적으로 하나로 묶는 도구이자 역경을 극복하게 하는 중요한 요소다(Walsh & Pryce, 2003).
- 경제적 과제: 모든 가족은 필요한 자원을 사용할 수 있는 안정된 환경을 필요로 한다. 가족 구성원의 안정적인 직업과 수입은 가족의 재정적 필요를 만족시켜 주는 기능을 한다.
- 교육적 과제: 가족은 자녀에게 적절한 학습과 교육의 기회를 제공할 책임이 있다. 가정은 가족 구성원이 가족뿐 아니라 지역사회의 구성원으로서도 그 역할과 책임을 배우도록 돕는 기능을 한다. 또한 가족은 자녀에게 사회의 전통, 가치, 신념을 포함하는 문화적 지식에 대해서도 가르친다. 교육을 중

진시키고 교육적 목표를 후원하는 것 역시 가족의 중요한 기능이다.

- 위기관리 과제: 가족은 삶의 다양한 문제에 직면하여 문제를 해결하는 과정에 대한 경험을 나누게 된다. 가정 내 위기를 관리하는 것은 가족모두의 총체적인 과제다. 이러한 과제는 언제 일어날지 모르는 비상사태(가족의 질병, 사고, 이사, 재정적 손실, 친족의 죽음 등)와 어려운 상황 가운데 가족이 활용할 수 있는 모든 역할과 반응을 포함한다. 가족이 이 같은 위기에 반응하는 방법과 대처하는 방법은 가계의 전통과 사회문화적인 요소에 영향을 받는다.

이러한 점을 감안할 때 가족은 다음과 같은 특성을 갖는다(Robles de Mel ndez, 2006).

- 가족은 서로에게 사랑과 애정 어린 관심을 제공한다.
- 가족은 서로와 일정 시간을 함께 지낸다.
- 가족은 서로의 기본적 욕구를 충족시킨다.
- 부모는 자녀에게 역할 모형을 제공한다.
- 가족은 서로에게 모든 상황 속에서 서로 정서적으로 후원한다.
- 가족은 서로에게 가치와 신념을 전달한다.
- 가족은 서로에게 다른 사람을 존경하도록 가르친다.
- 가족은 서로에게 문제 해결의 본을 보여 준다.
- 가족은 서로에게 살아가는 규칙 준수의 본을 보여 준다.
- 가족은 서로에게 가족의 문화적 유산에 대한 자부심을 전달한다.
- 가족으로서의 문화적 정체성을 확립한다.
- 가족의 구성원 사이에 보이지는 않지만 강력한 유대 관계를 형성한다.

2. 성공적인 가족 관계를 위한 요소

'무엇이 가족을 건강하고 성공적이게 만드는가?', '성공적인 가족 관계로서 요구되는 것은 무엇인가?' 이러한 질문에 대해 단 하나의 정답은 없다. 따라서 건강한 가족을 만드는 획일화된 정답을 찾기보다 현대사회의 어떠한 가족 형태에서든 가족을 '성공적'으로 만드는 공통의 특성을 도출하는 것이 효율적일 것이다. 성공적인 가족은 공통적으로 동의하는 가치 체계를 가지고 있다. 부모교육자들이 그러한 가치를 조기에 인식한다면 그것을 가족의 관계에 적용할 수 있도록 도울 것이다. 그러므로 성공적인 가족 관계를 위한 요소에 대해 살펴보고자 한다.

행동 과학자들은 가족 세계에 의미를 부여하고 가족 내 경험을 단순화하여 개념화하기 위한 연구를 실시해 왔다. 하지만 연구를 거듭할수록 세계적으로 가장 설명하기 어려운 개념 또한 가족이라고 언급하고 있다(Stinett & Defrain, 1989).

건강한 가족의 특성을 규명하기 전에 우리에게 필요한 것은 가족 형태의 복잡성과 다양성을 인정하는 것이다. 건강한 가족의 특성을 지나치게 일반화할 위험성에서 벗어날 수만 있다면 Stinett과 Defrain(1989)이 제시한 다음의 6가지로 요약할 수 있다. 이들이 제안한 건강한 가족의 특성은 태어나면서 습득된 것이 아니라 만들어지는 것이어서 전 세계 모든 가족에게 나타나는 특성이 아니라 노력을 통해 가족마다 다르게 나타날 수 있다. 6가지 요소는 다음과 같다.

- 헌신하기(commitment)
- 감사하기(appreciation)
- 의사소통하기(communication)
- 함께 시간 보내기(time together)
- 정신 건강(spiritual wellness)

• 스트레스와 위기 대처 능력(coping with stress and crisis)

1) 헌신하기

건강한 가족의 중요한 특성은 서로 연계되어 있어서 분리하여 규명하는 것은 어렵다. 그럼에도 건강한 가족에게서 발견되는 가족 간의 헌신은 다른 특성과 비교할 때 매우 중요하다. 헌신은 건강한 가족을 묶는 보이지 않는 끈이며, 다른 5가지 특성을 위한 기본 요소라고 할 수 있다. 헌신은 말로 그치기보다는 구체적인 행동을 취하고, 가정 활동에 시간과 에너지를 투자하며, 직업이나 봉사활동, 집안일 등을 계속하여 노력함을 의미한다. 이러한 헌신은 서로에게 가족이 최우선인 것이 당연하며 부모와 자녀가 삶에서 가장 중요한 부분이라는 신념을 갖게 한다. 헌신의 진정한 의미는 가족이 서로를 억압하는 것을 의미하는 것은 아니다. 도리어 개인적 목표를 추구하도록 서로에게 자유를 주고 격려한다. 헌신은 가족 역할과 기능의 모든 측면에 적용되며 부부간의 성적(性的) 충실도 이에 포함된다.

2) 감사하기

한 개인에게 상식적인 사실이 다른 사람에게 매우 놀라울 정도로 새롭다는 점은 항상 흥미롭다. 예를 들면, 서로 사랑하고 가족들이 서로에게 매우 감사해하는 것은 당연하게 보인다. 그러나 사람들은 건강한 가족의 특성을 추측할 때 서로에게 감사한다는 점은 전혀 중요하게 여기지 않는 경우가 종종 있었다. 실제로 1970년대 초반의 결혼과 가족생활 연구에서 매우 소수의 응답자만이 감사를 성공적인 가족 관계의 요인으로 언급했다.

감사의 효용성은 먼저 가정 안에서 사랑하는 사람을 가진 것이 얼마나 감사한지 가족들에게 말할 수 있다는 점에서 중요하다. 가족에게 표현하는 작은 감사는 감사받는 사람의 자존감을 세워 줄 수 있다. 왜냐하면 감사는 감사받는 사람과 감사하는 사람 모두에게 결속력을 갖게 하기 때문이다. 예를 들어, "저는 매일 저희 가족의 모든 사람에게 진심이 담긴 칭찬을 합니다." "남편은 저와 저희 자녀들을 기분 좋게 만들어 줍니다." "당신 덕에 집이 아주 깨끗해. 여기가 우리 집인 것이 정말로 행복해." 등이 실제적인 예다.

감사를 일상생활에 적용하기 위해서는 10대 1의 법칙으로 사용하면 좋다. 즉, 건강한 가족이라면 서로에게 감사의 언어를 사용해야 바람직하나 혹시 다른 가족 서로에게 비판을 하려 한다면 10대 1의 원칙을 따라야 한다는 것이다. 10대 1의 원칙이란 비판이나 부정적인 말을 한 번 하려면 그 사람에게 긍정적인 감사를 적어도 열 번 정도 하는 것이다. 긍정적인 말의 비율을 높게 유지함으로써 건강한 가족 분위기를 유지할 수 있다. 감사의 감정은 모든 구성원에게 전염되며 긍정적인 에너지는 개개인의 성취도를 높일 수 있다. 그에 반하여 역기능적인 가정은 부정적인 말에 초점을 맞추며 자주 타인의 자존감을 떨어뜨리기도 한다. 그럴 경우 서로의 좋은 감정은 경감하고 파괴적인 감정만을 남기게 된다.

감사의 또 다른 영역은 성적인 영역이다. 건강한 가족 내에서의 긍정적인 성관계는 규칙적이거나 제한적이지 않다. 즉, 가족 구성원을 격려하는 좋은 감정은 부모의 성관계를 따뜻하고 편안하게 만들어 지속적인 긍정적 · 협력적 가족관계를 이어 가게 한다.

3) 의사소통하기

일반 가족의 부부 대화에 관한 연구에서 남편과 아내가 한 주에 나누는 대화 시간을 녹취하여 분석한 결과, 일반적으로 한 주 총 10,080분 중 단 17분만을 대화하는 것으로 나타났다(McGinnis, 1979). 하지만 건강한 가족은 일반 가족보다 훨씬 더 긴 대화시간을 갖는 것으로 나타났다. 건강한 가족의 부부는 중요한 일에 대해 이야기하고, 자주 과제 지향적인 대화(무엇을 해야 할지, 어떻게 할 것인지에 관한 대화)를 하는 것으로 나타났다. 또한, 가족들 간에 서로 이야기하는 데 많은 시간을 할애하며 보내고 심지어 사소한 것부터 중대한 일까지 서로 이야기하는 것을 즐기는 것으로 조사되었다.

이렇듯 가족 간의 대화는 매우 중요하다. 대부분의 건강한 가족은 의사소통을 통해 문제를 해결한다. 만약 가족이 단지 문제가 생겼을 때 문제 해결 방법에 대해서만 이야기한다면 그 관계는 수리공, 치과 의사와의 관계와 다를 것이 없을 것이다. 현대사회의 가족 구성원은 너무 바빠서 대화를 또 하나의 일로 취급하려고 하거나 "지금부터 나는 십대 딸과 함께 앉아서 30분 동안 시간을 정해 대화를 할 것이다. 그리고 나서 30분 동안 외출 준비를 하고 나가 손님을 만날 것이다."와 같은 다짐이 필요할 수도 있다.

건강한 가족이라도 가족 간에 갈등을 경험하기도 한다. 하지만 건강하지 않은 가족이 문제 해결을 위해 한두 가지 방식(너무 많이 싸우거나, 전혀 싸우지 않거나)만을 사용하는 경향이 있는 것과는 반대로 건강한 가족은 어쩔 수 없는 차이를 해결하기 위해 긍정적인 방법을 사용한다. 그들은 양극단 중 어느 한 쪽으로만 가려고 하지 않는다.

적당한 말다툼은 대화의 실마리가 되기도 하는데, 건강한 가족 내에서 이러한 적당한 말다툼이 있음을 발견할 수 있다. 그들은 대화를 위해서 직접적이고 솔직하게 말하며 누구를 탓하거나 적대감을 쏟아 내지 않도록 노력하면서 문제를 매우 빨리 해결하려는 특징을 갖는다. 무엇보다 주의해야 할 것은 침묵이다. 즉, 건강한 가족의 훼방꾼이 바로 '침묵'이다. 건강하지 않은 가정은 침묵하는 것으로 그들의 감정을 '자루에 넣어 둔다.' 그들은 불평이나 화를 표현하는 것이 잘못된 것이라고 믿으며 불만을 숨긴다. 그러나 감추어진 침묵에 대한 압박감은 엄청난 화로 폭발하거나 심지어 폭력으로 나타날 수 있어서, 그러한 감정 폭발이 두려워 갈등을 피하고자 집 밖으로 나가거나, 술을 마시거나, 불만을 들어 줄 친구를 찾기도 한다. 하지만 문제를 해결하기 위해 서로 대화하지 않는다면 가족 관계는 더 심각해지거나 불만이 커질 수 있다. 건강한 가족이 갖는 의사소통 방식의 주요한 특징은 〈표 2-1〉과 같다.

〈표 2-1〉 건강한 가족의 의사소통 방식

특 징	내 용
건전한 사고방식	• 긍정적인 의사소통 방식은 많은 시간을 필요로 한다는 것을 안다.
들어 주는 방법	• 설교하는 것을 피한다. • 화목을 위해서는 실제로 말하는 것을 충분히 들어 주고 말해야 한다는 것을 안다. • 질문을 하면 상대방의 생각, 마음을 확인할 수 있다는 것을 안다.
질문을 통한 점검	• 질문이 상대방의 생각, 마음을 확인할 수 있는 유용한 방법인 것을 안다. 例 "오늘 기분 어떠니?" "무슨 생각하니?" "아주 힘들었을 것 같아. 그렇지?"
마음을 읽으려고 노력하지 않음	• 서로 잘 아는 사람들은 상대방의 생각, 믿음에 대해 종종 잘 알지 못한다. • 서로에게 말하려고 하기보다는 본인이 직접 말하는 것이 중요하다고 생각한다(잘못된 추론을 하지 않는다).
들어 주는 것으로써 다른 사람의 세계 이해	• 공감이 생길 때 가족 관계는 훨씬 더 쉬워진다. • 서로의 의견 차이는 옳고 그른 문제라기보다는 서로가 다르기 때문이라는 것을 안다. • 다른 사람의 관점을 이해할 때 더 감정이입이 되고 덜 분쟁적이 된다.
돌보는 교감 형성	• 많은 사람이 두려움과 좌절을 서로에게 숨기는 것은 당연한 성향이다. 특히 대다수의 남성이 이것에 능숙한데, 그 이유는 어릴 때부터 자신의 상처와 감정을 더 약한 사람들에게 드러내지 않아야 한다고 들으며 자랐기 때문이다. • 가정에서 돌보는 교감을 형성함으로써 각 구성원은 두려움, 실패, 성공을 표현하도록 허락받게 된다(성공에 대한 불안감을 인정하고 격려한다).
긍정적인 의사소통을 방해하는 모든 것을 피함	• 긍정적인 의사소통을 방해하는 것에는 비판, 평가, 정신학적 분석, 우위적인 행동 등이 있다. 이러한 행동은 방어적 태도와 경쟁심을 낳고, 가족 관계의 발전을 저해한다.
솔직함	• 의사소통 방식은 정직과 개방으로 특징지어진다. • 정직은 서로 속이는 것이 없기 때문에 거짓말보다 훨씬 좋다.
그러나 지나친 솔직함은 지양	• 어떤 사람들은 파괴적으로 비판하고 상처를 주기 위해 정직을 사용한다. 하지만 정직과 정신적 잔인성 간에는 명확한 선을 그어야 한다.
문제 발생 전, 사이가 좋을 때 자기 입장을 말함	• 극도로 화가 나 있을 때 토론을 시도하는 것은 좋지 않은 결과를 초래한다. 따라서 적어도 이성적인 대화가 가능할 만큼 화가 사라질 때까지 충분히 기다려야 한다.

한 번에 한 가지 문제만 다룸	• 문제를 보류의 자루에 담아 놓으면 모든 것이 마침내 하나의 크고 해결할 수 없는 꾸러미가 되는 것을 자주 볼 수 있다. 즉, 문제가 쌓이고 쌓이면 분노의 정도도 커져 해결하기 어렵다. • 한 번에 한 가지 문제만 다룸으로써 그것을 해결할 더 큰 기회를 가질 수 있으며 문제를 긴 안목으로 바라볼 수 있게 된다.
문제를 구체화하여 논리적이고 명확한 해결 방식을 사용	• 문제를 좀 더 구체화함으로써 그 문제를 훨씬 잘 해결할 수 있고 적당한 타협안을 발견할 수 있다. 예 "저는 제 아내에게 돈을 너무 많이 쓴다고 오랫동안 계속 말해 왔습니다. 하지만 저는 그것이 전혀 사실이 아니라는 것을 알았습니다. 저는 단지 아내가 아이들의 옷에 많은 돈을 썼다는 사실에 화가 나 있었던 것입니다. 아내는 식료품비와 다른 비용에 대해서는 절약하고 있었습니다."
가족 구성원끼리 공격하는 것이 아니라 함께 문제를 공격하면서 연합군이 됨	• 역기능적 가족은 가정에서 위기 시에 핵폭탄 같은 무기를 사용하지만, 건강한 가족은 핵폭탄 같은 무기를 폐기할 방법에 대하여 논의한다. 예 "우리 사이에는 의견 차가 있어. 우리 둘은 정직하고 좋은 사람들이니까 우리가 어떻게 이 의견 차를 함께 잘 해결할 수 있을지 이야기해 보자."

4) 함께 시간 보내기

1,500명의 학생을 대상으로 무엇이 행복한 가족을 만드는지에 대해 조사한 결과 건강한 가족의 자녀들이 가장 많이 언급한 답변은 돈, 자동차, 멋진 집 또는 텔레비전 등이 아닌 '무엇인가를 함께하는 것'이었다(Jacobsen, 1969). 가족과 함께하기는 행복한 여행을 떠나는 것으로 가능하다. 가장 기억에 남고 가장 소중한, 가족과 함께한 어린 시절로 돌아가 경험을 갖는 것은 돈을 얼마 들이지 않고도 함께 활동하는 것의 중요성을 보여 준다. 가족과 함께 시간을 보내는 것은 중요하다. 가족과 함께하는 시간이 너무 적어서 서로를 보살펴 주지 않고, 서로에 대한 유대를 약하게 하는 것은 가족 관계 방임의 대표적인 예다. 가족과 함께 즐길 수 있는 좋은 활동의 예로는 함께 식사하기, 함께 청소하기, 함께 게임하기, 함께 캠핑하기, 자전거 타기, 걷기, 수영하기, 교회에 가거나 다른 종교 활동하기, 휴일이나 방학 또는 생일날 이벤트하기 등을 들 수 있다.

함께 시간을 많이 보내는 건강한 가족의 토대는 건강한 결혼 생활을 유지하는 것이다. 즉, 건강한 가족을 위해서는 건강한 결혼 생활을 위한 노력을 해야 하는 것이다. 물론 행복한 결혼 생활에는 시간이 걸린다. 세계 각국에 있는 700명의 아버지를 대상으로 한 Kathy Simon(1986)의 연구에서 '자녀에게 준 가장 좋은 선물이 무엇인가?'라는 질문에 대부분의 아버지가 '행복한 결혼 생활'이라고 답하였다. 연구에서 아버지들은 안정된 부부 관계가 자녀의 미래에 좋은 모델이 될 뿐만 아니라 안정적인 성장을 보장해 주기도 하기 때문이라고 답하였다.

5) 정신 건강

정신 건강은 가장 논쟁적인 연구 주제 중 하나일 것이다. 사전적으로는 '정신적'이라는 것은 '물질이 아닌 영혼이나 혼에 속한 것'(Williams, 1979)이라고 정의하고 있다. 많은 사람은 영혼이 인류에게 불멸의 부분이라고 여긴다. 또한 다른 이들은 영혼이 인류의 감정, 생각, 도덕성 등의 한 부분이라고 여긴다. 이러한 영혼과 관련된 정신 건강은 문제가 있는 가족을 건강하게 만들기 위한 특별한 믿음이나 신념을 지닌 시스템이라고도 한다. 건강한 가족의 정신 건강과 가족을 하나로 묶는 힘에 대한 신앙은 그들 삶에 긍정적이고 확실한 전망을 준다. 대부분의 종교는 좋은 가족 관계를 만들 수 있도록 도와주는 가치 있는 행동을 제시한다. 그러한 유의미한 종교를 통해 우리는 자신의 의무를 알고 다른 사람들을 고려하며, 그들을 이해하고, 사랑하고, 용서하고, 진실하고, 화를 다스리고, 부드러워지고, 참을성 등을 미덕으로 삼으라는 가르침을 받는다.

종교나 정신적인 공동체는 종종 가족에게 큰 도움을 제공한다. 이러한 공동체는 가족이 경험하는 정신적 심리적 아픔, 죽음, 출생, 자연적 재해 그리고 사고를 당했을 때 가족들이 어려움을 이겨 내도록 정신적으로 돕는다. 그리고 공동체 안에서 역경을 이겨 낸 사람들과 만남의 시간을 가짐으로써 문제를 이겨 낼 용기와 힘을 주고 건강한 삶의 좋은 모델을 보게 된다. 기회가 될 때 때때로 갖는 부부 동반 모임은 부부 생활에 위기가 닥칠 때 부부 관계를 원만하게 회복시켜 주기도 한다.

6) 스트레스와 위기 대처 능력

건강한 가족 구성원은 창조적이며 융통성이 있다. 물론 건강한 가족도 스트레스나 심각한 위기를 겪게 되는 경우 가족의 기반이 흔들릴 수 있다(Weber, 1981). 그러나 그들은 그러한 위기를 잘 극복해 내며 위기 가운데 생존자로서 삶의 고난과 시련을 극복하는 방법을 찾아낼 수 있다. 건강한 가정이 스트레스 상황을 만날 때 다음과 같은 특징을 갖는다.

- 협력해서 일하기: 어떤 문제도 개인 혼자의 책임이 아님을 인정하고 어린 자녀, 어른에 이르기까지 모두 힘을 합해 힘든 문제를 해결해야 함을 이해한다.
- 도움을 얻고 구하기: 문제에 대해 명확히 인식한 후 관련 전문가를 찾고, 해결책을 얻기 위해 상담센터나 사회 관계 기관의 도움을 받아 상담사와 대화한다(예, 결혼 생활의 문제나 친인척과의 논쟁, 우울한 청소년 자녀를 도울 수 있는 방법 등에 대해 아는 것과 모르는 것을 구분하고 알지 못하는 사실을 인지한다).
- 정신적인 자원(spiritual resources) 사용하기: 산책하기, 종교 지도자와 대화하기, 기도하기, 이웃이나 종교 기관의 사람들에게 도움 요청하여 용기를 얻는 등의 방안을 찾을 수 있다.
- 대화 통로를 열고(open line) 의사소통하기: 문제는 어느 한 개인의 것이 아니기 때문에 가족 구성원은 두려움이나 부정적인 반응에 대한 걱정 없이 서로의 감정과 문제를 공유한다.
- 삶의 흐름에 따르기: '강한 바람 속에서 단단하고 힘센 참나무는 쓰러지지만, 대지를 향해 고개 숙인 허약한 갈대는 쉽사리 끊어지지 않는다.'는 말처

럼 삶의 오래된 접근 방식과 오래된 관습을 위기 속에서 다시 한 번 생각해 본다. 또한 낯설고 긴장된 상황에 적응하기 위한 새로운 방법을 찾아본다.

• 감정 표현하기: 울거나 웃는 것 모두 매우 유용한 도움이 된다는 것[1]을 인정하고 그러한 감정을 표현하는 것에 대해 두려움을 갖지 않는다.

• 신중하게 생각하기: 건강한 가족은 한 시간에 한 걸음씩 나아간다. 즉, 삶에 있어 어떤 중요한 문제를 해결할 때 하룻밤 사이에 그것이 해결될 것이라고 생각하지 않으며 몇몇 해결의 유형을 사용하거나 문제 해결을 위한 도움을 받기 전에는 반드시 숙고한다(문제를 해결하는 데는 수개월, 심지어 수년이 걸리고 때때로 어떤 문제는 정말로 해결되지 않는다는 것을 인정하고 받아들인다).

• 문제에 대한 유연한 자세 갖기: 문제를 해결할 수 있을 때에는 그것을 수용하고, 해결할 수 없을 때에는 그것을 의식에서 내려놓을 수 있어야 한다. 또한, 가족 구성원 모두가 문제를 해결할 가능성에 대해 다방면으로 생각하며, 정신적 안정을 위협하는 사소한 일에 대해서는 안정과 재활력을 찾은 후 그것에 대한 대안을 찾는다.

• 신체 활동의 중요성 인식하기: 정열적인 신체활동은 세상에서 가장 안전한 안정제 중의 하나다. 따라서 가족 모두가 참여할 수 있는 스포츠나 신체 활동을 찾는 것은 건강한 가족에게 있어서 매우 중요한 부분이다.

• 관심 갖기 및 함께하기: 가족 구성원이 정신적 폐해를 최소화하도록 서로 돕는다(예, 가족 구성원은 때때로 서로의 삶에서 무엇이 중요한지, 무엇이 중요하지 않은지를 일깨워 준다). 또한, 가족의 소중함을 인식하고 서로에게 많은 부담을 주는 일에 대해서는 쉽게 잊는다(예, "결혼 생활보다 더 중요한 약속인가?" "딸에게 동화를 읽어 주는 것보다 이 모임이 중요한가?"). 마지막으로, 건강한 가족들은 사랑을 오랫동안 유지하기 위해서 서로 마주 보며 이야기 나눌

---

1) 최근 심리학 연구들은 웃음과 울음이 우리의 몸에 스트레스를 없애는 화학물질을 형성하도록 돕는다는 것을 밝히고 있다. 가족의 유머와 가족의 결속력, 가족 관계에 관한 선구적인 연구(Wuerffel, 1986)에 따르면 유머가 가족 건강의 본질적인 요소임을 밝히고 있다.

수 있는 일정 시간을 갖는다.

500여 명의 전문가 집단, 즉 학교 교장, 교도교사, 일반교사, 목사, 교육전도사, 소아과의사, 가정의, 정신과의사, 사회복지사, 간호사, 가족치료전문가, 자원봉사단체의 지도자 등이 참여한 설문 연구를 통해 다음과 같이 건강한 가족이 가진 특징을 서술하고 있다(Curran, 1983).

- 공통된 종교적 신념을 지닌 가족: 일상생활을 통하여 사랑과 존경, 타인에 대한 따뜻한 마음, 지혜, 초월자인 신에 대한 경외심을 자녀에게 심어 준다. 예를 들어, 기독교를 공통의 종교로 삼는 가족의 경우 바쁜 일상 가운데 하나님 앞에 모여서 함께 기도하고 성경을 생활의 지침으로 삼는 일은 가정을 건강하고 행복하게 하는 지름길이다.
- 많은 대화의 기회를 갖는 가족: 만일 대화가 형식적이고 의례적인 차원에 머물러 있다면 건실한 관계를 맺고 있지 못하다는 증거다. 따라서 텔레비전 시청 시간은 줄이고 그 시간에 서로의 입장과 의견을 교환함으로써 가족 간의 대화, 자발적이고 진솔한 대화를 자주 나눈다. 그러한 대화를 통해 자신의 가정을 스트레스와 긴장을 해소할 수 있는 안식처로 만들 수 있다.
- 서로 신뢰하고 인정하며 지지해 주는 가족: 인간은 가정에서 자신의 존재가치와 신뢰하는 법을 배울 수 있다. 인격발달의 중요한 시기는 출생부터 약 3세로, 이 시기에 부모로부터 돌봄과 격려를 받으며 자라는 자녀는 세상이 살 만하다는 신뢰감을 가질 수 있다. 이들은 어떤 교육기관보다도 가정에서 더 중요한 덕성을 배양할 수 있다.
- 유머 감각이 있는 가족: 웃음은 건강에 큰 영향을 미친다. 웃을 때에 가족 구성원의 심장박동 수는 늘어나고, 경직되었던 근육은 이완되며, 혈액순환이 잘 되고 산소의 공급량이 증가하여 가족 구성원의 건강이 증진된다.
- 윤리와 도덕이 있는 가족: 부모가 일관성 있는 가치관을 가진 가정이 건강

하다. 부모의 세계관과 신앙이 내면화된다면 자녀 역시 그러한 부모가 될 수 있기 때문이다. 반면, 부모의 위선과 가식적인 행위는 자녀에게 적개심과 반발심을 가지게 한다. 따라서 건실한 가정은 도덕적인 삶을 실제로 살아낼 때 이루어질 수 있다.

- 서로 다른 점을 존중하고 개성을 인정해 주는 가족: 다른 사람의 의견과 가치를 존중하는 태도는 가정에서 배울 수 있다. 자신을 존중하는 자세를 가정에서 배울 때에 다른 사람들 역시 존중하고 인정해 줄 수 있기 때문이다.
- 동일한 전통과 풍습을 공유하고 긴밀한 유대감을 유지하는 가족: 모이기에 힘쓰는 가정은 집안에 대소사가 있을 때마다 함께 모여 경험을 공유하기 때문에 소속감과 유대감이 강화된다. 이 유대감은 특히 어려운 일을 겪을 때에 더없이 필요한 구심점이 된다.
- 이웃과 인류에 대한 봉사의 중요성을 가르치는 가족: 가난해도 다른 사람들을 위한 봉사를 계속하는 자녀라면 중요한 삶의 덕목을 갖추었다고 볼 수 있다. 봉사하는 가정은 생활 방식이 화려하지 않고 단순하다. 따라서 체면과 지위를 드러내기 위한 지나친 행동을 하지 않아도 편안하고, 자신들에게 남는 시간과 에너지를 다른 사람들을 위해 사용할 수 있다.
- 각각의 책임과 공동 책임을 자각하고 감당하는 가족: 책임을 완수했다는 느낌은 자부심을 갖게 하고, 자신감을 키워 준다. 부모와 자녀 모두 자신감을 가지므로 자기의 효능성을 인정하고 유능하다는 자부심을 가지며 당당하게 살아갈 수 있게 된다.
- 자신이 가진 문제나 결점을 인정할 줄 알고 필요하면 도움을 청할 수 있는 개방적인 가족: 세상에는 문제없는 가정도, 문제없는 사람도 없다는 사실을 인정한다.

지금까지 살펴본 건강한 가족의 여러 가지 질적 특성은 우리에게 가족이란 무엇인가에 대해 반성적으로 사고할 수 있도록 도와주고, 가정의 기초를 어떻게 세워 가야 하는지에 대한 정보를 제공해 준다. 좋은 부모가 된다는 것은 아마도 부모가 직면한 가장 도전적인 과제일 것이다. 건강한 가족에 관한 많은 연구로부터 얻은 정보와 지식은 향후 부모들을 위해서 구체적인 방향을 제공한다. 현대사회에 살더라도 건강한 가족은 불가능하지 않고 가능하다. 하지만 상당히 많은 노력이 요구되며 현실 참여와 노력이 함께해야 한다. 가정의 행복과 자녀의 건강한 발달은 결국 부모의 부단한 노력의 결과인 것이다.

3. 현대사회의 다양한 가족 형태

현대사회에서 그 형태에 있어 가장 변형이 심하게 일어나고 있는 사회 단위 가운데 하나는 가족이다. 오늘날과 같이 급격하게 산업 정보화 되어 가는 사회 속에 가족에 대한 가치나 인간 생활 방식의 변화는 기존의 아버지와 아버지에 의해 형성되던 전통적인 가족 모형에서 벗어나 여러 가지 가족 형태를 양산하였다.

가장 가깝게는 우리 주변의 가족들을 살펴보면 곧바로 가족 형태가 얼마나 다양한지 쉽게 찾아낼 수 있다. 가족 구성원은 가족의 기능을 구성하는 능동적인 요소다. 어떤 사람들이 가족으로 구성되어 있는지를 살펴보는 것은 가족 특성을 결정하는 데 중요하다. 정말로 중요한 것은 가족 구성원이 강한 결속력을 가질 때 그들은 하나의 가족 단위로서 기능할 수 있고 가족의 역할을 수행할 수 있다는 것이다. 따라서 교사도 부모나 유아를 지도하기에 앞서 교사 자신의 가족 특성을 인식할 필요가 있다. 즉, 가족이나 부모교육에 대해 탐구하기 전에 교사 자신의 가족이 어떻게 변화되어 왔는지 고려할 수 있어야 한다. 이를 위해 아래와 같은 질문이 가족의 양상을 쉽게 진단하는 데 도움을 줄 수 있다(Curran, 1983).

- 당신의 가족을 구성하는 구성원은 누구인가?
- 당신의 가족은 모두 혈연 혹은 결혼에 의해서 관계되어 있는가?

- 당신의 가족은 당신의 경제적 생존을 위해 도움을 제공하고 있는가?
- 당신의 가족은 당신을 보호하는 원천인가?
- 당신의 가족은 당신의 사회적 그리고 문화적 학습의 주요한 원천이 되어 왔는가?
- 당신의 모든 가족 구성원 사이에 상호적이고 공유된 책임감이 있는가?

　서구의 가족은 정치적 사건과 경제적 흐름의 결과로 20세기 후반에 가장 극적인 변형이 시작되었다. 1930년 이후 불안정한 국가 경제와 경제의 공황은 직업 안정성이 더불어 문제가 되어 생계를 위한 맞벌이뿐만 아니라 더 많은 경제적 필요에 의해 어머니들을 집 밖으로 불러내었다(Couchenour & Chrisman, 2004). 일하는 어머니로 인해 어머니의 역할은 전통적인 역할에서 현대적인 유형으로 엄청나게 바뀌었다. 이후 1960년대부터 시작된 사회가치관의 변화들도 가족 변형에 영향을 주었다. 즉, 가족 관계에 대한 전통적인 가치와 관념의 변화, 개인주의의 강조 그리고 가족, 성, 상호 인간관계에 대한 새로운 견해 등은 새로운 가족 형태를 다른 시각으로 보게 했다. 이러한 요인들은 직간접적으로 가족을 새롭고 독특한 구조로 수용하도록 하여 새롭게 변형된 가족 형태에 우리 자신을 적응시켜야만 하도록 만들었다(Walsh, 2003). 특히 20세기 이래로 국가 간 이민자들의 유입은 전통적인 가족을 더욱 다양하게 만드는 원인을 제공해 주었다. 세계화 현상은 개별 국가의 관습과 전통뿐 아니라 가족에 대한 오래된 관념을 빠른 시간 안에 바꾸어 놓았다. 이러한 가족 형태의 변형을 그림으로 나타내면 [그림 2-2]와 같다.

　현대사회의 가족 구성원을 살펴보면 대부분의 가족이 성인 남녀와 아동으로 구성되지만 꼭 그렇지 않은 경우도 많다. 어떤 경우에는 한쪽 부모와 그들의 자녀로만 구성되기도 한다. 또 다른 경우는 부모와 자녀뿐 아니라 혈족과 혈연이나 법에 의해 관련되지 않은 몇몇의 매우 특별한 친구를 포함하기도 한다.

　유아교육기관에서 만나게 되는 대부분의 유아는 양친부모가족 혹은 편부모가

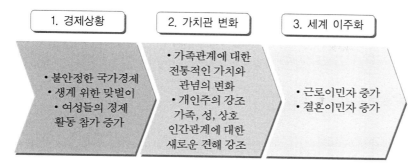

[그림 2-2] 현대사회 가족 변화의 주요 요인들

출처: Melendez & Beck, 2009.

족, 혼합가족, 확대가족, 양육부모가족 등에서 자라난다. 더 이상 단 하나의 가족 모형은 존재하지 않는 것이다. 우리보다 앞서서 가족형태가 다양한 서구 사회를 보더라도 더 이상 1950년대의 전통적인 모형의 관점에서만 묘사할 수는 없다. 사회적 단위로서의 가족은 지난 수십 년을 통하여 중요한 변화를 겪어 왔다. 이 모든 것은 유아교육기관의 교실에서 현존하고 있다. Olsen과 Fuller(2003)에 따르면 가족 범주는 전통적인 모형과 비전통적인 모형으로 나뉜다. [그림 2-3]에서 보는 것과 같이 전통적 가족은 이성 부부와 생물학적 혹은 입양된 자녀로 구성된다(Olsen & Fuller, 2003). 최근 몇십 년 동안 전 세계적인 높은 이혼율 때문

전통가족
• 양친 이성부모 가족
• 혼합된 가족
 (양부모가족 혹은
 다중결혼 이성부모 가족)

비전통가족
• 한부모가족
• 조부모가족
• 양육부모가족
• 형제자매가 이끄는 가족
• 동성부모가족

[그림 2-3] 전통 가족과 비전통 가족 모형

출처: Olsen & Fuller, 2003.

에 이전의 결혼 관계에서 비롯된 자녀들이 새롭게 형성된 가족 단위로 동화되는 혼합 가족 모형이 생겨났다.

이처럼 현대사회에서 사람들의 삶의 양상은 매우 다양하며 그에 따라 가족의 기능과 역할도 각각 다르다. 어떤 가족은 매우 건강하고 어떤 가족은 매우 위태롭다. 잘 기능하는 건강한 가족은 그들의 자녀를 행복한 민주 시민으로 성장하도록 후원하고 양육하는 반면에 위기의 가족은 그렇지 못할 수도 있다. 또한 위태로운 가족은 가족 내 위기를 경험하는 동안 극심한 스트레스를 경험할 수 있다. 따라서 모든 가족 관계에 따른 가족 특성과 부모 역할은 상황에 따라 다르다.

하지만 공통적인 것은 모든 가족이 경제적인 것부터 사회적인 것에 이르기까지 위기에 직면할 수 있다는 것이다. 어떤 가족은 자녀의 건전한 발달을 위해 필수적인 정서적 안정을 제공하는 데는 실패하는 반면, 기본적인 욕구만을 충족시켜 줄지도 모른다. 위기에 직면한 가족은 대개 불신, 불안, 예측 불가능에 의해 고통을 받는다. 그로 인해 부모나 다른 가족 구성원 모두 낮은 자존감, 불신, 다른 사람과 어울리지 못함, 그리고 때때로 수치심 등을 보일 수 있다. 위기에 직면한 가족은 분노나 슬픔에서 기인한 행동을 자주 나타내며 그중 많은 자녀가 또래나 다른 성인과 친밀한 경험을 할 수 없을지도 모른다. 만일 그들이 정서적 · 신체적으로 원만한 성장이 이루어질 수 있게 지지받지 못한다면 위기에 직면한 가족과 그 자녀는 평생 지속되는 어려움에 직면할 수도 있다(Olsen & Fuller, 2003). 따라서 각 가족의 특성에 따른 이해에 기초한 부모 역할이 이루어져야 할 것이다.

생각해 볼 문제

1. 가족 유형 중 어떤 유형이 자녀를 키우는 데 최적의 가족 형태인지 토의해 보시오.
2. 지구상의 많은 가족이 함께 사는 데 어려움을 겪는 이유는 무엇이라고 생각하는지 토의해 보시오.
3. 건강한 가족을 이루기 위한 조건은 무엇인지 논의해 보시오.
4. 건강한 가족과 기능적인 가족은 같은지 아니면 다른지 설명해 보시오.
5. 최근 여성의 사회경제적 활동 참여율이 높아지는 것은 자녀 성장에 긍정적인지 부정적인지 논의해 보시오.

제**2**부

가족생활주기와 부모교육

제3장

결혼 및 가족 관계의 변화

학습목표

1. 듀발의 가족생활주기 8단계를 설명할 수 있다.
2. 갈린스키의 부모기 6단계를 설명할 수 있다.
3. 브론펜브레너의 생태학 모델에서 개인과 환경의 상호작용을 배운다.
4. 바움린드가 제시한 양육 방식과 그에 따른 자녀의 특성을 설명할 수 있다.
5. 쉐퍼의 양육 유형에 따른 자녀의 행동 특징을 이해한다.

이 장에서는 가족이 생활하면서 해결해야 하는 문제와 부모의 자녀 양육 방식 및 양육 유형에 따라 자녀가 어떤 특징을 보이는지 알아보고, 현대사회의 특징으로 인해 나타나는 다양한 문제가 우리의 삶에 어떤 영향을 주는지 살펴보고자 한다.

1. 가족생활주기 및 부모기

1) 듀발의 가족생활주기 8단계

가족이란 부부나 부모-자녀 관계 같이 혼인이나 혈연관계로 이루어진 집단 또는 그 구성원을 말한다. 가족생활주기(family cycle, family life cycle)란 부부의 결혼부터 사망까지의 기간 동안 가족 구성원인 부부와 자녀의 삶에서 나타나는 주요한 변화를 단계별로 나눈 것이다.

학자들은 가족생활주기의 단계를 2세대와 3세대 이상 가족으로 나누었다. 힐(Reuben Hill)과 듀발(Evelyn Duvall)은 2세대 핵가족을 중심으로 하여 가족생활주기를 8단계로 설명하였고, 카터(Betty Cater)와 맥골드릭(Monica McGoldrick)은 3세대 이상의 가족을 중심으로 6단계로 설명하였다(박태영, 2003). 이들 중 가장 광범위하게 사용되는 것이 첫 자녀의 연령에 기초한 듀발(1971)의 8단계로, 1940년대 후반에 시간의 흐름에 따른 가족의 발달적 과제와 가족 관계 변화를 단계별로 구분하여 제안한 것이다. 이때 발달적 과제는 현재 단계에서 그것이 성공적으로 수행되면 생활의 만족과 미래에 대한 성공적 수행을 예상하게 되지만 그렇지 않을 때는 다음 단계의 과제를 성공적으로 수행하기 어렵다. 따라서 각 발달 단계는 전 발달 단계의 과제 수행 여부에 따라 영향을 받는다. 듀발의 8단계에 따른 구체적인 생활주기는 다음과 같다(김명희, 2003; 이경화, 김연진, 고진영, 2008).

- 1단계 가족은 신혼 가족(married couple)이다. 신혼 가족은 자녀가 없는 신혼 부부를 말한다. 이 시기는 각각의 삶을 살던 남녀가 부부가 되어 가족으로서 서로를 받아들이고 미래의 가족 계획을 세운다. 재정 문제, 미래의 자녀 계획과 부모 역할, 서로를 배려하는 의사소통 방법, 각 배우자의 친척과 잘

지내기, 기존에 확립된 사랑을 결혼 후에도 지속하기 위한 방법, 가사 분담 등의 체계를 확립하는 것이 과제다.

- 2단계 가족은 자녀 출산 가족(childbearing families)이다. 자녀 출산 가족은 첫 자녀의 출산 이후 2.5세까지의 시기로 부부의 생활은 자녀 출산으로 인해 완전히 달라진다. 첫 자녀의 출산으로 밤과 낮의 생활주기가 불규칙해져 피곤이 쌓이고, 자녀를 잘 돌봐야 한다는 긴장감이 생기지만, 새로운 생활주기에 적응하고자 한다. 자녀에게 위생적이고 안전한 환경을 제공하며, 출산과 양육에 필요한 생활비용을 마련하고, 부부간에 가사를 분담하며, 효과적인 의사소통을 해야 하는 것이 부모의 과제다.

- 3단계 가족은 취학 전 유아기 가족(families with preschool age children)이다. 취학 전 유아기 가족은 첫 자녀의 연령이 2.5세에서 6세가 되는 시기다. 예상되는 생활비와 예측 불가능한 생활비에 대비하고 가족 구성원과 원활하게 의사소통할 수 있게 노력하여 가족의 욕구를 만족시키도록 하는 것이 이 시기의 과제다.

- 4단계 가족은 학령기 아동기 가족(families with school age children)이다. 학령기 아동기 가족은 첫 자녀가 6세에서 13세가 되는 시기다. 자녀가 학교에서 보내는 시간이 많아지면서 부부는 개인적인 시간을 많이 갖게 되어 가족과의 공유된 삶과 개인적 삶의 조화를 이룬다. 가족이 필요한 만큼 생활비를 확보하고, 자녀의 발달을 위해 자녀가 원만한 친구 관계를 형성하도록 적극 도와주며 학교와도 협조하는 것이 과제다.

- 5단계는 청소년기 가족(families with teenagers)이다. 청소년기 가족은 자녀가 13세에서 20세가 되는 시기다. 이 단계에서 부부는 관계에 초점을 맞추면서 가족 구성원이 책임 의식을 가질 수 있도록 지도하고 격려한다. 자녀와 의사소통이 잘 이루어질 수 있도록 하고, 가족 구성원의 다양한 요구와 증가하는 재정 문제에 잘 대처하도록 노력하는 것이 이 시기의 과제다.

- 6단계는 독립기 가족(families launching young adults)이다. 독립기 가족은 첫

자녀의 독립 시작부터 마지막 자녀의 독립 시작까지의 시기로, 이 시기에는 부부 관계를 재조명한다. 자녀의 분가 또는 결혼으로 인해 가구나 기타 물건 등을 재배치하고 필요한 물건을 사기도 하며 성인 자녀에게 필요한 생활비를 지원할 수도 있다. 자녀의 결혼으로 가족의 범위가 확대되면서, 가족 간의 원활한 의사소통과 자녀의 안정적인 독립을 안내해 주는 것이 이 시기의 과제다.

- 7단계는 중년기 가족(middle aged parents)이다. 중년기 가족은 자녀가 모두 떠나고 부부만 남게 되는 시기로, 은퇴기까지를 말한다. 자녀가 모두 떠나고 난 뒤 상황에 적응하면서 부부간의 관계를 재조정하고 조부모로서의 생활을 준비하며 적응한다. 또한, 직장 은퇴에 적응하고 신체적·정신적 노화에 대처하는 것도 이 시기의 과제다. 건강한 노후와 부부 생활을 위해 경제적 준비를 철저히 하여 부부가 함께 운동, 봉사, 여행 등을 다니며 시대의 변화에 뒤처지지 않도록 노력한다. 이러한 노력을 통해 부부 관계 및 조부모 역할을 잘 수행하고 자녀와 원만한 관계로 지내는 것이 과제다.

- 8단계는 노년기 가족(aging family members)이다. 노년기 가족은 은퇴에서부터 사망에 이르는 시기로, 은퇴로 인한 재정적 문제, 본인과 배우자에게 다가오는 죽음에 대처하는 방법, 계속되는 노화와 생활 변화에 적응하기 그리고 여러 가지 예기치 않은 문제 상황에서 누구에게 어떻게 의존할지를 결정하는 것 등이 이 시기의 과제다.

듀발의 가족생활주기 단계에 따른 특성을 요약하면 다음과 같다(김진영, 김정원, 전선옥, 2009; 문득현, 2003).

〈표 3-1〉 듀발의 가족생활주기 8단계

가족생활주기	가족의 지위	가족의 발달 과제
1단계 신혼 가족 (married couple) (부부확립기. 무자녀)	아내 남편	• 서로 만족하는 결혼 생활 • 임신과 부모 되기에 적응 • 친족관계 형성
2단계 자녀 출산 가족 (childbearing families) (첫 자녀 출산~2.5세)	아내-어머니 남편-아버지 영아기의 자녀	• 자녀를 낳고 그에 적응하며 영아의 발달 독려 • 부모와 영아가 만족하는 가정 형성
3단계 취학 전 유아기 가족 (familes with preschool age children) (첫 자녀 2.5세~6세)	아내-어머니 남편-아버지 아들, 딸-형제자매	• 성장을 자극·촉진하기 위해 취학 전 유아의 요구와 관심에 적응 • 부모는 에너지의 소모와 사생활의 부족에 적응
4단계 학령기 아동기 가족 (familles with school age children) (첫 자녀 6세~13세)	아내-어머니 남편-아버지 아들, 딸-형제자매	• 학령기 아동을 위한 건설적인 가족 공동체 형성 • 아동의 교육적 성취를 고무
5단계 청소년기 가족 (families with teenagers) (첫 자녀 13세~20세)	아내-어머니 남편-아버지 아들, 딸-형제자매	• 성숙한 청소년으로서의 책임감과 부모로부터의 해방감 간의 균형을 유지 • 성숙한 부모로서의 자질과 능력을 갖춤
6단계 독립기 가족 (families launching young adults) (첫 자녀 독립~마지막 자녀 독립)	아내-어머니-할머니 남편-아버지-할아버지 아들, 딸-형제자매-삼촌, 숙모	• 적절한 의식이나 사회의 도움으로 취직, 군입대, 대학 입학, 결혼 등에 직면 • 지지기반으로서의 가정의 기능을 유지
7단계 중년기 가족 (middle aged parents) (부부만 남은 가족~은퇴)	아내-어머니-할머니 남편-아버지-할아버지	• 결혼 관계에 다시 초점을 맞춤 • 신·구세대 간의 친족 결속력 유지
8단계 노년기 가족 (aging family members) (은퇴~사망)	부부가 각자 혼자됨 아내-어머니-할머니 남편-아버지-할아버지	• 은퇴에 적응 • 사망하거나 혼자 남음 • 가족의 해체 또는 가족의 종말에 적응

출처: 김진영 외, 2009; 문득현, 2003.

2) 갈린스키의 부모기 6단계

갈린스키(Ellen Galinsky)는 아동에 관한 많은 연구와 저술 활동을 통해 부모의 성장과 발달을 규명하고자 노력하였다. 갈린스키는 지역, 종교, 인종, 사회·경제적 지위와 여러 계층 및 형태에 따른 가족 구성(동거부모, 이혼부모, 편부모, 계부모, 양부모와 후견인, 십대 부모와 노령 부모, 첫 자녀 부모, 대가족)의 부모, 영재아 및 장애아를 둔 부모와 태아부터 18세까지의 자녀를 둔 228명의 부모를 대상으로 연구하여 부모의 발달단계를 6단계로 제시하였다(권영례 역, 1997; 김금주, 유윤영, 2005; 정갑순, 2006). 또한, 부모들이 가정생활에서 일어나는 새로운 사건(출산, 자녀의 입학 등)에 대해 '해야 한다.' '하도록 되어 있다.' '기대했다.'로 표현하는 것을 참고하여 그들이 어떤 사건에 대해 '이 일은 이렇게 진행되어야 한다.'는 기대를 각 단계마다 가지고 있다고 보았다. 이러한 기대는 부모 역할의 성공과 실패를 가늠하는 잣대가 되기도 하는데 현명한 부모는 자신의 현실을 고려하여 자녀에 대한 이미지를 단계에 따라 계속해서 수정해 간다고 보았다(권영례 역, 1997; 김금주, 유윤영, 2005).

갈린스키의 부모 발달단계는 자녀의 성장과 연령에 따라 구분되지만 다자녀의 경우 한 번에 부모가 여러 단계의 역할을 하는 경우도 있다. 부모기 6단계에는 각각의 과제가 있는데 그것은 다음과 같다(권영례 역, 1997).

- 1단계 이미지 형성단계(image-making stage)는 예비 부모가 아기의 탄생과 부모 됨의 이미지를 형성하는 시기로, 부모로서의 변화와 주변의 중요한 성인 관계의 변화를 준비한다.
- 2단계 양육단계(nurturing stage)는 출생에서부터 자녀가 16개월경~2년까지로 자녀의 출생으로 부모로서의 자신에 대한 이미지를 실제 경험과 비교하게 된다. 자녀와 애착을 형성하는 과정에서 자아상에 대한 개념이 변화하고 '나에게 가장 중요한 것은 무엇인가?' '내가 우선으로 해야 하는 것은 무엇

인가?' '얼마나 많은 시간을 자녀를 위해 할애해야 하고 나의 인생을 어떤 방향으로 계획해야 하는가?' 등 많은 의문을 갖기도 한다.

- 3단계 권위단계(authority stage)는 자녀가 2세에서 4~5세 때까지로, 부모는 특정한 종류의 권위가 있어야 하고, 부모-자녀 간 규칙을 설정해야 하며, 규칙의 강조 시기 및 규칙이 깨지는 시기를 결정하는 과제가 있어야 한다.
- 4단계 해석단계(interpretive stage)는 자녀가 유치원에 들어가기 시작해서 소년·소녀기에 접어드는 때까지로 자녀가 교육기관에 입학하게 되어 부모로서의 이미지를 다시 생각하고 현실이 어떻게 전개될 것인가를 스스로 질문하는 시기다. 자녀의 자아개념을 어떻게 해석·발달시킬 것인지, 자녀가 부모를 어떻게 해석할 것인지에 관심을 가지게 된다. 또한 현실 해석, 자녀의 질문에 대한 대답 및 어떤 종류의 지식이나 가치를 고무시킬 것인지 알게 된다.
- 5단계 상호의존단계(interdependent stage)는 자녀가 십대가 되는 시기로 권위단계에서 주가 되었던 문제가 다시 거론되는데, 가끔 새로운 해결을 요구하며 성인이 다 된 자녀와 부모는 새로운 인간관계를 형성하게 된다.
- 6단계 새로운 출발단계(departure stage)는 자녀가 집을 떠나는 시기로 부모 자신에 대한 평가 단계다. 부모는 자녀가 떠나는 시기와 방법, 부모 인생 전반의 성공과 실패 그리고 부모와 성장한 자녀의 인간관계를 그들이 원하는 방향으로 성취했는지 여부를 평가한다.

2. 부모-자녀 관계에 대한 이론적 관점

1) 브론펜브레너의 생태학 이론

브론펜브레너(Bronfenbrenner)는 가족의 기능을 설명하는 방법으로 생태학 이론을 주장한다. 생태학 이론은 러시아의 전통 인형인 마트로시카(나무로 만든 인형으로, 인형의 몸체 속에 그보다 작은 인형들이 몇 회를 반복하는 상자 구조로 들어가 있다)처럼 가장 중앙에 있는 개인과 그 개인을 둘러싼 체계를 미시체계, 중간체계, 외체계, 거시체계, 시간체계 등 일련의 겹구조로 된 환경으로 구분한다. 환경이 개인과 가족체계의 발달에 어떤 영향을 주고 어떻게 상호작용하는가를 살펴보면 다음과 같다(김진영 외, 2009; 이승연 외 역, 2011; 이영 역, 1992).

- 미시체계(microsystem)란 발달하는 개인에게 직접적으로 영향을 미치는 대상을 포함하는 상황이다. 영아기 때에는 직접적인 환경인 가족 구성원, 보육시설에 다니게 되면 친구, 교사가 미시체계에 포함되어 개인의 특성과 성장 시기에 따라 미시체계의 폭이 넓어진다. 미시체계 안에서는 영아와 부모, 영아와 교사, 영아와 또래 등 양방향적으로 영향을 주고받는다. 예를 들어 아들 현빈이가 아빠를 보고 웃으면 아빠가 현빈이를 안아 준다. 현빈이는 아빠의 머리카락을 잡아당기고 아빠는 현빈이에게 말을 하는 것처럼 아빠와 현빈이는 서로 간에 영향을 주고받으며 미시체계를 만든다.
- 중간체계(mesosystem)는 장면과 장면의 상호연결성의 영향을 말한다. 한 개의 미시체계와 다른 한 개의 미시체계 사이의 연결 관계를 의미한다. 가정이라는 미시체계나 유아교육기관이라는 미시체계에서 일어나는 사건은 다른 미시체계에서 일어나는 유아의 행동과 발달에 영향을 미친다. 예를 들어 엄마가 현빈이를 데리고 등원하면서 "선생님이 현빈이의 담임선생님이어서 정말 다행이예요. 현빈이가 집에 오면 선생님이 최고라고 매일 이야기해요."라고 하면 선생님은 현빈이에 대한 긍정적인 감정을 더 많이 갖는다. 하원시간에 교사는 "현빈이는 사랑반에서 가장 사랑스러운 아이예요. 현빈이가 결석하는 날은 현빈이가 매우 보고 싶다니까요."라고 말하면 엄마는 현빈이에게 애정을 더 갖는다.
- 외체계(exosystem)는 개인이 능동적으로 직접 참여하지는 않지만 어떤 사건이 발생함으로써 개인의 직접적인 환경에서 무엇인가 일어나도록 영향을

끼친다. 영아를 직접적으로 포함하지는 않지만 영아에게 영향을 주는 환경을 포함한다. 예를 들면 부모가 다니는 직장의 정책으로 아이가 있는 주부 직원을 위한 파트타임 근무 또는 융통성 있는 재택근무 등이 있다.

• 거시체계(macrosystem)는 외체계가 존재하는 사회의 가치와 법을 말한다. 예를 들어 사회가 남녀의 능력을 동등하게 보아 임금 격차가 없고, 주부의 취업을 긍정적으로 보는 경우 주부 사원이 편안하게 근무하는 정책을 지지할 것이다.

• 시간체계(chronosystem)는 시간적으로 한 시점의 사건이나 경험이 아닌 전 생애에 걸쳐 일어나는 변화와 사회 역사적인 환경을 의미한다. 시간체계는 다른 체계들과 전체적으로 연결되어 있어 개인이 과거에 경험한 사건이나 상호작용이 현재의 행동과 상호작용에 영향을 준다. 예를 들어, 어렸을 때

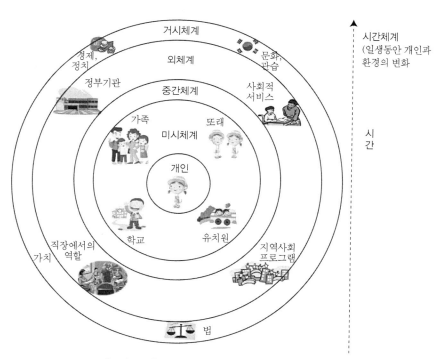

[그림 3-1] 브론펜브레너의 생태학 이론

송충이에게 물려서 병원에 갔던 경험, 부모의 이혼, 외동아에게 사촌 동생
의 출생 등을 들 수 있다.

2) 바움린드의 자녀 양육 방식

바움린드(Diana Baumrind)는 부모의 자녀 양육 방식을 수용과 통제 수준에 따
라 4가지로 구분하여 자녀의 행동패턴을 예측할 수 있다고 보고, 부모의 양육 방
식을 민주적 부모, 허용적(방종과 방임적) 부모, 독재적 부모 등 4가지로 나누었
다(공인숙 외 역, 2000; 최순영 역, 1989).

- 민주적 부모는 애정적, 수용적이면서 확고하고, 논리와 설득으로 자녀의 의
  견을 존중하고 자녀의 요구에 반응적이며 일관성 있는 훈육을 한다. 자녀
  행동에 대해 연령에 적합한 성숙되고 독립적인 행동을 기대한다. 부모와 자
  녀가 함께할 수 있는 활동이나 문화적 행사를 계획하고 교육적 기준을 정하
  여 실행한다. 이러한 민주적 부모의 자녀는 자아존중감이 높고 자신을 잘
  통제한다. 다른 사람들과 원만하게 지내며 새로운 상황에 호기심이 많으며
  스트레스에 잘 대처한다. 또한 성인들에게 협조를 잘 하고 에너지가 많고
  즐거우며 성취 지향적이다.
- 허용적 양육에는 방종적 양육과 방임적 양육 방식 두 가지가 있다. 방종적
  부모는 자녀에게 수용적이고 자녀의 자율성을 인정한다. 자녀와 대화하고
  규칙을 설명하지만 감독을 하지 않고 통제를 하지 않는 것이 민주적 부모와
  다른 점이다. 한편, 방임적 부모는 자녀의 기본욕구를 만족시키는 음식을
  주거나 안식처를 제공하는 것을 제외한 사회적, 정서적 요구에 대해 관심이
  매우 적다. 자녀에 대한 낮은 수용성과 낮은 통제성이 나타난다. 비일관적
  훈육으로 규율을 적용하지 않고, 자녀가 울거나 떼를 쓰면 자녀의 요구 사
  항을 들어준다. 자녀의 잘못된 행동을 허용하고 충동과 욕구에 대한 표현을

칭찬한다. 또한 자녀의 성숙되고 독립적인 행동에 대한 요구나 기대가 거의 없다. 허용적-방임적 부모의 자녀는 어른에게 반항적이고 순종적이지 않으며 자기통제를 잘 못하고 공격적이다. 쉽게 화를 잘 내고 충동적이며 자아존중감이 낮고 성취 지향성이 낮다.

- 독재적 부모는 규칙을 엄격히 강요하지만 규율을 분명히 설명하지 않고, 자녀의 반대에 직면하면 규율을 일방적으로 강요한다. 부모가 자녀의 욕구와 의견을 고려하지 않고, 규율을 강요할 때 자녀가 분노와 불쾌감을 나타내면 나쁜 행동을 처벌한다. 권위적 부모의 자녀는 두려움이 많고 기분의 변화가 심하고 불행하다고 느낀다. 수동적, 적대적이며 스트레스를 받기 쉽고 공격적, 비우호적 행동과 수줍어하는 행동을 반복적으로 하고 목적이 없다.

〈표 3-2〉 부모의 자녀 양육 방식에 따른 자녀의 행동 특성

부모의 자녀 양육 방식	자녀의 행동 특성
• 민주적 부모 　- 규율에 대한 의사소통이 잘 됨 　- 자녀의 나쁜 행동에 불쾌감을 표현함 　- 자녀의 건설적 행동에 대해 즐거움을 표현하고 지지함 　- 자녀의 의견을 묻고 존중함 　- 문제에 대한 대안을 제공함 　- 자녀에게 다정하고 반응적임 　- 자녀의 연령에 적합한 성숙되고 독립적인 행동을 기대함 　- 문화적 행사와 자녀와 함께하는 활동을 계획함 　- 교육적 기준을 정하고 실행함	• 열성적이며 다정한 자녀 　- 자아존중감이 높음 　- 자기 통제적임 　- 즐겁고 친사회적임 　- 스트레스에 잘 대응함 　- 새로운 상황에 관심과 호기심을 보임 　- 성인들에게 협조적임 　- 온순함 　- 성취 지향적이고 목적 지향적임 　- 에너지가 많음
예 "어떻게 하면 우리가 원하는 것을 얻을 수 있을까?"	

- 허용적(방종·방임적) 부모
  - 비일관적인 훈육을 함
  - 규율을 강요하지 않음
  - 자녀가 울음, 떼쓰기로 요구를 하면 들어줌
  - 성숙된 독립적 행동에 대한 요구나 기대가 거의 없음
  - 잘못된 행동을 간과하거나 허용함
  - 성급함, 분노, 성가심을 숨김
  - 온유한 정도가 보통임
  - 충동과 욕구의 자유로운 표현을 칭찬함

  예 "울지 마. 울지 마. 알았어. 해 줄게."

- 독재적 부모
  - 규칙을 엄격히 강요함
  - 나쁜 행동을 처벌함
  - 분노와 불쾌감을 보임
  - 규율이 분명히 설명되지 않음
  - 통제되지 않은 반사회적 충동에 의해 지배되는 존재로 자녀를 봄
  - 자녀의 욕구와 의견을 고려하지 않음
  - 반대와 강압에 직면했을 때 규율을 일방적으로 강요함
  - 가혹하고 처벌적으로 훈육함
  - 온유하지 않고 긍정적인 참여도가 낮음
  - 문화적 행사나 자녀와의 활동을 계획하지 않음
  - 교육적 요구나 기준이 없음

  예 "안 돼. 하지 마. 엄마가 안 된다면 안 되는 거야. 엄마가 하라는 대로 해야지."

- 충동적-공격적인 자녀
  - 자아존중감이 낮음
  - 자기통제가 결여됨
  - 쉽게 화내고 좋은 기분으로 빨리 회복됨
  - 공격적임
  - 충동적임
  - 지배적임
  - 어른에게 반항적, 불순종적임
  - 낮은 성취를 지향함
  - 목적이 없거나 낮은 활동을 지향함

- 갈등을 많이 일으키고 화를 잘 내는 자녀
  - 두려움이 많음
  - 기분의 변화가 심하고 불행하다고 느낌
  - 수동적, 적대적이며 스트레스를 받기 쉬움
  - 공격적, 비우호적 행동과 수줍어하는 행동을 반복적으로 함
  - 목적이 없음

3) 쉐퍼의 자녀 양육 태도

여러 학자의 연구에 의하면 일반적으로 부모의 양육 태도 중 애정성은 자녀에게 긍정적인 영향을 미치지만 적대성은 부정적인 영향을 미치는 것으로 나타났다. 쉐퍼(Schaefer)는 신생아기부터 초기 청년기에 이르는 동안의 발달과 자녀 양

육 태도를 30년 동안 연구하여 다음과 같이 분류하였다(이순형 외, 2010; 최순영 역, 1989).

- 애정적-자율적 양육 태도는 가장 바람직한 양육 태도로 부모가 애정을 갖고 자녀 행동의 자율성을 인정한다. 자녀는 부모와의 애착 형성이 잘 되어 안정적인 신뢰감을 형성하고 타인에게 관용적이며 도덕적이다. 자존감과 책임감이 강하며 덜 공격적이고 자신의 감정을 자유롭게 표현한다.
- 애정적-통제적 양육 태도는 부모가 자녀에게 애정을 갖고 있지만 자녀의 행동에 제한을 많이 한다. 부모는 자녀를 과보호하고 소유하려고 하여 자녀는 정서적으로 불안정하고 의존적이며 사회성과 창의성이 낮다.
- 거부적-자율적 양육 태도는 부모가 자녀를 돌봄에 있어 전혀 애정이 없고 자녀의 행동에 어떠한 관심도 나타내지 않으며 제재도 하지 않는다. 이러한 부모에게서 양육을 받은 자녀는 소극적이고 정서적으로 불안하며 공격적이고 자신의 행동을 통제하는 데 어려울 수 있다.
- 거부적-통제적 양육 태도는 부모가 자녀에게 애정은 없지만 자신의 권위와 독재적인 힘을 나타내기 위해 벌을 준다. 부모의 일관성이 없는 양육으로 자녀는 수줍음이 많고 사회성이 부족하다. 심리적으로 갈등이 많고 퇴행적이고 자기 학대적 행동이 나타나기도 한다.

3. 한국 가족생활의 변화 추세

듀발의 가족생활주기를 살펴보면서 요즈음 한국의 가족과 부모는 어떻게 변화하고 있는지와 이러한 변화가 사회에 어떤 영향을 미치는지 미래의 한국사회에 대해 생각해 보고자 한다.

〈표 3-3〉 듀발의 가족생활주기에 따른 한국 가족생활의 변화

가족생활주기	한국 가족생활의 변화
1단계: 신혼 가족 (married couple) (부부확립기. 무자녀)	• 독신의 증가 • 1인 · 2인 가족 증가와 4인 가족 감소 • 만혼화 • 이혼 급증으로 모자 · 부자 가정 증가 추세
2단계: 자녀 출산 가족 (childbearing families) (첫 자녀 출산~2.5세)	• 저출산 및 고령 출산 • 불임과 유산 • '돌아온 싱글'
3단계: 취학 전 유아기 가족 (families with preschool age children) (첫 자녀 2.5세~6세)	• 여성취업과 가사분담 • 자녀 양육의 어려움 • 부모의 자녀 학교 운영에 대한 참여도 • 기러기 아빠 • 사교육비
4단계: 학령기 아동기 가족 (families with school age children) (첫 자녀 6세~13세)	
5단계: 청소년기 가족 (families with teenagers) (첫 자녀 13세~20세)	• 대학입시와 등록금
6단계: 독립기 가족 (families launching young adults) (첫 자녀 독립~마지막 자녀 독립)	• 자녀의 취업 • 자녀의 결혼자금 • 부모 부양
7단계: 중년기 가족 (middle aged parents) (부부만 남은 가족~은퇴)	• 고령화에 따른 노후준비 • 증가하는 기대수명과 고령화 사회 • 1인, 2인 고령 가구 증가 • 황혼 육아 • 황혼 이혼과 재혼
8단계: 노년기 가족 (aging family members) (은퇴~사망)	

1) 만혼, 저출산 및 고령출산

2013년 평균 혼인은 32만 2천 8백건으로 2012년보다 4천 3백건 감소하였다. 2013년 남녀의 평균 초혼 연령을 살펴보면 남자는 32.2세, 여자는 29.6세로

〈표 3-4〉 평균 초혼 및 재혼 연령

(단위: 세)

		2003	2004	2005	2006	2007	2008	2009	2010	2011	2012	2013
초혼 연령	남자	30.1	30.5	30.9	31.0	31.1	31.4	31.6	31.8	31.9	32.1	**32.2**
	여자	27.3	27.5	27.7	27.8	28.1	28.3	28.7	28.9	29.1	29.4	**29.6**
재혼 연령	남자	42.8	43.8	44.1	44.4	44.8	45.0	45.7	46.1	46.3	46.6	**46.8**
	여자	38.3	39.2	39.6	39.7	40.1	40.3	41.1	41.6	41.9	42.3	**42.5**

출처: 통계청, 2013d.

2012년보다 각각 0.1세, 0.2세 많아져 만혼화 현상이 나타나고 있다.

2013년 평균 재혼 연령은 남자 46.8세, 여자 42.5세로 10년 전보다 남자는 4.0세, 여자는 4.2세 높아졌다.

2013년 한 해 동안 태어난 출생아 수는 43만 6천 5백 명으로 2012년 48만 4천 6백 명보다 9.9% 감소하였고, 합계출산율(여성 한 명이 평생 낳을 것으로 예상되는 평균 출생아 수)은 1.187명으로 2012년보다 0.11명 감소하였다. 2013년 모의 연령 대별 출산율은 30대 후반(35~39세) 출산율은 39.5명으로 2012년보다 0.5명 증가 하여 지속적인 증가추세를 보인 데 반해 30대 후반을 제외한 연령층에서 모두 출산율이 감소하였다. 저출산이 지속되는 이유는 주 출산 연령층 여성인구 및

〈표 3-5〉 모의 연령별 출산율 및 합계출산율

(단위: 가임여자 1명당 명, 해당연령 여자인구 1천 명당 명)

		2003	2004	2005	2006	2007	2008	2009	2010	2011	2012 (A)	2013 (B)	B-A
합계출산율		1.180	1.154	1.076	1.123	1.250	1.192	1.149	1.226	1.244	1.297	1.187	-0.11
연령별 출산율	15~19세	2.5	2.3	2.1	2.2	2.2	1.7	1.7	1.8	1.8	1.8	1.7	-0.1
	20~24세	23.6	20.6	17.8	17.6	19.5	18.2	16.5	16.5	16.4	16.0	14.0	-2.0
	25~29세	111.7	104.5	91.7	89.4	95.5	85.6	80.4	79.7	78.4	77.4	65.9	-11.5
	30~34세	79.1	83.2	81.5	89.4	101.3	101.5	100.8	112.4	114.4	121.9	111.4	-10.5
	35~39세	17.1	18.2	18.7	21.2	25.6	26.5	27.3	32.6	35.4	39.0	39.5	0.5
	40~44세	2.4	2.4	2.4	2.6	3.1	3.2	3.4	4.1	4.6	4.9	4.8	-0.1
	45~49세	0.2	0.2	0.2	0.2	0.2	0.2	0.2	0.2	0.2	0.2	0.1	-0.1

출처: 통계청, 2013c.

혼인감소와 밀접한 관련이 있는 것으로 보인다. 혼인이 늦어지면서, 모의 첫째
아 출산 평균연령이 2011년 30.50세보다 0.23세 상승한 30.73세로 매년 꾸준한
증가 추세를 보이고 있다.

2) 일 · 가정 양립의 어려움

(1) 여성취업과 가사분담

2014년 가사분담에 대한 통계를 보면, 남자는 42.7%, 여자는 52.2%가 '공평하
게 분담' 해야 한다고 생각하고 있었다. 60대 미만 연령층에서는 연령이 낮을수
록 가사분담을 공평하게 해야 한다는 비율이 높아지는 것으로 나타났다. 부부가
함께 살고 있는 가구에서 평소 가사분담을 공평하게 하고 있는지에 대해서는 남
편은 16.4%, 부인은 16.0%로 나타나 부부의 가사분담에 대한 생각과 실제 행동
간에 차이가 있었다.

〈표 3-6〉 가사분담에 대한 견해 및 실태   (단위: %)

가사 분담에 대한 견해	계	부인이 주도	부인이 전적으로 책임	부인이 주로 하지만 남편도 분담	공평하게 분담	남편이 주도	남편이 주로 하지만 부인도 분담	남편이 전적으로 책임
2012년	100.0	52.0	5.3	46.7	45.3	2.7	2.2	0.4
2014년	100.0	50.2	5.3	44.9	47.5	2.3	1.9	0.4
남자	100.0	54.6	7.0	47.6	42.7	2.7	2.1	0.5
여자	100.0	45.9	3.7	42.2	52.2	1.9	1.6	0.3
13~19세	100.0	25.1	1.6	23.5	71.8	3.1	2.7	0.5
20~29세	100.0	29.5	1.3	28.2	68.2	2.3	2.1	0.2
30~39세	100.0	48.5	3.3	45.2	50.4	1.1	0.9	0.2
40~49세	100.0	58.5	5.3	53.2	39.5	2.0	1.5	0.5
50~59세	100.0	60.6	6.2	54.4	36.4	3.0	2.4	0.6
60세 이상	100.0	61.7	11.0	50.7	35.8	2.5	2.1	0.4

가사 분담에 대한 실태	계*	부인이 주도	부인이 전적으로 책임	부인이 주로 하지만 남편도 분담	공평하게 분담	남편이 주도	남편이 주로 하지만 부인도 분담	남편이 전적으로 책임
남편	100.0	80.5	24.4	56.1	16.1	3.4	2.6	0.8
부인	100.0	82.0	29.8	52.1	15.5	2.6	2.2	0.4

*부부가 함께 살고 있는 가구에서 19세 이상 '남편'과 '부인'만 응답
출처: 통계청, 2014a.

(2) 자녀 양육의 어려움과 자녀 학교운영 참여도

2009년 맞벌이 부부의 자녀 돌보기 분담 정도를 보면, 아내가 아플 때 돌봐 주기(59.4%), 숙제나 공부 돌봐 주기(57.3%), 밥 먹고 옷 입히기(51.0%) 등을 담당하는 것으로 나타난 반면 남편이 자녀를 적극적으로 돌보는 비중은 1.6~7.4%로 나타났다. 여성이 가정과 직장생활에 스트레스를 적게 받고 조화롭게 병행할 수 있도록 남편의 실제적인 가사분담이 요구된다. 또한 가족 친화적 직장환경의 조성을 위해 탄력근무제, 자녀 양육·부양지원·근로자지원 등 가족친화제도를 모범적으로 운영하는 기업(또는 기관)에 인증을 부여하는 가족친화인증제도를 실시해야 한다. 가족 친화적 사회 조성을 위해 직장 내 가족친화 교육 및 경영 컨설팅 추진을 위한 전문 인력을 양성하고 가족친화경영 마인드 확산을 위한 교육과정을 운영하여 가족친화경영을 확산·보급하는 것이 필요하다. 아동 양육을 지역사회 차원에서 분담할 수 있는 환경과 시설·공간 등 생활여건과 마을환경을 조성하는 것이 필요하다. 현재 시행되고 있는 맞벌이 부부가 야근·출장·질병 등으로 일시적이고 긴급한 돌봄이 필요한 경우에 서비스 수요유형에 따라 아동 양육 중심의 양육 돌봄 서비스와 취학아동 학습 지원을 위한 학습 돌봄 서비스 등 다양한 자녀 돌보미 서비스(2007년 38개소 → 2008년 65개소 → 2009년 232개 시군구)의 확대가 필요하다(http://www.mogef.go.kr).

〈표 3-7〉 맞벌이 부부의 자녀 돌보기 분담 정도   (단위: %)

구분	부인*	부부공동	남편*	다른 사람 도움	자녀 스스로	계
밥 먹고 옷 입히는 것	51.0	13.5	1.6	7.2	26.7	100.0
함께 놀아 주기	33.7	32.1	7.4	8.2	18.5	100.0
아플 때 돌봐 주기	59.4	28.1	2.4	6.7	3.3	100.0
숙제나 공부 돌봐 주기	57.3	19.8	6.3	5.9	10.7	100.0
유치원, 학교 등 등하교	44.5	17.7	5.0	7.3	25.5	100.0

* '전적으로' 하거나 '대체로' 하는 비율을 합한 수치임
출처: 보건복지부, 2009; 한국보건사회연구원, 2009.

'2012년 사회조사 결과'에서 부모의 자녀 학교 운영 참여도는 2008년 21.1%, 2010년 24.7%, 2012년 28.3%로 매년 조금씩 증가하고 있다. 부모의 연령대별로 자녀의 학교 운영 참여도를 살펴보면 30대 41.7%, 40대 26.2%, 50대 16.6%, 60세 이상이 8.5%로 부모의 연령이 높을수록 낮게 나타났다. 또한 부모의 주관적 만족도가 '만족'일 때 35.8%가 자녀의 학교운영에 참여하였고 '불만족' 하는 경우는 18.5%가 자녀의 학교운영에 참여하는 것으로 나타났다.

(3) 교육비
'2014년 사회조사 결과'에서 가구주의 69.3%가 자녀 교육비가 소득에 비하여

〈표 3-8〉 교육비 부담 요인(30세 이상)   (단위: %)

	계*	학교 납입금	보충 교육비 (학원비 등)	교재비 (책값 등)	하숙, 자취, 기숙사비	기타
2012년	100.0	30.8	64.5	1.3	3.2	0.1
2014년	**100.0**	**31.6**	**62.6**	**1.1**	**4.3**	**0.4**
30~39세	100.0	7.5	89.9	2.1	0.5	–
40~49세	100.0	20.0	76.0	1.1	2.5	0.4
50~59세	100.0	55.6	34.9	0.8	8.2	0.5
60세 이상	100.0	63.4	25.7	1.5	9.3	–

* 학생 자녀가 있는 가구주
출처: 통계청, 2014a.

부담이 된다고 응답하였다. 가구의 교육비 부담 요인으로 가장 높은 것이 '학원비 등 보충 교육비'(62.6%)였다. 가구주의 연령에 따라 30대와 40대의 경우는 '보충 교육비', 대학생 자녀가 있는 50대와 60대 이상은 '학교 납입금'에 대한 부담감이 높게 나타났다.

3) 늘어나는 기대수명(출생 시 기대여명)과 고령화 사회

우리나라의 고령자 또는 노인의 범위는 법령에 따라 상이하다. 고령자고용촉진법에서는 고령자는 55세 이상, 준 고령자는 50세 이상 55세 미만인 자로 규정한다. 노인복지법에서는 65세 이상인 자를 노인으로 규정한다. 국민연금법에서는 60세(특수직종 근로자는 55세)부터 노령연금 수급권자인 노인으로 규정한다. 노인에 대한 규정은 55세부터 65세 이상까지 법령에 따라 다르나 65세 이상을 고령자로 정의하고 고령화 사회의 문제에 대해 살펴보고자 한다.

2013년 출생아의 기대수명은 81.9년으로, 남성의 기대수명은 78.5년, 여성은 85.1년으로 2012년보다 남성 0.6년, 여성 0.4년 증가하였고, 남녀 간 기대수명의 차이는 6.5년으로 나타났다. OECD 국가 평균 기대여명, 남성 77.0년, 여성 82.5년보다 남녀 모두 높게 나타났다.

〈표 3-9〉 기대수명(출생 시 기대여명) 추이

(단위: 년)

	1970	1980	1990	2001	2010	2013
전 체	61.9	65.7	71.3	76.5	80.8	81.9
남성(A)	58.7	61.8	67.3	72.8	77.2	78.5
여성(B)	65.6	70.0	75.5	80.0	84.1	85.1
차이(B-A)	6.9	8.3	8.2	7.2	6.9	6.5

출처: 통계청, 2013b.

특정 사망원인 제거 시 증가되는 2013년 출생아의 기대수명은?

• 악성신생물(암)이 제거된다면, 남성 4.7년, 여성 2.8년 증가
• 뇌혈관질환이 제거된다면, 남성 1.2년, 여성 1.3년 증가
• 심장질환이 제거된다면, 남성 1.3년, 여성 1.3년 증가

* 의학의 발달과 기대수명의 관계를 생각해 보면?

국제연합(UN)은 65세 이상 노인인구 비율에 따라 3가지로 나누었다. 고령화 사회는 65세 이상 노인인구 비율이 전체 인구의 7% 이상, 고령 사회는 14% 이상, 초고령 사회는 21% 이상으로 구분하였다(http://preview.brifannica.co.kr). '2014년 고령자 통계 보도자료'를 보면 한국의 고령 인구 비중은 2008년에 전체 인구의 10% 이상이 된 후 2026년에 고령인구 비율이 20%가 될 것으로 전망하고 있다.

한국의 고령화는 미국, 프랑스 등 기타 선진국에 비해 훨씬 빠른 속도로 진행되어 고령인구 비율이 14%에서 20%로 도달하는 데 걸리는 시간이 8년에 불과하다.

〈표 3-10〉 주요 국가별 인구고령화 현황 비교   (단위: 년도, 연수)

국가	도달년도			증가 소요연수	
	7%	14%	20%	7% → 14%	14% → 20%
한 국	2000	2018	2026	18	8
일 본	1970	1994	2006	24	12
프랑스	1864	1979	2018	115	39
이태리	1927	1988	2006	61	18
미 국	1942	2015	2036	73	21
독 일	1932	1972	2009	40	37

출처: 통계청, 2006.

4) 1~2인 고령자 가구의 증가 및 노후 문제

2014년 인구주택총조사 자료에서 65세 이상 인구는 2010년 545만 2천 명 (11.0%)보다 증가한 638만 6천 명(12.7%)으로 나타났다. 65세 이상 고령자가 가구 주인 가구는 370만 3천 가구이며, 전체 가구의 20.1%를 차지하고 있다. 65세 이상 인 고령자 1인 가구는 131만 7천 가구로 전체 가구의 7.1%로 2035년에는 15.4%로 증가할 것으로 예상한다.

〈표 3-11〉 고령인구 추이 (단위: 천 명, %)

	총인구	0~14세	구성비	15~64세	구성비	65세 이상	구성비
1990	42,869	10,974	25.6	29,701	69.3	2,195	5.1
2000	47,008	9,911	21.1	33,702	71.7	3,395	7.2
2010	49,410	7,975	16.1	35,983	72.8	5,452	11.0
2014	50,424	7,199	14.3	36,839	73.1	6,386	12.7
2017	50,977	6,840	13.4	37,018	72.6	7,119	14.0
2020	51,435	6,788	13.2	36,563	71.1	8,084	15.7
2026	52,042	6,696	12.9	34,506	66.3	10,840	20.8
2030	52,160	6,575	12.6	32,893	63.1	12,691	24.3
2040	51,091	5,718	11.2	28,873	56.5	16,501	32.3
2050	48,121	4,783	9.9	25,347	52.7	17,991	37.4
2060	43,959	4,473	10.2	21,865	49.7	17,622	40.1

출처: 통계청, 2011b.

한국은 고령사회에서 초고령 사회까지 기간 동안 고령화와 관련된 새로운 사 업이 활성화될 수 있지만 계속되는 저출산율과 평균수명의 연장은 사회경제적 으로 보다 많은 문제를 발생시킬 수 있다(이경국, 2008).

2013년 건강보험에서 65세 이상 고령자 진료비는 17조 5,283억 원으로 전체 진료비 50조 7,426억 원의 34.5%를 차지한다. 2013년 고령자 1인당 진료비는

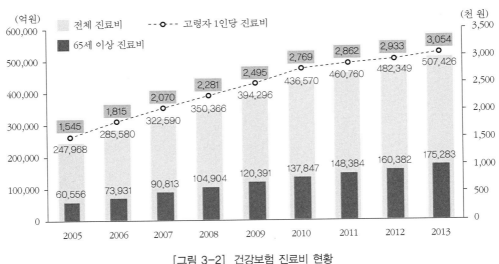

[그림 3-2] 건강보험 진료비 현황

출처: 통계청, 2014b.

305만 원으로 전년에 비해 4.1% 증가하였고 매년 늘어나고 있는 추세다.

'2014년 사회 조사 결과'에서 부모 부양에 대한 견해를 살펴보면, 부모의 노후 생계는 '가족과 정부·사회'가 함께 돌보아야 한다는 견해가 47.3%로 가장 많았고, '가족'이 돌보아야 한다가 31.7%로 나타났다. 부모의 노후를 '가족'이 돌보아야 한다는 생각은 2013년 33.2%에서 2014년 31.7%로 감소하여 부모 부양 의식이 변하는 것으로 나타났다. '가족과 정부·사회'가 함께 돌보아야 한다는 비중은 계속 높아지고 있다. 저출산과 고령화 그리고 맞벌이의 증가로 자녀가 가족 구성원의 중심이 되고, 노부모 부양에 대한 생각이 달라지고 있다(조성남, 2006). 가족 중 부모 부양 책임자는 '모든 자녀'가 75.4%, 자식 중 능력 있는 자 14.2%, 장남 6.2% 순으로 나타났다. 기대수명의 증가로 인한 고령화 사회에서 노인문제는 개인의 문제로 국한 짓기보다는 개인과 가족 그리고 사회가 적극적으로 대처해야 할 필요성이 있다. 가족에게 부담이 되지 않도록 노후 준비의 필요성을 알고 스스로 준비하여 노후의 질 높은 삶을 살 수 있도록 젊을 때부터 준비하는 것이 필요하다.

〈표 3-12〉 부모 부양에 관한 견해

(단위: %)

	계	부모 스스로 해결	가족	가족과 정부 사회	정부 사회	기타	가족 중 부모 부양자					
							소계*	장남 (맏며느리)	아들 (며느리)	딸 (사위)	모든 자녀	자식중 능력 있는자
2012년	100.0	13.9	33.2	48.7	4.2	0.0	100.0	7.0	3.9	0.8	74.5	13.9
2014년	100.0	16.6	31.7	47.3	4.4	0.0	100.0	6.2	3.5	0.7	75.4	14.2
남 자	100.0	16.4	33.6	45.6	4.4	0.0	100.0	7.4	4.8	0.4	73.0	14.4
여 자	100.0	16.8	29.9	48.9	4.4	0.0	100.0	5.1	2.3	1.0	77.7	13.9
1세대가구	100.0	23.4	30.3	42.1	4.2	0.0	100.0	8.1	4.1	0.6	70.3	16.9
2세대가구	100.0	14.8	30.9	50.2	4.0	0.0	100.0	4.7	3.3	0.8	78.3	12.9
3세대이상가구	100.0	12.1	34.5	49.2	4.2	-	100.0	9.7	3.9	0.4	71.5	14.5

* 부모의 노후 생계를 '가족', '가족과 정부·사회'가 돌보아야 한다고 응답한 자
출처: 통계청, 2014a.

생각해 볼 문제

1. 자신의 부모님의 방식을 바움린드의 이론에 의해 분류한 후 그러한 양육 방식이 자신에게 어떤 영향을 주었는지 설명해 보시오.
2. 만혼화와 저출산 문제의 상관관계에 대해 논의해 보시오.
3. 부부가사 분담에 대해 토의해 보시오.
4. 노인에 대한 정의와 노후준비에 대해 토의해 보시오.

제4장

영아기 자녀의 부모 역할

학습목표

1. 기기, 뒤집기, 걷기 등을 할 때 부모가 어떻게 도와주어야 하는지 안다.
2. 오감발달을 위한 적절한 일상생활 환경을 조성할 수 있다.
3. 부모가 영아의 위생과 안전에 관계된 생활습관을 일상화하여 건강한 영아로 자랄 수 있도록 한다.
4. 예방접종과 영유아 건강검진의 중요성을 알고 계획대로 실천할 수 있다.
5. 영아의 월령에 따라 발달에 적합한 음식을 제공할 수 있다.
6. 영아의 정서표현에 민감하게 반응하여 안정 애착을 형성할 수 있도록 한다.
7. 영아의 언어발달에 다양한 상호작용을 시도한다.

영아기 자녀를 둔 부모는 영아의 건강하고 안전한 생활과 정서 및 사고 발달을 위해 어떤 역할을 해야 하는지 이 장에서 알아보고자 한다.

1. 영아의 건강과 안전

1) 신체 · 운동 발달

부모는 영아가 하루하루 자라는 모습을 보면서 '오늘은 키가 어느 정도 자랐을까? 몸무게는 많이 늘었을까? 다른 영아들과 비교했을 때 얼마나 더 클까?' 병원에 갈 때마다 키와 몸무게를 열심히 기록한다. 영아의 신체발달 특성을 보면 키는 생후 1년이 되면 출생 때의 1.5배가 되고, 2년이 되면 출생 때의 2배로 성장한다. 몸무게는 생후 3개월이 되면 출생 때의 약 2배가 되고 1년이 되면 출생 때의 3배 정도에 이른다. 출생 때 신체비율은 머리가 키의 약 1/4 정도를 차지하지만 출생 후 18개월이 되면 머리가 키의 약 1/5이 된다. 태어났을 때 키와 몸무게에 따라 영아의 성장은 차이가 나지만 부모의 꾸준한 영양공급과 끊임없는 관심을 통해 영아의 성장은 지속된다.

영아기 신체발달은 머리에서 다리로, 몸의 중심에서 말초 방향의 순서로 발달한다. 머리를 가누고 뒤집기를 한 후 기고 혼자 앉은 다음 붙잡고 서고 걷다가 드디어 혼자서 서기도 하고 걷기도 한다. 하지만 영아마다 개인별로 발달의 차이가 있으므로 조금 늦었다고 해서 발달을 건너뛰었다거나 너무 빠르다고 해서 크게 문제 될 것은 없다. 다만 보통 평균발달보다 20~25% 정도 늦은 경우 예를 들어 7~8개월인데도 잘 뒤집지 못하거나 14~15개월인데도 걷지 못한다면 소아과 의사의 진료를 받는 것이 좋다(하정훈, 2007).

태어난 지 백일이 가까워지면 팔과 다리의 힘이 좋아져서 조금씩 이동을 하는 경우가 있으므로 침대나 소파에 영아를 혼자 두지 않는다. 영아 침대를 사용하는 경우 팔을 움직이다가 난간 사이로 손이 걸릴 수 있으므로 조심한다. 영아가 운동신경이 발달하면서 행동범위가 넓어지면 부모는 집안의 환경에 각별히 신경을 써야 한다. 바닥에 매트를 깔고 주위의 물건을 치워 주어 안전하게 뒤집기

0개월: 태아 자세

1개월: 턱을 든다.

2개월: 가슴을 든다.

3개월: 잡으려고 하지만 놓친다.

4개월: 받쳐 주면 앉는다.

5개월: 물건을 붙잡는다.

6개월: 유아용 의자에 앉고, 매달려 있는 물체를 잡는다.

7개월: 혼자서 앉는다.

8개월: 잡아 주면 선다.

9개월: 가구를 잡고 서 있다.

10개월: 긴다.

11개월: 잡아 주면 걷는다.

12개월: 가구를 잡고 일어선다.

13개월: 계단을 오른다.

14개월: 혼자 선다.

15개월: 혼자 걷는다.

[그림 4-1] 월령별 운동신경발달 단계

를 할 수 있도록 한다. 이때 바닥에 까는 매트는 영아가 물고 빨아도 안전하고 너무 푹신하거나 딱딱하지 않은 것으로 준비한다. 이 시기의 영아는 보고, 듣고, 맛보고, 냄새 맡고, 만져서 느끼는 오감을 통해 느끼는 것이 중요하다. 영아가 관심을 가질 수 있는 딸랑이, 인형, 움직이는 장난감, 공 등 안전한 물건을 손으로 집어 입에 넣고 빨고 바닥에 부딪히는 등 사물을 마음껏 탐색할 수 있도록 한다. 입으로 빠는 물건은 자주 닦아서 청결을 유지하고, 집 안을 깨끗하게 정리한다. 입에 쉽게 넣어서 삼킬 수 있는 작은 물건이나 장난감, 날카로운 물건, 머리에 뒤집어 쓸 수 있는 봉지, 독성물질, 머리카락, 먼지, 벌레 등이 없도록 한다. 가구의 모서리, 방문 등에 안전장치를 하고 방문, 화장실 문, 베란다 창문이나 다용도실 문은 잘 닫아 위험한 곳으로 나가지 않도록 한다.

　영아의 뒤집기와 기기 다음으로 부모와 영아 모두에게 역사적인 순간은 걷는 순간일 것이다. 혼자 걷기를 시작할 시기가 되면 부모 또는 주위 어른들이 영아가 혼자 걷는 것을 빨리 보고 싶어서 스스로 걸을 수 없는 상태인데도 인위적으로 영아의 손을 잡고 너무 자주 걷게 하는 경우가 있다. 이는 영아가 할 수도 없을 뿐만 아니라 연약한 다리에 무리한 힘이 가해져서 성장에 영향을 주고 다리가 휘는 원인이 될 수도 있으므로 주의해야 한다(http://www.pediatrics.or.kr). 또한 비만아인 경우에는 아이가 충분한 힘이 있다 할지라도 다리에 무리한 힘이 가해져서 다리가 휘어질 수 있으므로 평소에 비만에 대해서 관심을 가져야 한다(http://www.pediatrics.or.kr). 부모는 영아가 걷기에 흥미를 가질 때 걸음마 연습을 할 수 있도록 걸음마 전용 자동차나 유모차 등을 준비해 주면 붙잡고 밀고 끌고 다니거나 걸음마 전용 자동차를 타고 발로 밀면서 다닐 수 있다. 영아가 부모의 발등 위에 서서 '걸음마'를 연습을 하거나, 영아의 손을 잡고 걸으면서 "걸음마 걸음마, 재미있다." "자동차 손잡이를 잡고 걸어 볼까?"라고 이야기하며 영아가 걷기에 재미를 느낄 수 있도록 격려한다. 이때 집 안 벽면의 콘센트는 안전 덮개로 막고 바닥의 전선은 전선덮개로 덮으며, 방문을 우연히 닫다가 손이 끼지 않도록 손 끼임 방지대를 한다. 옷이 많이 걸려 있는 행거나 빨래 건조대는

[그림 4-2] 영아 기기

옷을 흔들고 잡아당길 경우 위험할 수 있으므로 조심한다. 바닥에 비닐이나 종이, 자동차 등 영아가 바닥에 놓여 있는 물건으로 인해 넘어지거나 미끄러져서 다치지 않도록 한다. 기어 올라가는 것도 좋아하여 피아노 의자, 텔레비전 받침, 책상 등에 올라가기도 한다. 특히 부엌은 위험한 장소로 칼, 가스레인지 버튼, 프라이팬의 긴 손잡이 등 영아에게 호기심을 갖게 하는 물건이 많으므로 영아에게서 절대 눈을 떼지 않는다. 시장이나 백화점과 같이 복잡한 장소에서는 옷 사이에 숨거나 다른 사람들을 무작정 따라가는 경향이 많으므로 손을 꼭 잡고 다닌다. 영아에게 높은 장소, 위험한 장소 등에 대해 알려 주어 가까이 가지 않도록 한다. 부모는 영아가 자주 넘어진다고 해서 집 안에만 주로 있거나 외출 시에 유모차를 태우려고 하면 영아 스스로 걸으면서 탐구할 수 있는 기회가 적어지므로 최대한 많이 탐색할 수 있도록 제재를 최소화한다.

2) 건강한 생활

(1) 배변훈련과 위생습관

영아기 발달 과정에서 부모와 영아 모두에게 가장 중요한 발달 과업 중 하나가 배변훈련일 것이다. 부모는 영아의 울음소리나 얼굴표정, 냄새 등을 살피거나 수시로 기저귀를 확인한다. 배설을 확인하면 신속히 기저귀를 갈아 준다. "진규가 쉬를 했구나? 기저귀가 척척해서 기분이 좋지 않았구나." "엄마가 기저귀 갈아 줄게. 어때? 기저귀가 뽀송뽀송하니까 기분 좋지?"와 같이 기저귀가 젖었을 때와 갈았을 때의 차이점을 느낄 수 있도록 이야기한다. 이때 될 수 있으면 물로 엉덩이를 닦고 건조시킨 후 기저귀를 갈아 주어 기저귀 발진이 생기지 않도록 한다. 생후 15~18개월 정도가 되면 배설패턴이 일정해지므로 영아의 대변 시간을 체크하여 변기에 앉아 보도록 하고 성공하면 격려한다. 배변훈련은 영아의 신체, 인지, 정서적인 면들이 복합적으로 연관되어 있으므로 서두르지 말고 일관성 있게 천천히 지도한다.

배변훈련은 대변은 13개월, 소변은 20개월부터 조절하는 것이 가능하며 보통 3세경에는 스스로 배변을 가릴 수 있게 된다(조복희, 정옥분, 유가효, 1991). 부모는 먼저 사용하기 편하고 예쁜 영아 변기를 준비해서 일정한 장소에 놓아 둔 후 영아들이 관심을 보이면 앉는 데 익숙해지도록 한다. 영아가 영아 변기에 익숙해지면 '응가'에 관한 책이나 역할 놀이 등을 통해 변기의 용도를 이야기한다. 영아가 배변훈련에 대한 준비가 되고 흥미를 보일 때까지 기다리고, 편안한 마음으로 배변훈련을 시작할 수 있도록 한다. 프로이트(Freud)는 대소변 훈련방식이 성인의 성격발달에 영향을 준다고 하였다. 대·소변 훈련을 혹독하게 시키면 아동발달 단계 중 항문기에 고착되어 고집이 완고하고 강박적이며 융통성이 없는 성격이 될 수 있다. 부모가 무리하게 배변훈련을 하게 되면 훈련기간이 길어지고 부모와 영아 모두 스트레스를 받게 된다. 유아의 경우 변비나 설사를 할 수 있고 학령기에 빈뇨증이나 야뇨증을 보일 수 있다. 부정적이고 소극적인 성격을 가질 수 있고 정서적으로 불안하여 신경질적인 아이가 될 수 있다. 심한 경우 성인이 되어 결벽증이나 강박증을 보일 수 있다(정영숙, 김영희, 박범현, 2005). 소변을 보는 간격과 대변을 언제 보는지 대변이나 소변을 볼 때의 영아가 보이는 신호를 기억한다. 일정한 시간이 되면 "변기에 앉아서 소변(대변) 눌까?"라고 하며 영아가 느끼는 배설의 욕구를 실제의 배변훈련으로 연결해 준다. 영아가 배변

훈련 중 실수를 하더라도 부모는 마음의 여유를 갖고 일관성 있고 다정하게 영아를 대하며 격려와 칭찬을 아끼지 않는다. 영아가 배변을 스스로 가릴 수 있어도 심리적으로 불안하거나 하루 일과가 힘들었을 경우 실수를 할 수도 있으므로 그런 경우에는 심하게 혼내지 않는다.

부모는 식사 전, 화장실 사용 후, 밖에 다녀왔을 때, 더러운 물건을 만졌을 때 등 자주 씻는 모습을 보여 주어 영아 스스로 씻고 싶어 하도록 한다. 영아에게 청결에 관한 책을 보여 주거나 물과 친해질 수 있는 물놀이, 청결과 관계된 여러 상황의 역할놀이 등을 이용해 영아가 거부감 없이 씻을 수 있도록 한다. 화장실은 항상 깨끗하고 밝게 하여 영아가 화장실에 즐겁게 들어갈 수 있도록 하고, 영아가 화장실을 스스로 사용할 수 있도록 준비한다. 세면대 높이가 높다면 받침대를 준비하고 영아의 관심을 끌 수 있는 예쁜 모양의 비누와 수건을 준비하며 수건걸이도 영아의 키 높이에 맞도록 한다. 또한 바닥에 물기가 있으면 닦고 바닥은 미끄러지지 않는 매트를 깔거나 미끄럽지 않은 영아용 신발을 준비한다. 씻은 후에는 손이 어떻게 깨끗해졌는지 눈으로 확인하고 손에서 나는 좋은 냄새도 맡아 보게 해서 씻는 것은 기분 좋고 즐겁다는 것을 알려 주고 칭찬해 준다. 부모는 영아가 화장실을 사용하는 동안 같이 화장실에 들어가 안전사고가 발생하지 않도록 한다.

(2) 영유아건강검진과 치아관리

영유아건강검진은 국민건강보험법과 의료급여법에 의해 실시한다. 영유아의 건강검진의 효과는, 첫째, 국가 검진 대상을 영유아시기로 확대함으로써 생애주기별 평생건강관리체계를 확립한다. 둘째, 생애전환기 건강진단에 이어 검진에 대한 패러다임을 전환함으로써 국가 검진 제도 개선에 기여한다. 셋째, 의료급여 수급자에 대한 건강형평성 재고와 건강보험의 보장성을 강화한다. 넷째, 미래 국가 성장 동력원으로서의 영유아에 대한 인적 투자를 강화한다. 다섯째, 영유아의 발달 특성을 고려한 맞춤형 검진 프로그램을 개인비용 부담 없이 무료로 실시하여 검진 때 마다 보호자에게 월령에 맞는 유용한 육아지침과 건강교육을 포함한 육아 상담 등을 제공하여 다양한 혜택을 누리고 만족스런 효과를 얻을 수 있다(http://www.nhis.or.kr). 영유아건강검진은 생후 4개월부터 만 6세 미만 전 영유아를 대상으로 해당 시기별로 총 7회로 검진기간 내에만 검진을 받을 수 있으며 검진 횟수를 초과하여 검진을 받으면 해당 검진비용이 환수된다. 수검 여부가 불확실한 경우에는 국민건강보험공단 홈페이지(http://www.nhis.or.kr) 영유아 건강검진에서 수검일, 검진기간, 검진결과 등을 확인한다. 영유아검진기관에 사전 예약 후 방문하여 비치된 문진표를 보호자가 작성하여 제출하거나 영유아 발달평가 웹서비스를 이용하여 편리하게 검진을 받을 수 있다.

영유아건강검진 안내장에 있는 개월별 예방접종을 참고하여 예방접종을 실시한다. 예방접종은 반드시 맞아야 하는 기본접종과 원하면 맞거나 꼭 필요한 사람만 맞는 선택접종으로 나눌 수 있다. 예방접종 시에는 영유아의 발달과 건강 상태를 확인한 후 접종하는 것이 좋다. 예방접종은 될 수 있으면 한 병원을 정해서 하는 것이 좋다. 달력에 표시하거나 육아수첩에 예방접종 기록을 남겨 중복 접종이나 다음 예방접종 일을 잊지 않도록 한다.

치아는 유치와 영구치로 구성되는데, 충치는 치아가 입안에 난 후 2~3년 내에 가장 많이 발생한다. 따라서 부모는 치아가 입안에 나오는 순간인 생후 6개월~8개월부터 이를 닦아 주기 시작하여야 한다. 생후 12개월이 지나면 우유병을 물고 자는 습관을 중단시켜야 한다. 왜냐하면 자는 동안 입안에 고여 있는 분유성분이나 이유식은 어린이 치아를 썩게 하는 주범이기 때문이다. 우유병을 물고 자지 못하도록 하되, 여의치 않을 때는 우유병에 우유 대신 보리차를 먹이도록 한다(http://www.kda.or.kr). 이것도 여의치 않으면 잠이 드는 즉시 우유병을 입에서 빼고 거즈를 이용하여 입안을 닦아 주도록 한다. 아이가 떼를 쓰거나 울면 사탕이나 과자 등을 주는 부모가 많은데, 간식시간에만 정해진 양만을 먹도록 하고, 아이의 손이 닿거나 보이는 곳에 과자나 사탕을 두지 않도록 하여 치아 우식증을 예방한다(http://www.kda.or.kr).

흔히 아이가 치통을 호소하는 경우에 치과에 방문하게 되는데 이때는 이미 치아가 상당히 손상된 후로 진료기간이 길어지므로 생후 12개월이 지나면 치과에서 구강검진을 받도록 한다(http://www.kda.or.kr). 또한 생후 24개월에도 어린이스스로 깨끗이 이를 닦기 어려우므로 부모는 자주 이를 닦아 주고 이를 닦은 후에 이를 체크하여 치아 우식증의 조짐이 있는지 확인한다. 아이는 이를 닦는 동안 가만히 있지 않기 때문에 재빨리 이를 닦아 주고, 이 닦기가 끝나면 칭찬해주고 상쾌한 기분에 대해 이야기 나눈다. 어른 흉내 내기를 좋아하는 아이의 특성에 맞추어 예쁜 영아용 칫솔을 주고 부모와 함께 이 닦기 놀이를 하는 것도 좋은 방법이다.

3세 미만의 아이들에게서 가장 많은 충치는 일명 '우유병 충치'로 대개 위쪽 앞니 4개에서부터 시작하는데 우유병을 입에 물고 잠드는 습관이 있거나, 모유를 먹인 경우, 이유가 늦은 아이, 달래기 위해 고무젖꼭지에 꿀이나 시럽을 자주

〈표 4-1〉 월령별 검진시기 및 검진항목

검진항목		월령별 검진시기						
		4개월 생후4~6개월	9개월 생후9~12개월	18개월 생후18~24개월	30개월 생후30~36개월	42개월 생후42~48개월	54개월 생후54~60개월	66개월 생후66~71개월
문진 및 진찰		●	●	●	●	●	●	●
신체계측		●	●	●	●	●	●	●
발달평가 및 상담			●	●	●	●	●	●
건강교육	안전사고예방	●	●	●	●	●	●	●
	영양	●	●	●	●	●	●	●
	수면	●						
	구강		●					
	대소변가리기			●				
	정서 및 사회성 교육				●			
	개인위생					●		
	취학준비						●	
	간접흡연예방							●
구강검진				●		●		●

발라 먹이는 아이에게 많이 발생한다(http://www.kda.or.kr).

(3) 목욕하기와 잠자기

하루 종일 신나게 움직였던 영아에게 목욕활동은 매우 유쾌한 시간이다. 더구나 잠자기 전의 목욕활동은 편안한 하루의 마무리이며 잠자는 시간이 되었음을 알려 준다. 하지만 초보부모에게는 영아를 목욕시키는 5~10분의 짧은 목욕 시간이 두렵고 힘든 시간이 되는 경우가 많다. 일반적인 목욕 순서를 참고하여 부모와 영아 모두가 즐기는 안전한 목욕시간이 되도록 한다. 목욕을 할 때 바깥 활동을 많이 하지 않는 영아는 비누를 꼭 사용하지 않아도 되지만 땀이 많은 영아는 비누를 사용할 수 있다. 목욕시간은 5~10분으로 빨리 끝마치고, 영아가 혼자 앉을 수 있으면 물놀이 용품을 준비해서 목욕시간을 즐길 수 있도록 한다. 부모는 목욕시간에 목욕용품을 가지러 가거나 전화를 받으려고, 가스레인지 불을 끄기 위해, 현관문을 열어 주려고 영아를 혼자 욕조에 두거나 화장실에 잠깐이라도 서 있게 하는 일이 없도록 주의한다.

목욕을 마친 후에는 영아가 편안한 잠을 잘 수 있도록 한다. 성인과 마찬가지로 영아들도 숙면을 취하지 못하거나 잠자는 시간이 부족하면 까다롭고 예민해지며 짜증을 잘 내 매사에 불만족스러울 수 있고 인지능력 등에 영향을 줄 수 있다. 영아뿐만 아니라 식구들도 숙면을 취하지 못해 다음날 모두 힘든 하루를 보내게 되며 이러한 생활이 계속되면 가족 모두 심한 스트레스를 받을 수 있다.

편안한 잠자리

• 잠자는 환경이 습도와 온도가 적당하고, 주위가 어둡고 조용한지 확인한다. 늦게 잠들수록 잠들기 어렵고 자는 동안 깨는 횟수가 늘어나므로 일찍 잠잘 수 있도록 시간을 정한다.

- 신생아는 15~20분 정도, 아동은 30~40분 정도 일정한 수면습관을 만들어 준다.
  - 따뜻한 물에 목욕을 하면서 영아에게 재미있고 흥미롭게 해 준다.
  - 목욕 후에는 잠깐이라도 마사지를 해 준다.
  - 동화책을 읽어 주고 자장가를 불러 준 후 "아빠와 엄마가 아주 많이 사랑하는 진규야. 잘 자라."라고 말하는 등 항상 수면습관을 일정하게 해 주면 좋다.
- 신생아는 수면에 특별한 리듬이 없이 몰아서 자고 먹는다. 시간이 지나면서 생후 2주경이 되면 밤에는 어둡고 자야 한다는 것을 알려 주기 위해 밤에 깨서 수유를 하더라도 조용히 먹이도록 한다. 생후 4~6주경이 되어야 수면의 리듬이 생기기 시작하여 식습관처럼 교육에 영향을 받는다.

출처: 존슨즈베이비(http://www.johnsonsbaby.co.kr).

3) 수유와 이유식

(1) 모유수유와 조제유

세계보건기구는 2011년 1월에 발표한 성명서에서 최적의 성장, 발달, 건강을 성취하기 위해 전 세계 어머니들이 아기들에게 첫 6개월 동안 완전모유수유를 할 것을 권장하고 있다. 이유식을 먹이면서도 2년 이상 계속해서 모유수유를 지속하는 것이 좋다고 한다. 모유수유에 관한 연구 결과 6개월 동안 다른 음식이나 음료를 주지 않고 젖만 먹이는 것이 3~4개월간의 완전모유수유나 혼합수유에 비해 여러 가지 이득이 있음이 확인되었다.

이 시기 모유수유의 장점으로는 아기들의 위장관련 감염 위험이 더 낮고, 분만 후 어머니의 체중이 더 빨리 감소하고, 월경이 더 늦게 돌아온다는 것이다. 6개월간 완전모유수유가 성장에 미치는 부정적인 영향은 없었지만 몇몇 저개발국가에서는 철분 농도 감소가 확인되었다(http://www.bfmed.co.kr).

6개월까지의 영아에게 가장 이상적인 식품은 모유로, 균형 있는 영양소와 면역체로 이루어졌으며 소화도 잘 된다. 수유 시 엄마와의 신체접촉과 상호작용이 더 많이 이루어지므로 영아의 발달에 가장 좋은 영향을 준다. 하지만 영아에게 가장 좋은 음식이라는 것을 알면서도 초보 엄마들에게 모유수유는 어렵다. 젖몸살이나 유선염 등으로 문제가 생길 수 있고 영아가 젖을 쉽게 물지 못하는 경우도 있으며, 모유량이 너무 적어서 못하기도 한다. 공공장소에서 수유하는 것이 불편해서, 직장을 다니는 경우 모유를 짜는 것이 귀찮아서, 수유 후 유방이 쳐져서 예쁜 가슴 모양이 되지 않을까 봐 등 주로 엄마의 개인 사정으로 안하는 경우가 많다(송미경 외, 2009).

세계 여러 나라는 모유수유율을 높이기 위해 노력하고 있고, 미국의 경우 모유수유율이 1970년대 20%였던 것을 1995년 'Health people 2000' 사업을 전개하면서 60%로 상승하였다(권인수 외, 2006).

모유영양과 성인 지능과의 관계

모유영양이 인지기능 및 지능 발달에 긍정적인 영향을 미친다는 많은 연구가 있지만, 이 연구들은 주로 소아를 대상으로 하였고, 청소년과 성인을 대상으로 한 연구는 별로 없었다. 15세 청소년을 대상으로 한 연구에서, 모유를 먹었던 아이들에서 유의하게 수학 및 독서 능력이 높았다(Rogers. 1978). 다른 논문(Horwood et al, 1998)에서 모유수유 기간과 지능 사이에 그리고 독서와 수학 테스트에서 상관관계가 있었다. 즉, 수유 기간이 길수록 좋은 점수를 얻었다.

한 연구에서는 3000여 명을 대상으로 모유수유 기간과 20대 성인의 지능 사이의 관계를 조사하였다. 각 그룹은 모유 영양기간이 1개월 이하, 2~3개월, 4~6개월, 7~9개월 및 9개월 이상의 5 그룹으로 나뉘었고, 지능은 언어 IQ, 수행력 IQ 및 전체 IQ를 평가하였다. 9개월까지는 모유수유 기간이 길수록 언어, 수행력 및 전체 IQ 모두가 높았다. 1개월 이하 모유수유자에 비해 7~9개월 그룹의 IQ가 6점 높았다. 그러나 7~9개월간 모유수유 했던 그룹과 9개월 이상의 모유수유 했던 그룹 간에는 차이가 없었다. 전체 지능이 90 미만인 사람의 비율 역시 모유수유 기간이

1개월 이하에서 9개월 이상까지의 다섯 그룹에서 각각 28%, 20%, 18%, 9% 및 4%로 각 그룹 간 유의한 차이를 보였다. 덴마크의 군대징집자를 위해 행하는 지능테스트 역시 앞의 네 그룹 간에 모유수유 기간이 길수록 더 높은 지능지수를 보였다.

모유에는 두뇌 기능을 발달시키는 신경세포(Very Long-Chain Polyunsaturated Fatty Acids: VLCFA), 특히 DHA가 있어 신경세포 사이의 신호전달에 주요 역할을 한다. 이들 대상자들은 1960년대의 출생자로, 당시에는 조제유에 DHA의 전구물질인 ALA(Alfa-Linolenic Acid)로 강화되지 않았었다. 모자 사이의 신체적 및 심리적 접촉만 가지고는 충분한 설명이 될 수 없을 지도 모른다. 그러나 첫해를 아이와 함께 지낸 사람들은 나중에도 더 많은 시간을 아이와 함께 보낼 가능성이 많다. 즉, 더 많은 흥미, 시간과 에너지를 갖고 아이를 돌보았을 경우 아이의 두뇌발달에 더 효과적이었을 것이고 그것이 성인까지 영향을 미쳤을 가능성이 있다.

결론적으로 모유수유 기간과 지능 사이에는 유의한 양의 상관관계를 보였다. 이는 모유가 인지적 및 지적 기능에 장기간 영향을 미치는 것으로 생각되며 이러한 요인으로서는 모유의 성분, 행동적 인자, 그리고 모유수유의 방법 등이 고려될 수 있을 것 같다.

출처: 대한소아과학회(http://www.pediatrics.or.kr).

영아에게 모유를 수유하지 않는 엄마는 조제유를 주어야 한다. 조제유는 월령에 따라 선택하여 먹이고 선택한 조제유는 특별한 문제가 없는 한 바꾸지 않고 먹인다. 조제유를 먹일 때는 조제유, 우유병, 젖꼭지, 물 등 위생적인 면에 신경을 쓴다. 물의 온도, 물과 조제유의 비율을 확인하고, 수유할 때는 영아가 편안해하는 자세로 안고 기분 좋게 먹을 수 있도록 한다. 간혹 엄마들 중에 영아가 우유병으로 먹는 것이 익숙해지면 영아 혼자 우유병을 들고 소파 위나 침대 위, 바닥에서 누워서 먹도록 하는 경우가 있는데, 우유가 폐로 들어가거나 토할 수 있으므로 엄마가 안고 수유한다.

(2) 이유식

생후 4~6개월이 되면 모유나 우유만으로는 영양공급이 부족하므로 균형 잡힌 이유식을 통해 영양소를 공급해 주어야 한다. 이유식에 관한 책을 참고하여 엄마가 신선한 재료로 이유식을 직접 만들어 먹이는 것이 가장 좋다. 이유식은 부드럽고 소화되기 쉬운 것으로 시작하여 점차 고형식으로 진행한다. 처음에는 알레르기를 가장 적게 일으키는 쌀죽을 먹인다. 그 다음에는 갈거나 아주 잘게 다진 야채를 쌀죽에 섞어 먹이고 과일도 먹인다. 영아가 잘 먹으면 기름기를 제거한 고기를 갈거나 아주 잘게 다져서 쌀죽에 섞어 먹인다. 또한 야채를 먹인 후 과일을 먹이는데 단맛이 강한 과일만 먹이지 않도록 한다.

영아는 이유식을 시작하고 2~3개월이 지나면 하루에 3번 이유식을 하고 모유나 분유, 죽, 야채, 과일, 고기 등을 골고루 먹을 수 있어야 한다. 영아에게 적합한 식단과 조리법을 선택해 다양한 음식의 맛과 질감에 익숙해지도록 한다. 안전한 영아용 식사도구인 컵, 그릇, 숟가락, 포크 또는 젓가락, 턱받이 등을 준비하고, 영아가 이러한 도구를 이용해 스스로 음식을 먹을 수 있도록 격려한다. 식사에 방해가 되는 환경, 예를 들어 텔레비전을 켜 놓거나, 식사하는데 주변에 장난감이 있거나, 부모가 자리에서 일어나 움직이는 등의 행동을 자제한다. 부모와 함께 한자리에 앉아 즐겁고 차분한 분위기에서 식사하도록 한다. 특정 식품에 알레르기를 보일 때 예를 들어 모유수유 중 엄마가 딸기를 먹은 후 바로 수유했더니 영아의 얼굴과 몸에 작은 빨간 점이 나타나고 영아가 칭얼거린 적이 있다면, 시간이 지난 후에도 생딸기, 딸기잼, 딸기 과자, 딸기 초콜릿, 오디 등에도 알레르기 반응이 나타날 수 있으므로 주의한다. 부모가 영아에게 인스턴트 식품을 먹이는 경우 인스턴트식품의 강한 조미료 맛 때문에 부모가 만든 이유식을 싫어할 수 있으므로 먹이지 않는다.

[그림 4-3] 이유식 먹는 영아

이유식에 대한 Q & A

• 이유식을 언제부터 시작하면 좋을까요?

입에 액체가 아닌 다른 것이 들어오면 혀를 내밀어 보이는 반사작용이 사라지고 입에 숟가락이나 음식을 넣어도 혀를 내밀지 않는다. 받쳐 주면 앉을 수 있고 머리와 목을 잘 가눌 수 있다. 어른의 밥그릇에 관심을 가지게 되고 몸을 굽히고 밥그릇을 만지려 하고 어른이 먹는 것을 보고 입을 오물거리고 먹고 싶어 하고 침을 흘리기도 한다. 생후 4~6개월이 되면 이유식을 시작할 수 있다. 단 이유식을 먹기 위해서는 삼키는 입과 목의 근육과 혀의 근육 등 여러 가지 근육이 발달되어야 가능하기 때문에 미숙아이거나 발달이 좀 늦은 경우는 소아과 의사와 상의해서 이유식 시작을 조금씩 늦출 수 있다.

• 이유식의 시기가 빠르거나 늦으면 어떻게 되나요?

이유식의 시기가 빠르면 음식 알레르기가 잘 생기고 늦게 시작하면 발달이 늦어질 수 있다.

• 모유를 먹는 영아도 이유식을 먹어야 되나요?

영아가 모유를 먹더라도 6개월이 지나면 모유만으로는 영양의 균형의 맞추기 어려우므로 반드시 이유식을 한다. 다만 분유를 먹는 영아는 4개월 쪽에 가깝게 이유식을 시작하고 모유를 먹는 영아는 6개월에 가깝게 이유식을 시작하는 것이 좋다.

- 1세 이전의 영아에게 이유식만 먹이면 더 좋을까요?

모유나 분유에 들어 있는 영양과 이유식에 들어 있는 영양과 수분의 함량은 다르므로 1세 이전의 영아에게 이유식만으로 식사를 해서는 곤란하다. 특히 어린 영아들의 경우는 지방에서 얻어야 하는 칼로리가 반 가까이는 되어야 하기 때문에 이유식을 주식으로 하는 것은 곤란하다.

- 멸치 우려낸 물이나 다시마를 삶은 물을 사용하면 더 좋을까요?

엄마들이 이유식을 만들 때 영아에게 좀 더 영양이 있고 맛있게 만들려고 멸치 우려낸 물이나 다시마를 삶은 물을 사용한다. 이런 맛을 들이면 다른 싱거운 이유식을 거부하는 경우가 있어 영아의 이유식을 제대로 하기 힘든 경우가 생길 수 있다. 따라서 이유식을 만들 때 소금이나 조미료로 간을 하지 않도록 한다.

- 사골 국을 먹이면 좋을까요?

사골 국에는 미네랄과 지방이 너무 많이 들어 있어 소화를 시키지 못해 배탈이 나는 경우가 있으므로 사골 국으로 이유식을 만드는 것은 권장하지 않는다.

- 밀가루 음식은 언제 먹이는 것이 좋은가요?

밀가루는 알레르기를 잘 일으킬 수 있기 때문에 6개월 이전에는 피하는 것이 좋고 곡식 중에서 가장 마지막에 준다.

- 여러 가지 곡식이 섞여 있는 미숫가루는 영아 이유식으로 좋은가요?

여러 가지 곡식이 섞여 있는 미숫가루는 아주 어린 영아들에게는 알레르기를 일으킬 수도 있기 때문에 이유식 초기에는 피한다.

- 알레르기가 나타나기 쉬운 음식은 어떤 것이 있을까요?

계란 흰자, 밀가루 음식, 피넛 버터, 생선, 오렌지 주스 등은 다른 음식에 비해서 알레르기가 나타나는 경우가 많아서 영아나 집안 식구 중에 알레르기가 심한 사람이 있는 경우 돌이 지나서 먹이기를 권장하기도 한다.

출처: 하정훈, 2007; 제일병원 모유수유 교육 팀, 2008.

2. 영아의 정서 및 사회성

1) 영아의 정서와 애착, 기질

정서는 모든 사람들이 느끼는 것으로, 각 정서마다 공통된 느낌이 있다. 영아가 언제부터 정서를 해석할 수 있는지는 학자마다 다르지만 생후 1년 안에 다양한 정서를 느낀다는 것에는 동의한다(박경자, 김송이, 권연희 역, 2005).

에릭슨(Erikson)은 부모가 영아의 욕구에 일관성을 갖고 민감하게 반응하는 것에 따라 기본적 신뢰감 또는 불신감이 형성된다고 하였다. 영아가 울면 얼굴표정, 울음소리를 세심하게 살피다가 상황별 울음소리의 특징을 알고 적절하게 반응하면 신뢰감을 형성한다. 반대로 영아가 울 때 '왜 또 우니? 뭐가 문제야? 아우 짜증나, 왜 그렇게 울어대니.'라고 생각하며 부모의 편의에 따라 비일관적으로 반응하면 영아는 불신감을 형성한다.

부모는 영아가 자율감을 형성할 수 있도록 적절한 제재를 한다. 예를 들어 영아가 기거나 걷기 시작하면 원하는 장소나 관심이 있는 물건을 만지기 위해 이동한다. 이때 부모는 안전한 환경을 제공하여 영아가 최소한의 제재를 받으며 원하는 것을 탐색할 수 있도록 한다.

애착은 영아와 주양육자 간의 관계에서 형성하는 정서적 유대관계로 영아가 정서적 안정성을 갖고 성장 후에도 다른 사람들과 어떻게 관계를 형성하는지 등 사회성 발달에 기초가 되므로 매우 중요하다. 애착형성의 표준화된 준거를 마련한 에인스워스는 영아와 엄마가 두 번 격리되어 다시 만났을 때 어떤 행동을 하는지에 대한 낯선 상황 검사를 통해 애착을 안정 애착, 불안정·회피적 애착, 불안정·저항적 애착으로 나누었다(최순영 역, 1989). 메인과 캐시디(Main & Cassidy)는 3가지 유형에 속하지 않는 영아를 '혼란 애착'으로 분류했다(이승연 외 역, 2011).

　애착의 유형은 영아에게 직접적으로 영향을 주는 가족이 변하지 않으면 일반적으로 일관성 있게 유지되어, 12~18개월 때의 애착 유형은 6세 유아의 정서와 행동을 예측할 수 있게 한다(이승연 외 역, 2011). 부모는 영아가 안정된 애착을 할 수 있도록 자주 스킨십을 해 주고 안아 주어 따뜻한 애정을 느끼게 한다. 또한 영아와 눈을 마주치며 이야기하고 민감하게 반응한다. 맞벌이 부부이거나 사정이 있어서 부모와 영아가 떨어져야 하는 경우에는 부모가 아닌 주양육자가 영아의 마음을 헤아려 슬프거나 불안하다는 표현을 해 주어 신뢰감을 주도록 하고 주양육자가 자주 바뀌지 않도록 부모의 신중한 선택이 필요하다.

　애착의 형성과 함께 나타나는 것이 낯가림과 분리불안으로, 낯가림이란 영아가 애착을 형성한 후 낯선 사람이 보이거나, 다가오거나, 자신의 신체와 접촉하려 할 때 낯선 사람의 얼굴을 보지 않으려고 회피하며 큰소리로 우는 반응을 보이는 것이다. 6~8개월에 나타나기 시작하여 생후 1년 정도에 가장 심해지다가 서서히 감소한다. 낯가림은 영아의 기질, 환경, 부모의 양육 태도 등에 따라 다르다. 영아의 기질이 순하고 대가족에서 자라는 경우에는 낯가림이 덜할 수 있지만 기질이 까다롭거나 형제가 적거나, 외동인 경우, 다른 사람들을 만날 기회가 적은 경우는 낯가림이 심할 수 있다. 분리불안은 영아가 애착대상과 떨어질 때 나타나는 반응으로 생후 8~9개월이 되면 나타나기 시작하여 15개월에 가장 심했다가 생후 2년 정도가 되면 점차 사라진다. 영아에게 친숙한 사람이나 인형, 옷 등의 익숙한 물건은 분리불안을 조금이라도 감소시킬 수 있다.

　기질이란 각 개인이 선천적으로 타고난 정서적 반응의 개인차로 출생 직후부터 나타나는데 기질에 따라 부모양육 태도와 주변 상황에 많은 영향을 준다. 기저귀를 조금 늦게 갈아 줄 경우 느긋하게 기다리는 영아가 있지만 숨이 넘어갈 듯이 울면서 파르르 몸을 떠는 영아도 있고 잠깐 울다가 울음을 그치는 영아도 있다. 기분이 안 좋은 경우 폭발적으로 화를 내는 아이도 있고 조용히 눈물을 흘리는 아이도 있으며 시간이 좀 지나서 "엄마 기분이 안 좋아요."라고 말하는 아이도 있다. 이처럼 비슷한 상황이어도 영아마다 표현하는 정서가 다른 것은 기질 때문이며 같이 자란 형제자매끼리도 차이가 있다. 이처럼 기질은 선천적이고 생리적이며 일관성 있는 특성을 나타내기도 하지만 부모의 거부적인 양육 태도가 오랫동안 지속되거나 갑작스럽고 극심한 환경의 변화로도 기질의 변화가 일어날 수 있다. 따라서 부모는 자녀의 기질을 빨리 파악하고 이에 맞게 양육하도록 노력한다.

기질

기질은 활동수준, 규칙성, 접근/회피, 산만성, 적응성, 주의력과 지속력, 반응강도, 기분 등 9가지 구성요소로 이루어진다. 영유아의 기질은 일반적으로 순한 기질의 아이는 40%, 까다로운 기질의 아이는 10%, 느린 기질의 아이는 15% 정도로 나뉘며 뚜렷하게 한 가지 기질의 특성이 아닌 복합적인 기질의 특성을 가진 아이들도 있다(Kostelnik, Stein, Whiren, & Soderman, 1998).

• 순한 기질의 영아

아침에 상쾌하게 일어나며 수유, 대소변, 잠자기 등 생활리듬이 규칙적이며 혼자서도 장난감을 가지고 잘 놀고 음식, 사람, 물건, 장소 등 익숙하지 않아도 당황하지 않고 잘 적응한다. 이런 영아의 경우 스스로 알아서 하고 요구도 적게 하기 때문에 부모의 관심을 적게 받을 수 있으므로 부모는 아이가 생활을 잘 하고 있는지 확인하는 것이 필요하다.

• 까다로운 기질의 영아

아침에 일어나기 전부터 잘 울고 수유, 대소변, 잠자기 등 생활의 리듬이 불규칙하며 쉽게 화를 내고 강하게 반응한다. 다른 사람에 대해 적대적으로 반응하기도 하고 새로운 물건, 사람, 음식 등에 적응하는 시간이 많이 필요하다. 이런 영아들은 자주 울고, 화내고 짜증을 잘 내기 때문에 부모는 자주 제재하거나 애정적인 태도를 적게 보이는 행동을 하기도 한다.

• 느린 기질의 영아

새로운 상황, 음식, 물건에 적응하는 시간이 오래 걸리지만 여유를 갖고 기다려 주면 흥미를 갖고 적응한다. 이런 영아의 경우 부모가 기다려 주는 시간이 충분하면 적응하는 데 어려움이 없고 표현과 반응이 강하지 않기 때문에 양육에 큰 어려움은 없다.

3. 영아의 언어와 사고 발달

1) 말하기

영아는 울음을 통해 자신의 요구사항을 부모에게 전달한다. 영아는 날카롭고 길게 울거나, 힘없고 작게 울거나, 계속해서 크게 우는 등 음조와 강약을 조절해서 다양한 울음소리를 효과적인 상호작용 수단으로 사용한다. 생후 2~3개월이 되면 쿠잉(Cooing)과 울음으로 의사소통을 하려고 하고 영아는 진지한 얼굴표정으로 열심히 쿠잉을 한다(이지현, 마송희, 김수영, 정정희, 2009). 이때 주변 사람들의 반응이 없으면 그 빈도는 줄어들어 점차 의사소통의 기능을 잃게 되므로 부모뿐만 아니라 영아가 특별히 쿠잉을 시도하는 사람은 언어로써 반응을 잘 해준다.

생후 3~4개월이 되면 옹알이(babbling)를 시작한다. 쿠잉과는 달리 자음과 모음을 음절로 구성하여 내는 옹알이는 영아에게 발성의 기초적 연습의 효과를 갖게 한다. 영아는 옹알이를 할 때 누군가 가까이 있거나, 얼굴을 마주볼 때 즐거워하면서 열심히 옹알이를 한다. 또한 자신의 옹알이가 끝나면 다른 사람의 말도 잘 듣게 되는데, 영아와 주변사람들이 서로 주고받는 반응은 사회성 발달에도 도움이 되고 영아의 다양한 옹알이로 나타난다. 반대로 선천적 청각장애아처럼 옹알이를 해도 옹알이에 대한 피드백을 듣지 못하면 얼마 지나지 않아 옹알이를 하지 않게 되어 말을 못하게 된다(주영희, 1992).

음소의 확장시기인 생후 6개월에서 12개월 정도에는 인간의 소리를 거의 모두 낼 수 있지만 점차 가장 많이 듣는 언어만 말하는 음소의 축소가 나타난다(조복희 외, 1991). 영아는 일어문(一語文, holophrase) 시기인 생후 12개월을 전후 하여 한 단어로 의미를 전달하는데 이는 문장을 의미한다. 예를 들어 엄마가 주는 사과를 다 먹은 후 "엄마"라고 하면 '사과를 더 주세요.'의 의미가 될 수 있다.

엄마가 주는 우유를 그만 먹고 싶을 때 우유 컵을 밀어내며 "맘마"라로 하면 '우유 그만 먹을래요.'라는 의미가 된다. 엄마가 영아를 안고 있는데 이모가 오는 것을 보고 이모에게 손을 벌리며 "이모"라고 하면 '이모에게 갈 거예요.'라는 의미가 된다. 따라서 상황을 잘 파악할 수 있는 주양육자와 영아만이 의사소통이 잘 이루어지는 시기다.

이어문(二語文, duos)시기인 생후 18개월부터 24개월 즈음은 두 단어를 연결하여 의미를 전달한다. 영아가 "엄마, 옷"이라고 말하면 '엄마의 옷이다.'라는 의미고, "엄마 까까"는 '엄마가 과자를 먹는다.'의 의미로 중요한 단어만 나열하여 의미를 전달한다.

생후 30개월이 되면 3~5개의 단어를 전보식으로 나열하여 의사소통을 한다(정영숙 외, 2005). 언어는 사회생활에서 타인과 관계를 맺는 가장 보편적인 의사소통 수단으로, 자신의 느낌이나 생각을 표현하고 세상을 이해하는 데 유용하며 사회성과 인지발달에 긴밀한 관련을 맺고 있다. 다음은 영아의 언어발달을 돕는 방법이다.

영아의 언어발달 돕기

① 영아마다 자신의 발달 속도에 따라 말을 시작하는 연령이 다르다는 것을 염두에 두고 다른 영아와 비교하지 않는다. 부모가 말을 억지로 시킬 경우 말에 대한 흥미가 사라져 말을 더 늦게 할 수 있으므로 주의한다.

② 영아가 울거나 쿠잉 또는 옹알이를 할 때부터 부모가 눈을 마주치고 밝게 웃으며 따뜻한 목소리로 반응을 열심히 해 주되 영아의 말을 끝까지 들은 후 반응한다. 또한 영아가 이해할 수 없는 말을 하는 경우 예를 들어 영아가 "마"라고 했다면 "서진이가 책을 보고 싶구나." "승하가 엄마와 함께 밖에 나가고 싶다고?" 등 상황을 고려하여 영아의 수준에 맞는 짧은 문장으로 다시 이야기해 준다.

③ 사람들은 대화를 하다가 언어만으로는 충분한 표현이 안 될 때 몸짓을 사용한다. 표정, 손, 팔, 다리 등의 사용으로 효과적인 상호작용이 이루어질 수 있다.

말하는 것이 서투른 영아의 경우 말과 몸짓을 같이 사용한다. 영아가 손가락으로 '물'을 가리킬 때 부모가 즉시 물을 가져다주면 영아는 언어의 필요성을 느끼지 못할 수도 있다. 영아의 몸짓을 언어로 바꾸어 "물을 먹고 싶다고?"라고 말하여 몸짓을 자주 사용하지 않도록 한다.

④ 영아가 "어마 까까"라고 하면 부모는 아기처럼 말하기보다는 영아가 정확한 발음을 배울 수 있도록 "엄마 과자 주세요."라고 바꾸어 말한다.

⑤ 부모의 행동 또는 영아의 행동 등 수다쟁이 엄마가 되어 영아의 수준에 맞는 단어와 문장으로 말을 많이 해 준다. 예를 들어 엄마가 안고 창문 밖을 보는 경우 "엄마가 진아를 안고 있네. 창문 너머로 무엇이 보이니? 하얀 눈이 내린다. 눈 내리는 소리가 들리니? 눈이 와서 진아가 더 춥니?" 등으로 이야기할 수 있다. 영아가 이유식을 먹으면서 숟가락으로 식탁을 친다면 "오늘 엄마가 만들어 준 당근 죽이 맛있구나? 진아가 숟가락으로 당근 죽을 잘 먹네. 우리 진아 신나서 숟가락으로 식탁을 탁탁 쳐요." 등으로 영아의 행동에 대해 부모가 이야기해 줄 수 있다.

⑥ 부모는 영아에게 질문을 자주하여 영아가 말할 수 있는 기회를 많이 준다.

⑦ 말을 하는 정도가 다른 여러 영아들과 같이 놀면서 다른 영아들이 어떻게 언어를 사용하는지 듣고 볼 수 있도록 한다.

⑧ 부모는 다양한 음색과 강약, 적당한 속도, 정확한 발음으로 책을 읽어 영아가 책과 그림, 글자, 말에 흥미를 갖도록 한다.

⑨ 부모는 영아가 발음이 정확하지 않고 문법적으로 맞지 않게 단어를 구사하는 것에 집중하지 말고, 영아가 즐겁게 자기가 표현하고 싶은 것을 충분히 표현할 수 있도록 비판이나 제재, 교정을 너무 자주 해 주지 않는다. 예를 들어 영아가 "어마"라고 한 것에 대해 부모가 "얘는 또 그렇게 말하네. 틀렸잖아. '어마'가 아니고 '엄마'잖아. 다시 해 봐. '엄마.' '엄마.' 엄마 말을 잘 듣고 똑같이 말해야지."라고 너무 자주 하지 않는다.

2) 책 보기

영아가 처음 접하는 그림책은 즐거운 놀이감 중 하나로, 재미있어야 한다. 그림책은 글자와 그림으로 구성된 쉽게 접할 수 있는 예술작품이다. 부모와 영아는 좋은 예술작품인 그림책을 통해 질 높은 상호작용을 한다. 영아는 부모가 읽어 주는 그림책을 보면서 정서적으로 안정감을 느끼고 다양한 그림, 글자와 발음에 관심을 갖고 내용을 이해하고, 상상한다. 부모와 영아가 집 이외에 책을 가까이할 수 있는 곳으로는 도서관, 서점 등이 있고, 북스타트 활동에 참여하는 것도 좋은 방법 중 하나다.

북스타트(Book Start)

1992년 영국에서 시작된 영·유아를 위한 독서운동으로, 아기들에게 그림책을 선물하면서 책과 함께 인생을 시작하도록 안내하며, 아기와 부모가 그림책을 놓고 함께 깔깔 웃고 춤추고 노래하고 놀면서 이야기함으로써 행복과 즐거움을 느낄 수 있는 프로그램이다.

• 북스타트의 6가지 의미
  ① 사회적 육아지원 운동이다.
  ② 아가와 부모의 친교를 위한 소통수단이다.
  ③ 아가들이 책과 친해지게 한다.
  ④ 아가 양육의 좋은 방법이다.
  ⑤ 지역사회 문화 복지를 키운다.
  ⑥ 평생교육의 출발점이다.
• 북스타트 꾸러미의 구성
  ① 북스타트 꾸러미
    • 대　　상: 3개월~18개월 아가 대상

> • 내용물: 북스타트 가방, 북스타트 프로그램 안내 책자, 그림책 2권, 엄마아
>   빠를 위한 책 읽어 주기 북스타트 가이드북, 손수건, 지역 시행기관
>   안내문
> ② 북스타트 플러스 꾸러미
> • 대   상: 19개월~35개월 아가 대상
> • 내용물: 북스타트 플러스 가방, 북스타트 프로그램 안내 책자, 그림책 2권
>   엄마아빠를 위한 책 읽어 주기 플러스 가이드북, 스케치북(A4 크
>   기)과 크레용(12색), 지역 시행기관 안내문
> ③ 북스타트 보물 상자 꾸러미
> • 대   상: 36개월~취학 전 유아대상
> • 내용물: 북스타트 보물 상자(종이상자), 북스타트 프로그램 안내 책자, 그림
>   책 2권, 북스타트 보물 상자 가이드북, 판 퍼즐(A4 크기), 지역 시행
>   기관 안내문
> ④ 책날개 꾸러미
> • 대   상: 초등학생
> • 내용물: 책날개 가방, 기념선물, 그림책 2권, 지역 시행기관 안내문
>
> 출처: 북스타트코리아(http://www.bookstart.org).

3) 재미있는 놀이와 사고

피아제(Piaget)는 출생부터 24개월 정도를 감각운동기라고 하고, 6단계로 나누었다. 1단계는 반사반응기로 출생에서부터 1개월까지를 말한다. 영아는 빨기, 잡기 등의 여러 가지 반사 능력으로 생존하면서 환경을 알아 간다. 영아 초기에는 색깔이 뚜렷한 모빌이나 선명하고 단순한 도형이 있는 초점책, 소리 나는 인형, 딸랑이 등을 보여 주어 사물에 흥미를 갖도록 도울 수 있다. 모빌은 너무 높이 설치하지 않고 형광등 바로 아래 설치하지 않는다.

2단계는 일차순환반응기로 1개월부터 4개월 정도까지를 말한다. 영아는 자신의 몸에 가장 많은 관심을 갖는다. 영아의 손이 우연히 입에 닿았던 것을 여러 번의 시도로 손을 빨거나 손가락을 빨 수 있게 된다. 부모는 영아가 손이나 발을 빨 수 있도록 제재하지 않고, 깨끗하게 닦아 준다.

3단계는 이차순환반응기로 4개월부터 10개월 정도까지를 말한다. 영아 자신이 아닌 외부에서 흥미로운 사건을 발견하고 이를 반복하려 한다. 영아가 손을 움직이다가 우연히 모빌을 움직였다면, 영아는 자신의 손을 움직여 모빌이 움직이는 것을 보며 즐거워한다. 티슈 곽에서 휴지를 끊임없이 빼기, 서랍을 열고 물건을 꺼내기, 두 손으로 책을 잡고 보는 것을 좋아하는 경우를 예로 들 수 있다. 영아가 흥미를 가질 수 있는 모양과 감촉, 색깔 등이 다양한 장난감을 가까이 두고, 안전하게 주변의 물건을 마음껏 이용할 수 있도록 한다. 6~7개월의 영아는 손바닥과 손가락 전체를 이용하여 작은 물체를 잡을 수 있으므로 딸랑이를 잡고 소리를 내어 흔들기도 하고, 적당한 크기의 물컵을 들고 마실 수 있다. 8개월이 되면 손가락을 이용하여 집을 수 있으므로 음식을 스스로 집어 먹도록 할 수 있다. 10개월이 되면 엄지와 검지를 이용하여 작은 물체를 집을 수 있어서 크레파스나 연필 등을 잡고 긁적거리도록 하거나 커다랗고 말랑한 공굴리기나 공 던지기를 해서 손의 힘과 조절력을 키운다. 영아가 동전, 장난감 레고, 퍼즐조각, 영아의 입 보다 작은 물체 등을 삼키면 질식사고의 위험이 있으므로 손에 닿지 않는 보이지 않는 곳에 보관한다.

4단계는 2차 도식의 협응으로 10개월에서 12개월 정도까지를 말한다. 영아는 하나의 결과를 얻기 위해서 두 가지의 분리된 행동을 한다. 영아가 원하는 물건을 잡지 못하도록 부모가 손으로 방해를 한다면, 부모의 손을 치고 물건을 잡는다. 이 시기에 영아가 좋아하는 놀이는 굴러가는 공 잡아서 가지고 오기, 물체의 영속성 개념 발달이 시작되므로 영아가 보는 앞에서 물건을 숨기고 다시 찾도록 하는 놀이, 모방하는 것을 좋아하므로 손을 흔드는 인사놀이를 하는 것도 재미있다.

5단계는 3차적 순환반응으로 12개월부터 18개월까지를 말한다. 영아는 다른 결과를 보기 위해 다른 행동을 시도한다. 피아노 건반을 세게 또는 약하게, 여러 건반을 치며 소리를 듣는다. 이 시기에는 걸어 다니면서 손에 닿는 것은 만지고 입에 넣는 경우가 많아 장 안, 책상 아래, 서랍 속에는 영아가 만지거나 입에 넣어도 안전한 물건만 넣어 놓는다. 위험한 물건이 있는 경우에는 안전잠금장치를 꼭 한다. 간단한 물건들 쌓기, 고리 끼우기, 목욕할 때 물놀이하기, 단순한 퍼즐 맞추기, 마음대로 조작할 수 있는 장난감을 제공한다. 부모는 영아가 기어 다니기 시작하면서 자주 사용하게 되는 '안 돼'라는 단어를 최소한으로 사용하도록 노력한다.

6단계는 18개월에서 24개월 정도로 사고의 시작시기다. 문제를 해결하는 시기로, 도구를 적절히 사용하여 높은 곳에 있는 물건을 꺼내기 위해 의자를 끌고 온 후 의자에 올라가 물건을 꺼내기도 한다. 이러한 영아의 사고 발달은 부모가 생활하는 모습을 유심히 보면서 더욱 발전한다. 영아는 모방행동을 좋아해서 엄마놀이, 의사놀이, 음식 만드는 놀이 등을 할 수 있도록 적합한 장난감을 제공하고, 놀이를 할 때에는 영아의 사고를 자극할 수 있는 대화를 많이 한다.

생각해 볼 문제

1. 영아의 안정 애착 형성을 위해 염두에 두어야 할 점은 무엇인지 논의해 보시오.
2. 영아의 안전한 양육을 위해 어떤 환경을 조성해야 하는지 토의해 보시오.
3. 영아기 배변훈련은 왜 중요한지 설명해 보시오.
4. 영아의 언어발달을 돕기 위해 어떤 방법을 사용할 수 있는지 설명해 보시오.

유아기 자녀의 부모 역할

학습목표

1. 유아의 안전한 환경에 대해 열거할 수 있다.
2. 유아의 대소근육 발달에 적절한 도구나 장난감을 알고 다양한 활동방법도 배운다.
3. 위생적인 생활을 할 수 있도록 격려하는 방법을 안다.
4. 유아의 건강을 위해 바람직한 식습관의 중요성을 인식한다.
5. 유아에게 모범이 되는 부모의 행동을 설명할 수 있다.
6. 유아가 가족 구성원으로서 소속감과 책임감을 느낄 수 있도록 하는 부모 역할에 대해 설명할 수 있다.

　유아기 자녀를 둔 부모는 유아가 쾌적한 환경에서 생활할 수 있도록 해야 하고, 이 시기에 특히 중요한 정서 및 사회성 그리고 인지와 언어 발달을 위해 어떤 역할을 해야 하는지 이 장에서 알아보고자 한다.

1. 유아의 건강과 환경 조성

1) 운동발달

유아기에는 매년 약 5~6cm씩 자라고 약 2~3kg씩 몸무게가 증가하지만 유전, 영양, 환경 등의 이유로 신체성장의 개인차가 크게 나타나는 시기다. 신체계측치는 성장기 어린이의 중요한 영양상태 지표가 되는데, 워터로우(Waterlow)는 어린이의 체중과 신장의 성장부진은 각각 단기간의 영양불량상태와 장기간의 영양부족상태를 반영한다고 하였다(Waterlow JC., 1972: 최미경, 배윤정, 승정자, 2005에서 재인용).

유아기 초기에는 신체발달이 급속히 이루어져 활동범위가 넓어지고, 뛰거나 달리는 것을 좋아한다. 3세경에는 직선 길을 잘 걸어가고 4, 5세경에는 구불구불한 길도 잘 걸어가며 평균대 위에서는 발을 교대로 걸을 수 있다. 계단 오르기의 경우 처음에는 손과 발을 이용해 기어 올라가고, 4세경까지 계단을 오를 때 발 모아 오르기를 하다가 4~5세경에 발을 교대로 사용하여 계단을 오른다. 공 던지기도 좋아하여 연령이 증가할수록 공 던지는 동작이 유연하고 정확해진다. 4세경에는 모험적인 놀이를 즐기고, 5세경에는 다양한 상황에서 자신의 운동기술을 사용하여 스스로의 능력을 시험하는 놀이를 좋아한다. 부모는 유아가 신체를 자유롭게 마음껏 움직일 수 있도록 안전한 공간을 마련해 주어야 한다. 미끄럼틀 타기, 밧줄 잡고 경사로 오르기, 정글짐 오르내리기, 공차기, 훌라후프 돌리기, 줄넘기하기, 야구, 축구, 농구, 자전거 타기 등을 할 수 있도록 유아가 사용하기에 안전하고 적합한 놀이 도구와 넓은 공간을 제공하도록 한다. 부모가 힘들거나 유아를 따라다니기 귀찮아서, 유아가 잘 넘어진다는 이유 등으로 유모차에 태우거나 집 안에만 있으면 유아의 활동량이 적을 수 있다. 이럴 경우 유아는 스트레스를 받고 짜증과 화를 내기 쉽고 운동량이 부족해 밤에 늦게 잘 수 있다.

〈표 5-1〉 유아기 대근육 발달

3세	4세	5세
• 공을 던질 때 팔 아래쪽으로 던진다. • 튕겨 오는 공을 잡는다. • 큰 공을 잡을 수 있다. • 바닥에서 위로 점프를 한다. • 발자국 모양을 따라 걸을 수 있다. • 세발자전거를 탄다.	• 공을 튕기고 받기를 할 수 있다. • 목표점을 향해 공을 발로 찬다. • 던져 주는 공을 잡는다. • 수레나 인형 유모차를 밀고 당길 수 있다. • 한 발로 깡충 뛰기를 할 수 있다. • 달리다가 멈출 수 있다.	• 유연한 자세로 공을 던진다. • 목표점을 맞추기 위해 공을 굴린다. • 굴러오는 공을 발로 찬다. • 양발을 번갈아 가며 깡충 뛰기를 한다. • 롤러스케이트를 탄다. • 보조바퀴가 달린 두발자전거를 탄다. • 줄넘기를 할 수 있다.

출처: 최경숙, 박영아, 2005.

또한 대근육 발달이 또래에 비해 늦어질 수 있다.

소근육 운동을 발달시키기 위해 다양한 쓰기 용품을 준비하되 아직도 입에 무엇인가를 쉽게 넣을 수 있으므로 입에 넣어도 안전한 크레파스, 색연필, 물감 등을 준비한다. 부모와 유아가 종이를 사용하는 데 스트레스를 받지 않도록 이면지, 잡지, 전단지, 스케치북, 색종이, 포장지 등 다양한 종이를 준비하여 유아가 맘껏

[그림 5-1] 여러 가지 대근육 활동

〈표 5-2〉 유아기 소근육 발달

3세	4세	5세
• 원에 가깝게 그림을 그릴 수 있다. • 가위로 종이를 오린다. • 검지를 이용해 풀칠을 한다. • 블록 여덟 개로 탑 쌓기를 한다. • +를 그릴 수 있다. • 인형 옷을 벗기고 입힐 수 있다. • 물주전자의 물을 흘리지 않고 따를 수 있다.	• 10개의 구슬을 실에 꿴다. • 빨래집게를 열고 닫는다. • 여러 용기에 담긴 것을 다른 그릇에 따를 수 있다. • 선을 따라 가위로 자를 수 있다. • 세모나 네모, X모양, 숫자, 철자를 보고 베낀다.	• 종이를 반으로, 또는 사분의 일 크기로 접을 수 있다. • 손바닥을 바닥에 대고 윤곽을 따라 그린다. • 직사각형, 원, 정사각형, 삼각형을 그린다. • 두 음소의 짧은 단어를 따라 쓴다. • 양손 중 한쪽 손을 선호하게 된다.

출처: 최경숙, 박영아, 2005.

그리고, 찢고, 자르고 종이접기를 할 수 있도록 한다. 부모는 다양한 색과 촉감의 잡지와 광고지, 신문지 등과 안전가위, 풀 등을 준비한다. 종이에 따라 오리는 느낌이 어떻게 다른지 어떤 종이가 풀로 붙이기 좋은지 등을 탐구할 수 있도록 한다. 적당한 크기와 조각의 퍼즐 맞추기를 준비해 주고, 인형 옷 입히기, 우유를 컵에 따르기, 구멍에 끈 꿰기, 블록 쌓기, 신발의 찍찍이 붙이기 등 일상생활의 대부분을 활용하여 유아가 자발적으로 소근육을 발달시킬 수 있도록 한다.

2) 치아관리 및 청결

유아들의 유치가 충치에 이환되었을 경우 이를 방치하게 되면 음식물을 씹을 수가 없어서 영양결핍이 오게 된다. 또한 아파서 한쪽으로 씹거나 우물우물 삼키게 되면 안면근육 운동이 균형을 잃게 되어 얼굴모양이나 치열이 비뚤어져 열등의식을 갖거나 비사교적인 성격이 될 수도 있다(http://www.kda.or.kr). 어린이의 치아를 잘 보존하려면 1년에 반드시 두 번 정도 정기검사를 받고 가장 올바른 양치 방법인 회전법을 이용하여 유아 스스로 식사 후와 잠자기 전에 양치를 습관화하고 양치 후 부모가 다시 한 번 양치해 준다(http://www.kda.or.kr).

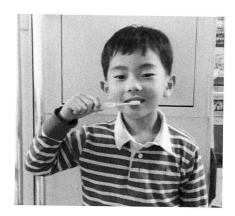

[그림 5-2] 양치하는 유아

유아기에는 활동량이 증가하여 손을 씻어야 하는 경우가 빈번해지고 배변 후에도 스스로 손을 씻어야 한다. 또한 유아교육기관에 다니기 시작하면서 다른 유아들과의 집단생활 시간이 늘어나 감기, 신종인플루엔자, 다른 질병에 전염될 수 있다. 질병의 70%가 손을 통해 전염되는 것을 고려한다면 손을 올바르게 씻어 질병을 예방하도록 하는 것이 중요하다. 다음의 손 씻기 6단계를 통해 가족

손바닥과 손바닥을
마주 대고 문질러 줍니다.

손가락을 마주 잡고
문질러 줍니다.

손등과 손바닥을 마주 대고
문질러 줍니다.

엄지손가락을 다른 편 손가락으로
돌려 주면서 문질러 줍니다.

손바닥을 마주 대고 손깍지를
끼고 문질러 줍니다.

손가락을 반대편 손바닥에 놓고
문지르며 손톱 밑을 깨끗하게 합니다.

[그림 5-3] 손 씻기 6단계

출처: 범국민 손씻기 운동본부(http://www.handwashing.or.kr).

모두의 건강을 지키도록 한다.

하루 일과를 마친 후 또는 격한 활동으로 땀이 많이 나거나 이물질이 묻은 경우 목욕을 한다. 이 시기가 되면 물을 싫어하거나 옷 벗고 목욕하는 것을 싫어하는 유아들이 있어 목욕시간만 되면 진땀을 흘리는 부모들이 있다. 이럴 때에는 먼저 욕조에 들어가서 물감놀이를 하거나 비눗방울 놀이를 해서 욕조에 들어가는 것을 즐겁게 생각할 수 있도록 한다. 욕조에 들어가는 것을 좋아하면 인형 씻기기, 장난감 닦기 등의 놀이를 하며 물에 대해 좋은 느낌을 갖도록 한 후 목욕을 한다. 목욕을 할 때는 유아가 좋아하는 장난감이나 블록, 비닐 책 등을 넣어 주고 재미있게 목욕을 할 수 있도록 한다. 머리 감는 것을 싫어할 경우에는 유아가 편안한 자세로 머리를 감을 수 있도록 낮은 의자나 샴푸 캡 등을 준비하고 아빠(엄마)와 함께 목욕을 한다. 먼저 아빠(엄마)의 머리를 유아가 직접 감겨 주게 한 후 아빠(엄마)가 유아의 머리를 감겨 주면 재미있게 머리를 감을 수 있다. 저녁시간이 되면 일정한 시간에 정해진 곳에서 편안한 옷을 입고 잠을 자는 습관을 길러야 한다. 잠자는 시간이 불규칙하고 충분한 수면을 취하지 못하면 불규칙적인 생활로 이어져 낮 동안의 활동시간이 불편할 수 있다.

유아의 신체발달과 수면시간, 흥미를 고려하여 하루일과 시 규칙적인 식사시간과, 간식시간, 실내와 실외에서의 놀이 시간의 생활패턴을 일정하게 만들어 준다.

아토피 증상이 심한 경우에는 피부가 거칠고, 심하면 물집이 생기고 항상 몸을 자기도 모르게 긁기 때문에 친구들이 함께 활동하기를 꺼려 할 수 있고 거칠어진 피부는 보는 사람의 눈살을 찌푸리게 할 수 있다. 또한 아동 자신도 주변사람들이 "그만 긁어." "너는 피부가 왜 그래?" 등의 질문을 할 때마다 스트레스를 받고 거울에 비친 자신의 모습을 볼 때 좋은 느낌은 아닐 것이다. 다른 사람에게 자신의 모습을 보이기 싫어해서 같이 운동하는 것을 피하거나 스트레스를 먹는 것으로 해결하려고 하여 인스턴트식품이나 자극적인 음식을 먹기도 한다. 아토피 증상으로 아동의 또래 관계형성과 자아존중감, 비만, 더욱 심한 아토피 증상 등이 나타날 수 있으므로 아토피 관리수칙을 참고하여 증상을 완화시킨다.

아토피 피부염환자의 관리 수칙

• 피부는 늘 깨끗하고 촉촉하게 유지하도록 한다.
 – 물은 너무 뜨겁지 않은 미지근한 정도로 하여 사용하는 것이 좋다.
 – 비누는 순한 유아용 보습 비누를 사용한다.
 – 목욕 후 부드러운 수건으로 두드리듯이 물기를 닦는다.
 – 목욕 후 3분 이내에 보습제를 바른다.
• 적절한 온도(섭씨 20~22℃)와 습도(55~65%)를 유지하는 환경을 만들어 준다.
• 면소재의 옷을 입히고 손톱은 짧게 깎아 준다.
• 정확한 진단을 통해 원인 물질을 찾아 없앤다.
• 모유를 수유하고, 이유식은 6개월 이후에 시작하는 것이 좋다.
• 집 안에서 애완동물을 기르지 않는 것이 좋다.
• 전문의의 진료에 따른 약물 요법은 환자에게 도움이 된다.
• 심한 스트레스나 급격한 온도 변화는 아토피 피부염을 악화시킬 수 있으므로
 주의한다.
• 과학적으로 검증되지 않은 치료법은 전문의와 먼저 상담한 뒤에 결정한다.
• 아토피 피부염의 올바른 치료와 예방으로 소아 천식과 알레르기 비염을 예방할
 수 있다.

출처: 대한소아과학회(http://www.pediatrics.or.kr).

3) 건강과 안전을 위한 환경

건물 안에서, 길을 가다가, 식당에서 식사를 하다가, 버스를 기다리는 중에 담배를 피우는 사람들이 옆에 있으면 유아는 본의 아니게 간접흡연에 노출된다. "국민건강영양조사 2013년 결과"를 보면 남자의 흡연율(42.1%)은 OECD 국가 중 두 번째로 높고, 30대(54.5%)와 40대(48.0%)도 높게 나타났다. 이러한 높은 흡연율은 자녀의 간접흡연 노출과 연계될 가능성이 많기 때문에 금연하려는 노력이 필요하다.

〈표 5-3〉 현재흡연율(%) 추이, 19세 이상, 1998~2013

연령	'98	'01	'05	'07	'08	'09	'10	'11	'12	'13
남자 전체	66.3	60.9	51.6	45.0	47.7	46.9	48.3	47.3	43.7	42.1
19~29	70.7	64.7	55.5	47.5	53.6	51.9	47.3	44.9	41.5	37.0
30~39	71.6	67.9	60.2	58.3	56.4	56.2	60.9	63.7	54.8	54.5
40~49	67.9	66.7	55.2	48.8	49.1	48.9	53.6	47.0	49.5	48.0
50~59	62.2	55.5	47.7	34.0	41.5	41.6	45.0	44.4	41.8	40.8
60~69	58.2	49.9	38.3	31.1	34.5	33.8	30.8	32.5	26.9	32.5
70+	50.5	33.8	27.5	23.3	27.9	23.7	24.7	28.8	23.2	15.6
여자 전체	6.5	5.2	5.7	5.3	7.4	7.1	6.3	6.8	7.9	6.2

*남자 매일흡연율(만15세 이상): 34개국 OECD 평균(25.4%), 1위 그리스(43.7%), 2위 한국(37.6%).
출처: 보건복지부, 2014.

간접흡연의 위험성
-아빠가 피우는 담배에 우리 유아 17만 명이 매년 숨을 거둡니다-

'다른 사람이 내뿜은 담배 연기는 역겹다.' 평소 담배를 즐기는 애연가들 중에서도 이런 말을 하는 사람이 많다. 인간의 몸이 간접흡연에 얼마나 심한 거부반응을 보이는지 알게 해 주는 단적인 예다. 문제는 간접흡연이 역겨움을 주는 데 그치지 않고 비흡연자의 목숨까지 앗아 간다는 사실이다. 자기가 피우지도 않은 담배 연기 때문에 치명적인 질병을 얻어 생을 마감해야 한다면 그 피해는 어떻게 보상받을 수 있을까. 간접흡연의 심각성과 그 폐해를 최소화하려는 각국의 노력을 살펴본다.

세계보건기구(WHO) 산하 세계금연계획(Tobacco-Free Initiative)의 아르만도 페루가 대표는 "전 세계적으로 매년 60만 명이 간접흡연으로 사망한다."고 밝혔다. 페루가 대표는 최근 중앙SUNDAY와 e-메일 인터뷰에서 "2004년부터 세계 192개국에서 수집한 자료를 종합 분석한 결과 이 같은 사실이 밝혀졌다."고 설명했다. 페루가 대표는 "간접흡연 노출로 37만 9,000명이 심장병, 16만 5,000명이 하부호흡기질환, 3만 6,900명이 천식, 2만 1,400명이 폐암으로 사망한다."며 "이는 한 해 세계 전체 사망자의 약 1%에 해당한다."고 덧붙였다.

'담배 연기의 재앙'이 심상찮다. 흡연자들이 담배로 인해 각종 질병에 시달려 온 것은 이미 잘 알려진 사실이다. 여기에다 최근에는 다른 사람이 피운 담배 연기에 노출되는 이른바 '간접흡연' 피해자들도 심각한 폐해에 시달리는 것으로 속속 밝혀지고 있다. 페루가 대표가 밝힌 간접흡연으로 인한 사망자 숫자는 전 세계를 대상으로 간접흡연의 영향에 대해 실시한 첫 번째 조사에서 나온 결과다.

조사에 따르면 간접흡연이 특히 어린이와 여성에게 심각한 해를 끼치는 것으로 나타났다. 매년 간접흡연으로 숨지는 60만 명 중 17만 명 가량이 주로 집에서 담배 연기에 노출된 어린이였다. 간접흡연에 노출된 어린이들은 유아 돌연사나 폐렴·천식에 걸릴 가능성이 아주 큰 것으로 밝혀졌으며, 폐의 발육 속도도 늦었다. 여성은 매년 28만 1,000명가량이 간접흡연 때문에 희생되는 것으로 나타났다. 지구촌에서 담배를 피우지 않는 사람들 가운데 간접흡연에 노출된 인구비율은 2004년 현재 어린이 40%, 남자 33%, 여자 35%로 조사됐다.

국내에서도 최근 간접흡연의 해악을 알리는 조사 결과가 발표돼 관심을 끌었다. 질병관리본부 국립보건연구원 유전체센터는 지난 6년간 경기도 안산과 안성의 비흡연자 4,442명을 대상으로 타인의 담배 연기에 의한 간접흡연이 당뇨병의 발생 위험을 높인다는 사실을 규명했다고 15일 발표했다. 매일 4시간 이상 간접흡연에 노출될 경우 당뇨병 발생 위험이 두 배 가까이 늘어난다고 질병관리본부는 밝혔다.

유럽과 미국 등 선진국을 비롯해 세계 각국에서는 금연 대책의 강도를 높이고 있다. 흡연자 건강 보호 외에 비흡연자들을 담배 연기로부터 지키기 위해 공공건물과 장소에서 담배를 피우지 못하게 하는 나라가 늘고 있다. 술을 마시는 공간인 바나 카페에서도 금연법을 적용하는 나라가 최근 조금씩 생겨나고 있다. 한국도 국민건강증진법으로 연면적 1,000m²가 넘는 건물과 어린이집, 그리고 학원 건물 등에 대해 금연시설로 지정하도록 해 놓았다. 하지만 지구촌 차원에서 볼 때 비흡연자들에게 '담배 연기 없는 세상'을 만들어 주기 위해서는 아직도 가야 할 길이 멀다. '공공장소 금연법'을 시행하고 있는 나라가 10%도 채 되지 않기 때문이다.

WHO는 "담배는 여전히 예방 가능한 제1의 사망 원인"이라며 "그런데도 지구촌 인구의 대략 95%가 금연법의 보호를 받지 못하고 있다."고 말했다.

미국 남가주대 히더 위플리 박사는 "지구촌 12억 명의 흡연자가 수십억 명에 달하는 비흡연자에게 질병을 유발하는 간접흡연의 피해를 끼치고 있다."고 말했다.

출처: 박경덕, 2010. 12. 19.

소파나 책상, 화장대, 피아노, 베란다, 옷장 등 올라갈 수 있는 곳은 모두 올라가려고 하므로 안전사고에 특히 유의한다. 유아가 호기심을 가질 만한 물건이나 음식 등을 무조건 높은 곳에 올려놓기보다는 유아의 눈에 띄지 않게 한다. 만약 집에 약이 있다면 약 상자함에 약을 잘 보관하여 성인만 약을 사용할 수 있도록 한다.

놀이터에서 놀 때에는 유아의 안전뿐만 아니라 다른 유아의 안전도 중요하므로 미끄럼틀을 거꾸로 올라가지 않도록 한다. 그네 바로 앞에 서 있거나 모래를 뿌리거나 돌을 던지는 등 다른 유아의 놀이를 방해하지 않도록 한다. 자전거를 타거나 킥보드를 타는 경우 안전모자와 팔꿈치와 무릎 보호대를 하고 운동화를 신고 탄다. 공원이나 자전거 전용도로에서만 자전거를 타도록 하여 차가 많은 곳이나 주차장, 경사로에서는 타지 않는다. 자전거를 잘 타고 위험 상황에 대한 판단 능력이 생길 때까지 어른들의 보호가 필수적이다(http://www.isafe.go.kr).

대중교통을 이용할 때 부모와 유아 모두 큰소리로 이야기하거나 핸드폰을 사용하지 않는다. 유아가 뛰어다니거나 큰소리로 이야기할 때 부모도 같이 소리 지르며 야단치기보다는 유아가 집중할 수 있는 작은 책이나 손가락 인형, 탐구할 수 있는 작은 물건 등을 준비하여 얌전히 타고 갈 수 있도록 한다. 자리에 앉을 때에는 유아의 신발이 다른 사람의 옷과 닿을 수 있으므로 유아의 신발을 벗겨서 비닐봉지에 넣는다. 음식과 음료수는 냄새가 날 수도 있고 흘릴 경우 끈적거리거나 부스러기가 떨어질 수 있으므로 먹지 않도록 한다.

　　횡단보도를 건널 때는 신호등과 차가 멈추었는지를 보고 건너고, 건널목을 건널 때는 차가 오는지 여부를 확인하고 건너간다. 길을 갈 때에는 유아의 손을 잡고 엄마가 차도 쪽으로 걷는다. 자동차를 탈 때는 가족 모두가 안전띠를 착용하여, 유아가 카시트에 안전띠를 매고 앉는 것이 습관이 되도록 한다. 유아가 카시트에 앉으려 하지 않고 떼를 쓰거나 스스로 카시트의 안전띠를 푸를 경우에는 카시트에 앉아 안전띠를 꼭 해야 하는 이유를 알려 준다.

안전벨트 착용 의무화

　"안전벨트를 착용하지 않는 순간 당신의 차는 별1개(★) 최하위 안전등급 자동차가 됩니다."

　교통안전공단 자동차성능시험연구소는 전 좌석 안전띠 매기 운동인 TS 문화벨트 캠페인의 범국민적 확산과 전 좌석 안전띠 매기의 소중함을 홍보하기 위한 실차충돌시험을 실시하였다.

　실험결과 앞좌석에 안전띠를 미착용한 성인남자와 성인여성의 경우, 착용했을 때보다 사망 또는 중상을 입을 가능성이 각각 8배, 2배 이상으로 나타났으며, 목 골절 가능성은 4배 이상이나 높았다.

　또한 뒷좌석에 탑승한 성인남자의 경우, 안전띠를 착용했을 때보다 사망 또는 중상을 입을 가능성이 9배 이상 높은 것으로 분석되었으며, 뒷좌석에 어린이 보호장구(카시트)를 사용하지 않고 3살 어린이를 앉힌 경우, 앞좌석 등받이에 머리가 부딪히고 목이 젖혀지면서 머리 등에 중상을 입을 가능성이 100%로 나타났다.

출처: 교통안전공단(http://www.ts2020.kr).

자전거 헬멧의 효과

　자전거 헬멧은 머리손상의 85%까지, 뇌손상의 88%까지 위험을 줄일 수 있고, 머리 앞부분과 얼굴의 중앙을 효과적으로 보호해 주는 것으로 알려져 있다. 또한 자전거와 관련된 사망사고의 75%가 헬멧을 착용함으로써 예방할 수 있다.

출처: 어린이 안전넷(http://www.isafe.go.kr).

4) 밥상머리 교육과 식습관 지도

과거에는 조부모, 부모, 자녀 등 3세대 이상의 가족 구성원들이 함께 살았기 때문에 밥상머리 교육을 실천할 수 있었다. 그러나 요즘에는 핵가족, 맞벌이 가정의 증가와 음식 조리 시간의 단축과 간단한 식사를 선호하고, 소중한 가족 식사에 대한 생각이 적어지면서 가족이 한자리에 모여서 식사를 하는 기회가 적어지고 있다. 가족이 모여서 식사를 한다 할지라도 어른이 먼저 식사를 하신 후 자녀가 음식을 먹기, 부모, 형제와 맛있는 반찬 나누어 먹고 반찬투정하지 않기, 식사가 끝나면 정리하기 등 밥상머리 교육이 잘 이루어지지 않고 있다. 자연스러운 밥상머리 교육을 위해 '밥상머리 교육 실천지침 10가지'를 실천하는 것이 필요하다.

밥상머리 교육 실천지침 10가지

- 일주일에 2번 이상 가족식사의 날을 가집니다.
- 정해진 장소에서 정해진 시간에 함께 모여 식사합니다.
- 가족이 함께 식사를 준비하고 함께 먹고 함께 정리합니다.
- 텔레비전은 끄고 전화는 나중에 합니다.
- 대화를 할 수 있도록 천천히 먹습니다.
- 하루 일과를 서로 나눕니다.
- '어떻게 하면 좋을까'라는 식의 열린 질문을 던집니다.
- 부정적인 말을 피하고 공감과 칭찬을 많이 합니다.
- 아이의 말을 중간에 끊지 말고 끝까지 경청합니다.
- 행복하고 즐거운 가족식사가 되도록 노력합니다.

출처: 서울대학교 학부모정책연구센터, 교육과학기술부, 인천광역시교육청, 2012.

유아가 음식을 혼자 먹을 수 있게 되면서 좋아하는 음식의 선호도가 더 분명해져서 편식을 하기도 한다. 유아기에 형성된 올바른 식습관과 균형 잡힌 영양 공급은 일생동안 신체 및 정신 발달에 영향을 준다(최미경, 배윤정, 승정자, 2005). 유아가 음식을 즐겁게 섭취할 수 있도록 유아만의 그릇, 수저, 컵 등 예쁜 그림이 그려져 있는 안전한 그릇을 준비한다. 예쁜 것을 좋아하는 유아의 특성을 고려해서 음식의 색과 크기를 보기 좋고 먹기도 좋게 준비한다. 유아가 식사 준비 과정에 직접 참여하여 부모를 도우면서 음식에 관심을 갖도록 한다. 만약 계란을 싫어한다면 뜨겁지 않은 프라이팬에 직접 달걀을 깨뜨리거나 과일을 싫어하면 바나나, 귤과 같은 과일의 껍질을 벗기도록 한다. 유아가 식사 준비 과정에서 스스로 할 수 있는 역할을 주어 책임감과 소속감, 즐거움을 느껴 기분 좋게 식사를 하도록 한다. 유아들이 잘 먹지 않는 야채나 새로운 음식을 제공할 때에는 채를 썰어 주거나 갈아서 좋아하는 음식에 섞어 준다. 유아기에는 야채를 싫어하는 경우가 많은데, 삶을 경우 유아가 적당한 질감을 느낄 수 있다. 유아가 어떤 음식을 먹은 후 소화가 안 되거나 알레르기 반응을 일으켰던 음식은 기억한다. 예를 들어, 딸기에 알레르기가 있으면 딸기 케이크, 딸기잼 등에도 알레르기를 일으킬 수 있으므로 유아를 잘 관찰한다. 또한 우유를 거부하거나 먹은 후 소화에 어려움이 있으면 요구르트나 치즈 등으로 제공하여 영양의 균형을 이룰 수 있도록 한다.

영아기 부모는 책과 인터넷, 여러 어르신들의 말씀을 참고하여 이유식을 정성껏 만든다. 하지만 성인이 먹는 음식을 먹을 수 있는 유아기가 되면 음식에 신경을 덜 쓰게 되고 게을러지기 시작한다. 부모는 영아기 뿐만 아니라 유아기 때에도 다양한 재료로 만든 음식을 통해 균형 잡힌 영양소를 충분히 섭취할 수 있도록 해야 한다.

올바른 식사 지도

- 부모는 자녀가 규칙적인 생활로 아침에 기분 좋게 일어나 즐겁게 식사를 하도록 한다.
- 부모는 자녀에게 세 번의 식사와 두 번의 간식을 제공하여 균형 잡힌 영양섭취를 할 수 있도록 한다. 간식은 식사에 방해가 되지 않도록 오전과 오후 각각 1번씩 적당한 양을 준비한다.
- 식사를 할 때에는 돌아다니거나 장난감을 가지고 놀거나 책을 읽는 등의 활동을 하지 않고 자신의 자리에 바르게 앉아서 식사를 하도록 한다. 식사는 조용하고 안정되며 기분 좋게 하도록 하고 만약 유아의 기분이 좋지 않거나 졸린 경우에는 식사 시간을 조정한다. 특히 식사할 때 텔레비전이나 인터넷을 켜 놓지 않고, 식사를 먼저 마친 부모가 텔레비전을 보거나 인터넷을 하지 않는다.
- 부모는 다양한 반찬을 준비하고, 음식을 골고루 섭취하는 모습을 유아에게 보여 준다. 부모가 콩을 싫어하여 자신의 밥에는 콩을 넣지 않으면서 유아의 밥에만 콩을 넣어 주며, 콩을 먹으라고 하지 않는다.
- 유아들은 부모들의 식사하는 모습을 관찰한 후 따라한다. 부모가 음식을 거의 씹지 않고 삼키어 식사를 금방 마치는 경우, 음식을 잘 씹던 유아도 따라할 수 있다. 부모가 음식을 천천히 씹어 먹는 모습을 보여 준다.
- 유아를 칭찬할 때 상으로 좋아하는 기호식품을 주지 않는다.
- 핵가족의 경우 조부모 또는 다른 어른들과 함께 식사하는 기회를 마련하여 식사 예절을 가르친다.

2. 유아의 정서 및 사회성

1) 생태교육

유아의 질문들은 "해는 잠을 언제 자나요?" "왜 비가 와요?" "눈은 왜 하얀색

이에요?" "물은 모양이 있나요?" "나뭇잎 색이 왜 변해요?" 등 집 밖의 풍경, 놀이터, 공원 등 우리 주변에서 볼 수 있는 자연현상에 대한 궁금증에서 출발한 질문이 많다. 그만큼 유아들에게 자연은 친근하고 탐구하고 싶은 대상이다. 유아의 연령이 증가할수록 실내 활동보다 실외 활동을 더 선호하고 좋아한다. 하지만 날씨, 자외선, 유아의 건강문제, 조기교육 등의 이유로 실외 활동을 충분하게 못하는 경우가 많다. 유아들이 미디어를 통해 본 자연을 모두 경험한 것처럼 생각하거나 심지어 자연을 두렵고 더러운 존재로 생각하기도 한다(김정주, 2009; 김주희 역, 2007). 유아가 집에서 꽃씨를 심었다고 가정해 보자. 햇빛이 잘 비추는 장소에 화분을 놓고 적당한 물을 주는 등 누가 시키지 않아도 책임감 있게 꽃을 가꾼다. 씨앗에서 꽃이 피었을 때 자신이 꽃을 필 수 있게 했다는 자부심에 스스로를 자랑스러워한다. 유아가 작은 씨앗에서 배우고 느끼는 것은 무엇일까? 끈기, 책임감, 관찰력, 자부심, 자존감, 소중함, 예쁘다, 인과관계, 영향력 등 부모와 교사가 평소에 가르치고 싶었던 것을 스스로 배운다. 즉, 유아의 전인교육은

체험활동의 효과

- 생태계에 관심을 갖는다.
- 기후변화의 영향에 대해 관심을 갖는다.
- 기후변화 대책에 대해 관심을 갖는다.
- 관찰력을 기른다.
- 오감으로 느낀다.
- 흥미를 자극하고 경험의 질을 높인다.
- 탐색과 연구의 기회를 제공한다.
- 언어 발달을 돕고 대화를 촉진한다.
- 자연과 인간은 공존하는 삶을 산다는 것을 안다.
- 야외 활동에서 여러 사람을 만남으로써 인간관계를 촉진한다.

출처: 이상태, 2011; 김관진, 이광수, 2011.

생태교육을 통해 이룰 수 있을 것이다. 더 나아가 자연을 일회용품이나 정복의 대상으로 보지 않고 인간과 자연이 순환적인 삶을 살며 상호의존적이라는 생태적 관점을 갖게 될 것이다(서동미, 김명애, 이광자, 2006; 이상태, 2011).

2) 부모와 형제자매 관계 및 또래관계

부모-자녀 관계보다는 형제자매 관계가 좀 더 평등하다. 하지만 아동에 대한 역할 기대는 출생순위와 성별, 형제자매 수 등에 따라 형제자매 관계에서 다른 경험을 하도록 한다(이영주, 1990). 윗형제에게 동생이 생기게 될 때 동생이 태어나면 어떤 기분일지와 윗형제가 되는 장점 등에 대해 이야기한다. 동생이 태어나면 입을 기저귀, 장난감, 우유병 등을 준비하면서 동생이 태어난다는 것을 현실적으로 느낄 수 있도록 한다. 동생에 대한 기대, 기쁨, 사랑스러움의 마음은 동생의 출생 후 불안과 미움 등의 감정이 더해져 혼란스러워질 수 있다. 윗형제의 상반된 감정은 부모와 주변 사람들이 동생에게 보이는 관심과 엄마와 동생이 함께 보내는 시간이 늘어난 것에 대한 불만에서 비롯된다. 엄마는 출산 후 윗형제와 지내는 시간이 적은 대신 조부모가 윗형제에게 관심을 보여 부적응을 줄일 수 있다. 윗형제가 부모와 동생이 함께 보내는 시간이 많다고 느낄 때 그러한 감정을 부모에게 바로 알려 스트레스를 줄일 수 있도록 한다(황혜정, 김경회, 이혜경, 어주경, 나유미, 2003). 한 가정에서의 동생의 출생뿐만 아니라 외동아에게 사촌 동생의 출생도 윗형제에게 퇴행현상을 나타나게 한다. 할머니 댁에 놀러간 4세 진규는 한 살 된 사촌 동생 재성이가 모유를 먹는 것을 본다. "엄마 나도 재성이처럼 우유 먹을래요." "엄마 나도 진규 아기예요. 아기여서 기어 다녀야 해요." 라고 하며 떼를 쓴다. 이때 "어머, 진규야 왜 그래? 너 몇 살이니? 똑바로 걸어, 우유는 컵에 마셔야지."라고 야단치기보다는 윗형제가 동생에 대한 애정과 다정함 그리고 자랑스러움을 느낄 수 있도록 격려하고 식구들의 관심이 사촌 동생에게 옮겨간 것에 대해 어느 정도의 보상을 해 주는 것이 좋다.

[그림 5-4] 형제와 남매

유아기에는 실내보다는 실외에서의 활동량이 많아지고, 또래에게 관심을 보이고 상호작용 하는 시간이 많아진다. 영아기에는 부모에게 많은 영향을 받았다면 유아기에는 또래와 함께 놀면서 또래의 성격, 말투, 행동 등 많은 부분에서 쉽게 영향을 받는다. 또래는 비슷한 욕구와 관심사를 갖고 있어 서로 모방한다. 자신의 욕구와 감정을 표현하는 방법과 놀이에 합류하거나 협동하는 법 그리고 다른 유아들과 나누는 방법 등을 서로 배운다(전예화, 최미현, 천희영, 서현아, 황해익, 2008). 또래로부터의 인정과 집단의 리더가 되거나 구성원이 되는 것이 자아개념 형성에 영향을 준다. 따라서 부모는 자녀가 또래들끼리 활동을 많이 할 수 있도록 기회를 제공하고, 자녀가 친구에 대해 이야기하면 관심을 갖고 들어 주고 만약 자녀가 친구에게 거부를 당해 슬픔이나 상실감, 분노 등을 느낀다면 이러한 감정을 공감해 주고 해소할 수 있도록 격려한다(차경수, 정문성, 구정화, 2008). 타인의 입장을 이해하고 이들의 감정을 느끼고 반응하는 방법을 역할놀이나 책, 연극 등을 통해 배울 수 있도록 한다. 친구를 사귀기 위해서 먼저 친구에게 친근하게 행동할 수 있도록 웃으며 인사하기, 자기소개하기, 친구 이름 물어보기 등을 말할 수 있다. 자녀가 껴안기와 손잡기 등 친구가 싫어하지 않는 범위 내에서의 신체 접촉과 밝은 얼굴표정 등의 행동을 하도록 도와준다. 친구들과의 갈등상황에서 사용할 수 있는 말과 태도, 예를 들어 "내가 먼저 다섯 번 타고, 그다음에 네가 다섯 번 타면 어때?" "우리 블록으로 같이 집을 만들까?" "우리 같이 게임할까?"로 타협과 양보, 협동 등을 표현할 수 있도록 한다. 그러나 무엇보다도 중요한 것은 자녀의 말하는 방식은 가족들이 말하는 방식에서 많은 영향을 받을 수 있으므로 평소에 부모는 자녀에게 어떻게 이야기하는지 생각해 봐야 한다.

3) 텔레비전 시청

유아들이 텔레비전을 시청하는 이유를 보면, 집에서 놀아 주는 사람이 없을 때, 보고 싶은 프로그램이 있을 때, 친구들과 프로그램의 내용을 이야기하기 위해 등이다. 부모가 아이들에게 텔레비전을 보게 하는 이유는 맞벌이 부부의 출근 시간, 전화통화를 방해 받고 싶지 않을 때, 유아에게 밥을 먹일 때 등이다.

텔레비전은 유아에게 교육수단으로 발달을 도울 수도 있고, 폭력성, 고정관념 형성, 광고에 의한 소비 촉진, 늦은 취침으로 인한 학습능력 저하 등에 영향을 미칠 수 있다(최순영, 김수정 편, 1998; 남명자, 1995). 유아가 건전한 텔레비전 시청을 할 수 있도록 방송 프로그램 등급 표시제를 참고하여 텔레비전을 효율적으로 시청할 수 있도록 한다.

유아기 텔레비전 시청 유의 사항

- 부모는 텔레비전을 보는 이유를 분명히 설명한다.
- 부모는 유아에게 맞는 시청가능 연령 프로그램을 확인한다. 프로그램의 방영시간을 확인하고 그중에서 몇 개의 프로그램을 시청할 것인지 선택한다. 이때 부모는 유아가 시청하기로 한 각 프로그램의 총 방영시간의 길이가 적당한지와 유익성을 고려한다.

- 방송 내용에 대한 이야기와 토론을 하여 유아가 프로그램에 대해 이해할 수 있 도록 한다.
- 텔레비전의 내용을 실생활에 적용할 수 있는 것과 그렇지 않은 것에 대해 비교 하여 현실적인 것과 환상적인 것에 대한 것을 구분할 수 있도록 한다.
- 부모가 유익한 텔레비전 프로그램만을 시청하는 모습을 유아에게 보여 준다.
- 프로그램이 끝나면 유아 스스로 텔레비전을 끄도록 한다.
- 유아가 텔레비전을 시청하면서 음식을 먹을 경우 올바른 식습관 형성에 도움이 되지 않고 비만이 될 수 있으므로 주의한다.
- 텔레비전을 시청할 때는 밝게 하고, 눈높이를 화면에서 15도 정도 낮게 하여 텔 레비전 화면 크기의 6~7배 떨어져 시청하도록 한다. 또한 소리는 되도록 작게 하고 바르게 앉아서 보도록 한다.

출처: 남명자, 1995.

방송 프로그램 등급 표시는 어린이와 청소년에 유해한 영향을 미칠 수 있는 내용을 기준으로 시청 가능한 연령으로 구분하여 방송프로그램의 등급을 매기고, 일정한 기호(시청등급 표시: 7 · 12 · 15 · 19)를 TV 화면에 표시하는 것을 말한다. 시청등급을 통해 우리 유아들이 보기 적절한 프로그램인지 아닌지 구분할 수 있고, 어른들은 가정에서 어린이와 청소년의 TV 시청지도에 활용할 수 있다. 청소년 보호시간대는 청소년이 시청하기에 부적절한 방송으로부터 청소년을 보호하기 위하여 '19세 이상 시청가' 등급에 해당하는 방송 프로그램의 방영이 금지되는 시간이다. 청소년 시청 보호시간대는 평일과 토요일의 경우 오전 7시부터 9시까지, 오후 1시부터 10시까지이며, 일요일과 공휴일, 방학 기간은 오전 7시부터 오후 10시까지다(http://www.greeninet.or.kr).

〈표 5-4〉 텔레비전 프로그램의 시청 등급과 내용

시청 등급	프로그램 내용
모든 연령 시청가	• 주제가 취학 전(7세 미만) 어린이를 포함한 모든 연령의 시청자가 시청하기에 부적절하지 않은 것 • 폭력적 · 선정적 표현 또는 부적절한 언어 사용이 없는 것 • 일반적으로 용인되지 않는 특정한 사상 · 종교 · 풍속 등과 관련해 모든 연령의 시청자에게 정신적 · 육체적으로 유해한 표현이 없는 것
7세 이상 시청가 ⑦	• 주제가 7세 미만의 어린이에게 정신적 · 육체적으로 유해하여 보호자의 시청지도가 필요한 것 • 폭력의 방법이 구체적이고 현실적으로 표현되지 않은 것 • 일상적인 애정표현을 넘어서 신체의 노출이나 성적 행위를 연상시키는 표현이 없는 것 • 어린이의 바른 언어습관 형성을 저해할 수 있는 은어, 속어, 저속한 유행어 등이 사용되지 않은 것
12세 이상 시청가 ⑫	• 주제가 12세 미만의 청소년에게 정신적 · 육체적으로 유해하여 보호자의 시청지도가 필요한 것 • 폭력이 갈등해결을 위한 긍정적 수단으로 인식되지 않거나, 폭력 묘사가 행위의 모방을 유발할 정도로 구체적이지 않은 것 • 입맞춤 또는 옷을 입은 상태의 성적 접촉 묘사가 성적 욕구를 자극할 정도로 구체적이거나 노골적이지 않은 것 • 청소년의 바른 언어습관 형성을 저해할 수 있는 은어, 속어, 저속한 유행어 등이 사용되지 않은 것
15세 이상 시청가 ⑮	• 주제가 15세 미만의 청소년에게 정신적 · 육체적으로 유해하여 보호자의 시청지도가 필요한 것 • 폭력 묘사가 현실적이고 구체적이라 하더라도 사회정의에 위배하여 정당화되거나 미화되지 않은 것 • 성적 묘사가 건전한 남녀관계의 애정표현을 벗어나지 않고 신체의 부분노출, 암시적 성적 접촉 및 대화내용 등이 선정성을 띠지 않은 것 • 일상생활에서 사용되는 악의 없는 욕설, 은어, 속어, 유행어 등이 건전한 언어습관을 저해하지 않는 범위에서 사용된 것
19세 이상 시청가 ⑲	• 주제가 성인을 대상으로 하고 있어 19세 미만의 청소년들이 보기에는 부적절하여 시청을 제한할 필요가 있는 것 • 살생 및 유혈장면 등 강도 높은 폭력 묘사가 현실적이거나 구체적으로 표현된 것 • 신체의 부분노출, 직접적 · 암시적 성적 접촉, 성행위 등 선정적인 표현이 구체적이거나 노골적으로 묘사된 것 • 모욕적인 언어나 욕설, 저주, 저속한 동작 등이 사용된 것

출처: 청소년 정보이용 안전망 그린 I-net(http://www.greeninet.or.kr).

3. 유아의 언어 특징과 인지

1) 유아 언어의 특징

　언어 사용에 있어 개인차가 있지만 유아가 사용하는 말을 잘 들어 보면 몇 가지 재미있는 특징을 알 수 있다. 첫째, 과잉 일반화 현상으로 문법을 습득 중인 유아가 새로운 규칙을 확대 적용한다. "책이가 여기 있네." 또는 "선생님이가 어디 있지?" 등 '~가'를 사용하는 것과 "이따가 했잖아." 같이 동사의 시제를 변화시킬 때도 나타난다(주영희, 1992). 둘째, 부정문의 사용으로 "엄마 안 좋아." "이건 안 과자야." 처럼 '안'자를 사용해 부정적인 의미를 표현한다. 셋째, 확인 부가 의문문으로 유아가 말한 것을 다시 한 번 상대방에게 물어본다. "엄마 사과 많죠. 그렇죠?" "너 내 친구지. 그렇지?"처럼 사용한다. 부모는 이러한 특징이 재미있다고 "맞아. 책이가 여기 없어." "이건 안 과자구나." "그럼. 사과가 많지. 그렇지?"처럼 반응하기보다는 "책이 책상 위에 없네." "이것은 과자가 아니다." "그럼. 냉장고 안에는 사과가 많아." 등으로 완성된 문장을 사용한다.

　유아의 말하기를 도와줄 수 있는 방법을 살펴보면, 먼저 유아의 말하는 능력의 수준을 인정하고 발달 수준에 맞게 도와준다. 유아가 말하는 내용에 귀 기울이고 이해가 되지 않을 때는 "~라는 말이니?"라고 확인하면서 유아가 자신이 말한 것을 완성된 문장으로 들을 수 있도록 한다. 유아에게 이야기할 기회를 많이 주는 것과 동시에 유아의 이야기에 흥미를 갖고 끝까지 들어 주는 부모의 모습을 통해 유아가 신뢰감과 수용감을 갖도록 한다. "이건 뭐지?" "그래? 안 그래?" 등의 단답식 또는 폐쇄적 질문이 아닌 "공룡이 살아 있다면 어떻게 될까?" "왜 그렇게 생각했어?" "만약 ~하면 어떻게 될까?" 등 개방식 질문을 하여 유아의 인지 발달을 도와준다. 유아는 부모의 발음, 말의 속도와 크기, 표정, 몸짓, 사용하는 단어 등을 따라할 수 있다. 따라서 부모는 유아가 이해할 수 있게 간결한 문장으로 적절한 수준의 다양한 단어를 사용한다. 또한 유아에게 '감사합니다. 미안해. 죄송합니다. 도와주셔서 고맙습니다. 진지 잡수세요.' 등 경어와 예의 바른 말을 사용할 수 있도록 부모가 모범이 되도록 하고 이런 말을 사용했을 때 격려한다.

일상적인 환경에서 성인들은 궁금한 것이 별로 없다. 그러나 유아는 평소와 똑같은 생활에서도 "왜"라는 질문을 계속해서 한다. 그러다 보면 부모가 기분이 좋거나 여유가 있을 때는 다정하게 답해 주지만 할 일이 많거나 기분이 안 좋을 때는 "너는 왜라는 단어를 입에 달고 다니는구나, 그만 좀 물어봐."라고 말하기도 한다. 부모는 유아의 질문에 귀찮다는 생각을 하지만 유아는 질문을 통해 지식에 대한 욕구를 충족한다. 생후 2년 5개월~3년 정도까지 "엄마, 이건 뭐에요?" "아빠 저건 뭐죠?"라고 하며 주변 사물에 대한 이름을 물으면서 새로운 단어를 많이 습득한다. 4~6세 정도가 되면 "엄마 왜 공룡이 지금은 살지 않아요?"

자녀의 질문에 대답하기

- 자녀의 질문을 비웃지 않는다.
- 자녀의 질문을 무시하거나 회피하지 않는다.
- 자녀의 질문에 즉시 대답한다.
- 자녀의 지적 발달에 맞추어 대답한다.
- 자녀의 성적인 질문에는 정확히 대답한다.
- 자녀가 실물을 관찰하도록 한다.
- 자녀의 질문에 설명만으로는 대답이 충분하지 않은 경우 자녀와 함께 책에서 답을 찾아본다.
- 자녀가 질문한 것을 자녀에게 다시 물어본다.
- 자녀가 공포심을 일으킬 수 있는 대답은 하지 않는다.
- 생활에 도움이 되는 대답을 한다.

출처: 한국유아교육연구회 편, 1991.

"아빠 어떻게 물고기가 움직이는 거예요?" "엄마 거북이라고 쓰면서 왜 거부기라고 읽어요?" "나는 죽고 싶지 않은데, 어떻게 하면 죽지 않고 계속 살 수 있죠?" 등 부모도 한 번은 생각해 보고 대답하거나 다른 자료를 이용해서 답을 해야 하는 경우도 있다. 이처럼 유아는 단순한 질문에서 점차 논리적 지식에 대한 질문을 하게 되면서 언어적, 지적 발달이 빨라진다. 부모가 유아의 질문에 즐겁게 호응할수록 호기심은 계속될 것이고, 스스로 정보를 찾는 유아가 될 것이다.

2) 듣기와 문해 자료를 활용한 글자 관심 갖기

일반적으로 어린 유아와 성인 모두 듣기보다는 말하는 것에 익숙하고 듣는 것을 지루해한다. 하지만 대화는 상호작용하는 것이 기본이어서 상대가 말하면 어김없이 들어야 한다. 듣는 것이 익숙하지 않으면 의사소통에 문제가 생기게 되고 심하면 싸움으로까지 발전하기도 한다. 유아가 잘 듣기 위해서는 먼저 부모와 유아가 서로 대화를 한 후 "엄마가 ~라고 했지?" "~라고 말한 거니?" 등으로 다시 한 번 대화 내용을 이해했는지 확인한다. 유아가 이해를 못한 경우에는 유아가 이해할 수 있게 다른 단어를 사용하거나 천천히 말하여 내용을 확실히 이해한 후 행동하도록 하여 자신을 신뢰할 수 있도록 한다. 여러 장소와 말하는 사람 또는 소리를 내는 대상이 달라도 집중해서 들을 수 있도록 많은 기회를 제공한다. 부모가 유아의 이야기를 잘 들어 듣기의 좋은 모델이 되도록 한다.

유아가 읽기에 관심을 갖는다면 읽을 준비가 되었는지 살펴본다. 인쇄문자를 변별할 수 있는 시력, 말을 듣고 변별할 수 있는 청력 그리고 문자와 말을 연결할 수 있는 인지능력 등이 읽기 준비도라고 할 수 있다. 또한 왼쪽에서 오른쪽으로 글자를 따라가며 읽을 수 있는지 여부도 중요한 준비도의 하나다. 부모는 잡지, 신문, 요리책, 사용설명서, 전단지 등 여러 종류의 인쇄매체를 준비한다. 책을 쉽게 접할 수 있는 도서관, 서점 등에 가서 동요, 동시, 동화책에 관심을 갖도록 한다. 또한 흔히 보는 간판 등을 이용해 유아에게 흥미 있는 글자부터 읽을 수 있도록 한다. 책을 볼 때는 삽화를 보면서 각 장의 내용을 이해하고, 전체적인 문장에 대해 이해하도록 한다. 무엇보다 부모가 책을 보는 모습을 자주 보여 주어 유아가 책에 익숙하도록 한다. 유아가 유창하게 책을 읽을 수 있게 되어도 부모가 책을 읽어 주기를 원한다면 유아가 원하는 한 계속해서 책을 읽어 주면서, 유아가 다른 사람들에게 책을 읽어 줄 기회도 제공한다. 유아는 글자를 쓰기 전부터 쓰기를 위한 준비를 한다. 크레파스로 그리기, 풀칠하기, 가위로 오리기, 그림 맞추기, 나사 조이기, 망치 두드리기, 붓으로 그리기, 색연필로 그리기, 수저 사용하기, 구슬 꿰기 등 손으로 사용하는 거의 모든 것이 쓰기를 위한 준비과정이라고 볼 수 있다. 비고츠키(Vygotsky)가 일상생활에서 타인과 의사소통하려는 목적으로 문어를 배울 것을 강조한 것처럼(김명순, 신유림, 2000). 유아도 일상생활에서 다른 사람에게 자신의 생각을 알리고자 하거나 스스로 표현하고자 할 때 쓰기에 관심을 갖게 될 것이다. 유아가 쓰고자 할 때는 이름, 전화번호, 아빠와 엄마 같은 단어 등 유아에게 의미가 있고 관심이 있는 글자부터 시작하도록 한다. 유아가 쉽게 글씨를 쓸 수 있도록 부드럽게 잘 써지는 필기류, 크레파스, 색연필, 사인펜을 준비한다. 또한 글씨 크기를 조절하는 것이 어려울 수 있으므로 될 수 있으면 큰 종이, 화이트보드와 보드마커 등을 준비한다.

3) 인지와 사고 발달

피아제는 유아기를 자아중심성으로 인해 여러 가지 특징을 갖는 전조작기적 단계라고 하였다. 피아제의 '세 개의 산 모형실험'에서와 같이 세 개의 산을 가운데 두고 마주 앉은 유아와 인형이 각자 보는 것이 똑같다고 생각하는 것처럼 유아는 모든 상황을 자신과 연결하여 생각하고 다른 사람의 조망이나 기분을 이해하기 어렵다. 4세 지영이가 부모님께 선물할 때 자신이 가장 좋아하는 자동차나 인형을 선물하는 것, 내가 떠들어서 엄마가 아프다고 생각하는 것 등을 들 수 있다. 생명과 무생물에 대한 구별에서도 물활론적이어서 4세에서 6세는 활동하는 것, 6세에서 8세는 움직이는 것, 약 8세에는 스스로 움직이는 것에 대해 생명이 있다고 한다. "텔레비전이나 해님은 살아 있을까?"라고 물었을 때 유아는 "텔레비전은 소리가 나서 살아 있다." "별은 반짝여서 살아 있다."라고 말한다. 유아에게 넓고 짧은 컵과 좁고 긴 컵의 한 쪽에 물을 따른 후 다른 컵에 물을 따르는 것을 보여 주어도 물의 양이 같다는 보존개념을 이해하지 못한다. 유아기에도 실물과 실제 상황을 직접 경험할 때 이해가 쉽고 "우주라는 것은 ~이야." 처럼 유아가 알고 있지 않은 것, 추상적인 것, 말로 설명하는 것을 듣는 것만으로는 이해하기 어렵다(임부연 외 역, 2008).

　유아가 1부터 100까지의 수를 순서대로 말할 수 있어도 실물을 4개 가지고 오라고 하면 어려워한다. 실물을 이용하여 숫자 4에 관한 의미 있는 직접적인 경험을 충분히 한 후에는 숫자 4라는 추상적 개념을 이해할 수 있다. 또한 유아가 다양한 사람과 자연, 사물 등을 통해 여러 가지 경험을 하여 자아중심성에서 벗어날 수 있도록 하는 것이 더 효과적이다. 따라서 부모는 '빨리 빨리' '다른 아이보다 먼저 알아야 한다.'는 압박감에 조기교육을 하는 것보다는 먼저 유아의 인지·사고적 발달 특징을 고려해야 한다.

생각해 볼 문제

　1. 유아 식습관 지도의 중요성에 대해 설명해 보시오.
　2. 생태교육의 필요성에 대해 토의해 보시오.
　3. 유아의 사회성을 발달시킬 수 있는 방법에 대해 설명해 보시오.
　4. 텔레비전 시청 등급 구분이 유아에게 유용한지에 대해 논의해 보시오.

제6장

아동기 자녀의 부모 역할

아동기 자녀를 둔 부모는 아동의 신체적 변화와 아동문화에 관심을 갖고 아동의 학교 입학과 학습을 돕기 위해 어떤 역할을 해야 하는지 본 장에서 알아보고자 한다.

1. 신체적 관심과 건강

1) 신체발달과 성조숙증

아동기는 영유아기에 비해 성장속도가 완만해지면서 매년 키는 4~5cm, 몸무게는 3kg가량 증가한다. 우리나라의 여아는 만 10~11세경, 남아는 만 12~13세 정도에 일반적으로 사춘기가 시작된다.

성조숙증은 여아의 경우 만 8세 이전에 유방이 발달하거나 만 9세 이전에 초경이 시작되고, 남아의 경우 만 9세 이전에 고환이 4ml 이상 커지는 것이다(이숙희, 이승희, 2010). 성조숙증의 문제는 친구들과 다른 체형에 대한 스트레스, 육체적 성숙과 불균형을 이루는 정신적 성숙, 성장판이 일찍 닫히는 저신장증, 여아의 경우 생리로 인한 생활의 불편함 등이 있다(양세원, 문형로, 조병규, 황용승, 1998; 이숙희, 이승희, 2010).

성(性)조숙증

경기 부천에 사는 A(11)양은 최근 4년간의 성조숙증 치료를 마치고 정상적인 사춘기를 기다리고 있다. A양은 일곱 살 생일이 지나면서 가슴이 나오고 한 달에 1cm씩 키가 자라기 시작했다. 소아청소년과 진단 결과 성조숙증이었다. 주치의는 "A양은 치료하지 않았으면 키가 성인이 돼 150cm 미만에 그쳤겠지만, 이젠 적어도 155cm 이상으로 클 것"이라고 말했다.

• 성조숙증 4년간 4.4배 늘어

성조숙증으로 병원 진료를 받은 아동은 2006년 6,400명에서 지난해 2만 8,000명으로 4.4배 늘었다(건강보험심사평가원 자료). 유전적 소인 등 가족력이 큰 영향을 미친다. 가족력이 없어도 소아비만, 환경호르몬 접촉, 반복적인 성인물 노출에 의한 성적(性的) 자극 등이 호르몬 변화를 일으켜 성조숙증을 일으킨다. 최근 성조숙증이 늘어나는 이유는 이런 환경적 요인이 큰 영향을 미쳤기 때문으로 추정된다. 성조숙증 아동은 어릴 때는 키가 또래보다 크지만 성인이 되면 저신장이 된다. 사춘기 전에는 성장호르몬이 키 성장을 주도해 매년 4~6cm 크고, 사춘기에 들어서면 성호르몬이 나와 성장호르몬과 상승 작용을 일으켜 매년 7~8cm 이상 자란다. 성호르몬은 반짝 키를 키워 주지만 성장판을 일찍 닫히게 하므로 키가 크는 기간이 줄어들게 된다. 성조숙증은 성장판이 원래 나이보다 1년 이상 빨리 닫힌다.

• 성조숙증과 조기 사춘기는 나이로 구별

성조숙증은 키가 자라는 속도와 초기 사춘기 징후로 쉽게 가려낼 수 있다. 남아 9세, 여아 8세 이전에 키가 사춘기 시기만큼 빨리 자라면서 고환이 성인 엄지손가락 끝마디보다 커지거나 가슴이 나오면 성조숙증을 의심해야 한다. 한편 여아 9~10세, 남아 10~11세에 사춘기가 시작되면 이를 '조기 사춘기'라 한다. 이때도 사춘기 진행 속도가 빠르면 키 성장에 문제가 생긴다. 사춘기 후반이 되면 성장판이 90% 이상 닫혀 거의 자라지 않기 때문에 조기 사춘기도 저신장이 될 수 있다. 성조숙증이나 조기 사춘기 모두 일찍 발견해 치료할수록 키가 클 수 있는 시기가 더 늘어난다. 성장클리닉에 가면 혈액검사와 엑스레이 촬영으로 성호르몬 농도와 뼈 나이 등을 확인해 간단하게 진단한다. 이때 다른 이상이 의심되면 성장호르몬 분비 촉진제를 투여하고 4~5회 피검사를 실시해 성조숙의 진행 속도와 다른 질환이 있는지 확인한다. 성호르몬을 비정상적으로 분비시키는 원인 질환을 가진 아동도 있다. 성조숙증 증상을 보이는 여자 어린이의 10%, 남자 어린이의 30% 정도는 뇌나 난소·고환·부신 등의 종양이나 질환이 원인이다.

• 2~4년간 뼈 나이 진행 속도 늦추는 치료

성조숙증으로 확진되면 4주 간격으로 성호르몬 억제 주사를 맞아 너무 빨리 시작된 사춘기를 지연시킨다. 6세 이전에 치료를 시작하면 평균 6~12cm, 6~8세에는 평균 3~7cm 더 클 수 있다. 그러나 8세 이후에 치료를 시작하는 경우는 의사에 따라 치료 효과가 있다는 주장과 없다는 주장이 엇갈리는 등 논란이 많다. 성조숙증 아동 중 키가 자라는 속도는 빠르지만 키 자체가 또래 평균보다 작으면 성호르몬 억제 주사와 성장호르몬 주사를 함께 맞는 게 도움이 된다. 치료는 보통 2~4년 한다. 실제 나이보다 앞서 가던 뼈 나이가 정상과 가까워지면 치료를 마친다.

• 성조숙증 일찍 발견하려면……

여아는 사춘기가 되면 가슴이 커지고 가슴 통증이 흔해 발견이 쉽지만, 남아는 옷에 가려져 있어 고환의 성숙도를 미리 확인하기 어렵다. 심평원에 따르면, 지난해 여아는 치료 적기인 5~9세에 72%가 병원을 찾았으나 남아는 치료 적기를 벗어난 10~14세에 69%가 병원에 왔다. 남아는 초등학교 입학 전후로 아버지가 함께 목욕하면서 고환의 크기를 살펴야 한다. 한편 뚱뚱한 여자 아이도 성조숙증 발견이 늦다. 지방세포에서 여성호르몬을 분비해 비만인 여아는 사춘기가 빨리 오지만, 두꺼워진 피하지방 탓에 가슴 망울은 잘 드러나지 않는다. 성적 성숙이 이뤄지면 유두를 만졌을 때 통증이 생기거나 모양이 봉긋해지는 등 변화가 있다.

출처: 헬스조선(http:// healthchosun.com).

2) 식품첨가물과 안전한 먹거리

초등학교에 입학 후 학년이 높아질수록 친구들과 함께 식품을 선택하여 먹을 기회가 많아진다. 아동들이 즐겨 먹는 음식은 대부분 부패 방지, 영양 강화, 착색 착향 등의 목적으로 사용되는 다양한 화학적 합성품인 식품첨가물을 다량 함유한 것이 많기 때문에 아동 스스로 식품을 바르게 선택할 수 있도록 해야 한다. 과거에는 음식들을 오래 저장하기 위해 절이기, 발효하기, 훈제하기, 말리기 등의 방법을 사용하였고 음식의 맛을 내기 위해 여러 가지 음식 재료를 사용하였다. 지금은 식품 본래의 성분 이외에 첨가하는 물질인 식품첨가물을 이용해 식품을 가공하고 조리할 때 식품의 품질을 유지 또는 개선시키거나, 맛을 향상시키고 색을 유지할 수 있다(http://www.foodnara.go.kr). 안전성이 확인된 식품첨가물을 섭취할 수 있기 때문에 식품첨가물 과다섭취를 주의해야 한다(http://www.foodnara.go.kr). 식품첨가물을 바르게 알고, 식품첨가

물의 식품성분표시를 확인하여 안전한 먹거리를 지키는 것이 필요하다. 식품
첨가물이 있는 음식을 바르게 먹기 위해서는 아동 스스로 식품첨가물 표시를
확인하고 각 식품첨가물의 역할을 바로 알아서 여러 가지 식품을 골고루 적당
히 먹는 노력이 꼭 필요하다(http://www.foodnara.go.kr). 부모는 음식 재료를
살 때 식품첨가물이 적게 든 식품을 선택하고 가공식품보다는 신선한 자연 식
품을 선택하여 집에서 음식을 만들어 먹도록 한다.

식품성분 표시 읽고 확인하기

- 식품을 구매하기 전에 식품성분을 확인하는 습관을 갖고 안전한 먹을거리를 확보하기
  - 유통기한: 소비자에게 판매가 허락되는 기간을 말하며 이 기간 동안에 적절히 보관된 식품은 품질과 안전성이 보장됨
  - 제품명: 식품의 이름을 표시
  - 내용량: 식품의 양(무게 또는 부피)이 얼마나 되는지 표시
  - 원재료명 및 함량: 식품의 재료와 식품첨가물의 이름을 표시
  - 포장 재질: 식품을 무엇으로 포장했는지 표시
  - 보관 방법: 식품을 어떻게 보관해야 하는지 표시
  - 주의 사항: 식품을 보관하거나 다룰 때 주의 사항 표시
  - 영양 성분: 제품에 들어 있는 영양소의 종류와 양을 표시

[그림 6-1] 식품 표시 바로 읽기

출처: 식품안전정보서비스 식품나라(http://www.foodnara.go.kr).

3) 아동기 건강

초등학교에 입학하면 늦은 시간까지 공부를 하거나 텔레비전 시청을 하기도 하고, 과제를 하기 위해 인터넷 사용을 오래 하는 등 늦게까지 잠을 자지 않고 깨어 있기도 한다. 하지만 충분하게 수면을 취하지 못하면 다음날의 하루 일과에 영향을 준다. 늦잠으로 아침 식사를 못하고 학교에 등교하고 수업 시간에 집중을 못하고 잠을 잘 수도 있다. 매일의 수면부족과 불규칙한 생활패턴이 쌓이면 아동의 삶에 어떤 영향을 미칠지 예상할 수 있다. 미국 국립수면재단(National Sleep Foundation)은 미국 유치원 아동에게 하루에 11시간에서 13시간 사이의 수면 시간, 초등학생에게 10시간에서 11시간 사이의 수면 시간을 권장하고 있다 (http://www.sleepfoundation.org).

[그림 6-2] 연령집단에 따라 다른 수면 요구

출처: 국립수면재단(http://sleepfoundation.org).

잠이 부족한 9세에서 12세 사이의 아동은 비만해지기 쉬워

9세에서 12세 사이의 아동의 경우 잠이 부족하면 체중이 과다할 가능성이 증가한다는 연구 결과가 Pediatrics 학술지의 11월 5일지에 미국 미시간 대학 인간 성장 및 발달 연구센터의 Lumeng 박사 연구진이 제시한 논문에서 제시되었다.

연구진은 3학년에서 6학년 사이의 아동 학생들을 대상으로 수면 시간과 체중 과다의 연관성을 연구한 결과 위와 같은 결론을 얻게 되었는데, 잠이 부족한 성인의 경우 비만 가능성이 높다는 사실은 이미 제시된 바가 있다(GTB2004111567). 또한 일본 및 영국 연구진도 잠이 부족한 아동의 경우 과체중일 가능성이 높아진다는 연관성은 제시한 적은 있었지만 이 연구에서는 아동의 인종 및 사회 경제적 환경 등이 배제되지 않았다. Lumeng 박사 연구진은 하루에 9시간 미만의 수면을 취하는 아동은 성별, 인종, 사회 경제적 환경 및 가정환경의 좋고 나쁨에 상관없이 과체중 위험성이 증가한다는 사실을 발견하였다. 특히 수면을 가장 적게 취하는 6학년 아동의 경우 체중이 과다할 가능성이 제일 높으며 또한 수면을 가장 적게 취하는 3학년 아동은 체질량지수와 상관없이 나중에 6학년이 되었을 때 체중이 과다할 가능성이 가장 높다는 사실도 제시되었다.

연구진은 동 연구에서 9세에서 12세 사이 785명 아동들의 체질량지수, 수면을 취하는 시간 및 수면 장애 문제들을 조사하였다. 이 중에서 절반 정도는 남자 아동이었고 81%가 백인이었으며 6학년 아동 중에서 18%는 과체중이었다. 연구 결과, 6학년 아동 중에서 과체중인 아동은 그렇지 않은 아동에 비교하여 수면을 적게 취하며, 과체중인 6학년 아동의 대부분은 남자 아동으로 밝혀졌다. 그리고 여자 아동은 남자 아동에 비교하여 수면에 문제가 있는 경우가 많았지만 그러나 수면 이상은 과체중 위험성과 별다른 연관이 없는 것으로 밝혀졌다.

이번 연구에서 밝혀진 사항 중에서 한 가지 다행스러운 결과는, 6학년 아동의 경우 수면을 1시간 더 취하면 과체중일 가능성이 20% 감소하고 또한 수면이 부족한 3학년 아동의 경우 수면 시간이 1시간 증가하면 6학년이 되었을 때 과체중일 가능성이 40% 감소한다는 사실이다. Lumeng 박사는 이번 연구 결과에 대하여, 수면을 통하여 휴식을 충분히 가진 아동일수록 활동 에너지가 충분하기 때문인 것으로 생각하고 있는데 예를 들면 수면을 충분히 취한 아동은 집에서 TV를 시청하거나 누워 있기보다는 야외에서 활동할 가능성이 높다는 것이다. 또한 수면 부족과 과체중 연관성을 생물학적 원리로 설명하는 이론도 제시되고 있는데, 즉 수면이 부족하면 체지방 축적, 식욕, 대사 작용을 관리하는 호르몬의 활동에 영향을 주기 때문인 것으로 해석되고 있다. 즉 수면 부족으로 인한 호르몬의 변화는 신체의 탄수화물 대사 작용에 영향을 주게 되어 포도당 내력 및 인슐린 수치에 변화를 가져와 체중이 증가하기 쉬운 상태로 된다는 것이다.

출처: 대한소아과학회(http://www.pediatrics.or.kr).

아동기는 활동량이 많고 기초대사량이 높아 많은 에너지가 필요하고 에너지 대사와 골격 성장을 위한 균형 잡힌 다양한 영양소의 섭취가 필요하다(Guthrie H. A., Picciano M. F., 1995: 장현숙, 황인정, 2006에서 재인용). 이 시기의 영양 상태와 신체발달은 사회 문화적, 경제적 수준에 영향을 받으며, 영양 과다 또는 부족 등이 나타나 아동의 건강에 큰 영향을 줄 수 있다(장현숙, 황인정, 2006). 따라서 아동의 올바른 식습관 형성이 이루어질 수 있도록 부모의 노력이 필요하다. 비만은 지방세포 수 증가 또는 지방세포의 비대로 체지방이 과다한 상태를 말하며 유전적 요인, 과다한 열량섭취와 운동부족, 식습관의 문제 등으로 나타난다(김현주, 김미옥, 2005; 문재우, 박재산, 2009). 아동비만은 지방세포 수의 증가로 성인 비만이 될 확률이 80%정도로(조인숙, 김미원, 박인혜, 류현숙, 강서영, 2009), 심리적 열등감과 낮은 자아존중감, 또래로부터의 고립감, 낮은 학업성취, 체력 저하 등 여러 가지 문제가 발생할 수 있다(김희경, 이현주, 2006; 최길순, 정영, 2008). 아동이 자신의 건강 상태를 알고, 올바른 식습관, 적당한 운동, 스트레스 관리, 숙면, 학업, 인터넷과 텔레비전의 사용 등 건강한 생활습관을 배우고 유지할 수 있도록 한다(조인숙 외, 2009; 최길순, 정영, 2008). 그러나 외모에 대한 사회적 편견과 차별은 비만아뿐만 아니라 정상체중이거나 저체중 아동에게도 스트레스가 되어 다이어트로 체중조절을 하도록 한다. 남녀 아동 중 여아가 학년이 높아질수록 체형에 관심이 많고 또래를 판단할 때도 체형이 영향을 미쳐서 체중조절에 관심이 많다(오수정, 한유진, 2008).

우리나라 초등학생의 흡연에 관한 연구들을 살펴보면 처음 흡연을 경험한 시기가 초등학교 5학년이 가장 많았고(간경애, 1999; 박미라, 2002; 박우연, 2007), 흡연동기는 호기심으로 피운 경우가 가장 높았으며, 흡연 장소는 집(본인 또는 친구)이 가장 많았다(최혜영, 2000; 박미라, 2002; 박우연, 2007). 초등학교 시기의 흡연이 나쁜 이유는 신체가 완전하게 성숙되지 않은 상태에서 흡연을 할 경우 기간이 길어지고 양도 많아져 담배와 같은 독성물질과 접촉하는 경우에 손상정도가 심하다. 성인기의 흡연 여부와 흡연량을 결정하고 질병을 유발시키는 유의한 인자로 사회경제적 손실이 크기 때문이다(문정순, 2004; 이인숙, 2004). 따라서 초등학생시기부터 금연교육이 중요하다.

2. 최근의 아동문화

1) 아동의 생활 문화

요즈음 주위에서 초등학생들의 말을 듣다 보면 너무나 어른스러움에 깜짝 놀랄 때가 많다. 아이들이 애어른이 된 이유는 무엇일까? 핵가족과 맞벌이 가족의 증가로 유아교육기관에 입소하는 시기가 빨라지고, 기관에 머무는 시간이 길어진 것, 텔레비전과 컴퓨터 그리고 인터넷 사용시간이 늘어난 것이 주요한 원인이다.

과거에는 부모가 경제적, 육체적, 심적으로 힘든 일이 있어도 참고 최소한의 표현을 했지만 요즈음의 부모는 그렇지 않다. 부모 자신이 여러 가지 문제로 힘들 경우 "요즈음 힘들어서 죽겠는데, 너까지 왜 이러니?" "너희 아빠는 왜 그런지 모르겠다. 어떻게 하루도 편안하게 지나가는 날이 없니?" "너도 김연아처럼 돈 많이 벌어서 엄마와 아빠 떵떵거리면서 살게 해 줘라 좀~" 등 부모 자신의 힘든 현실을 자녀들에게 하소연하는 상황에서 자녀들은 자신의 감정을 숨기고 어른처럼 말하고 행동한다.

입시제도, 선행학습, 수행평가 등으로 자신의 수준에 맞지 않는 논술 쓰기와 단지 어려운 책만 읽는 등의 학습으로 사고력은 없지만 말만 잘하는 헛똑똑이 자녀를 만드는 '과잉 사회화'도 자녀들이 어덜키드가 되는 원인이라고 할 수 있다(이윤주, 2008. 5. 8.).

초등학생 236명에게 한 설문조사 결과를 보면 [그림 6-3]과 같다. 초등학생이 자주 읽는 책은 만화책(39%), 소설 등 성인책(31.6%)이 많았고, 자주 듣는 노래는 가요(60.1%)와 클래식(12.4%)이 많았다. 여학생의 경우 색조화장품을 구입한 경험이 있다고 답한 경우가 31%였다. 또한 '만사가 귀찮거나 모든 일이 하기 싫을 때가 있는가'에 대한 질문에 '자주 그렇다' 이상으로 답한 경우가 32%, '죽음에 대해 생각해 본 적이 있는가'에 대한 질문에 '있다'로 답한 경우가 42.3%였다.

2) 외모와 소비행태

'어덜키드(Adultkid)'란 영어의 Adult(어른)와 Kid(아이)를 합친 단어로 어른 흉내를 내는 아이를 뜻한다. 어덜키드는 어른과 같은 소비 성향을 따라할 수 있는 의류, 화장품, 액세서리 등 어덜키드 제품들을 구입한다. 어덜키드의 소비행태는 자녀가 원하는 물건은 무엇이든 사 주려는 부모의 마음과 연예인들의 패션, 매장에서 볼 수 있는 성인 옷의 축소판인 아동복, 대중매체에서 볼 수 있는 유명인 자녀의 패션, 매장에서 쉽게 구입할 수 있는 어덜키드 제품 등에 영향을 받는다. 부모와 아이들의 심리를 이용해 이윤을 추구하려는 회사들의 상술이 더해져 아동의 신체발달과, 건강, 영양, 인지, 올바른 경제 인식 등에 부정적인 영향을 미칠 수 있다. 이러한 소비행태는 아이들을 '컨슈머키드'가 되도록 조장할 수 있다(채종원, 2012. 3. 4.).

자주 읽는 책

① 동화책 15.3%
② 수업관련 책 9%
③ 만화책 39%
④ 소설 등 성인책 31.6%
⑤ 읽지 않는다 1%
⑥ 기타 4%

색조화장품 구입해 본 적이 있다. 〈여학생〉

① 있다 31%
② 없다 69%

자주 듣는 노래

① 동요 6.2%
② 교과서 노래 7.9%
③ 클래식 12.4%
④ 가요 60.1%
⑤ 팝송 8.4%
⑥ 기타 5.1%

정보는 주로 누구에게 얻나?

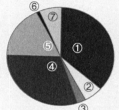

① 친구 36.3%
② 부모님 5.7%
③ 선생님 2.6%
④ 인터넷 30.6%
⑤ 텔레비전 17.1%
⑥ 신문 1%
⑦ 기타 6.7%

현재 이성친구가 있거나 사귄 적 있다.

① 있다 30.4%
② 없다 69.6%

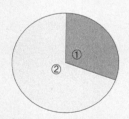

만사가 귀찮거나 모든 일이 하기 싫을 때가 있나?

① 항상 그렇다 11.5%
② 자주 그렇다 20.5%
③ 가끔 그렇다 46.7%
④ 없다 21.3%

이성친구와 주고받은 선물은?

① 학용품 10.8%
② 액세서리 5.4%
③ 옷 2.7%
④ 사탕초콜릿 39.2%
⑤ 커플링 16.2%
⑥ 기타 25.7%

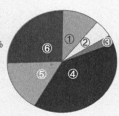

죽음에 대해 생각해 본 적 있다.

① 있다 42.3%
② 없다 57.7%

[그림 6-3] 어덜키드의 문화 설문조사

출처: 이윤주, 2008. 5. 8.

어른 흉내 내는 '어덜키드' 문화

키즈용 메이크업 제품 소비자보호원의 인터넷 앙케트 조사 결과에 따르면 약 45%의 여아(12세 이하 571명 중 256명)가 화장 경험이 있으며 그중 10%(29명)가 이후에도 종종 화장을 하는 것으로 나타났다. 또한 화장 경험자 중 2.2%(6명)가 피부 트러블 등을 겪은 것으로 밝혀졌다. 외국의 연구 결과도 마찬가지로, 유럽 알레르기임상면역학회의 최근 조사에 따르면 메이크업 화장품 및 기타 화장품 사용의 증가로 인해 최근 몇 년간 아이들에게서 알레르기성 피부질환 발병률이 거의 2배가량 증가한 것으로 나타났다.

매니큐어나 어린이용 화장품은 대형 마트나 완구점 등에서 누구나 쉽게 구입할 수 있다. 식품의약품안전청에 따르면 2006년 1월 그동안 장난감으로 분류돼 관리 사각지대에 놓여 있던 어린이용 색조 화장품을 '일반 화장품'으로 구분, 관리하고 있다. 하지만 유통 실태를 살펴보면 어린이 대상 색조 화장품의 대다수 브랜드가 대형 할인매장, 인터넷 쇼핑몰, 완구도매시장, 문구점 등에서 정확한 성분 표시나 공산품안전관리법 표시 없이 취급되어 유통되고 있었다. 색조 화장품의 중금속(납, 비소 등)은 수포, 습진 등을 동반한 알레르기나 접촉성 피부염을 초래할 수 있고, 어릴 때부터 자극적인 물질과 자주 접촉하면 차후에 아토피, 접촉성 피부염, 악성 여드름 등을 유발하기도 한다.

매니큐어를 자주 바르면 손톱이 숨을 쉬지 못해 색깔이 변할 수 있으므로 가능한 한 사용을 자제하는 편이 좋다. 만약 매니큐어를 발랐다면 잠자기 전 반드시 지운 뒤 깨끗이 씻기는 것이 좋다. 아이들은 성인에 비해 체표면적이 적어 똑같은 양의 화장품을 사용해도 독성이 있을 경우 위험성이 더욱 커진다. 불가피하게 구입할 때는 화장품법 관련 표시 규정과 공산품안전관리법 인증마크가 붙어 있는지 꼭 확인한다.

레깅스처럼 몸에 달라붙는 옷의 문제는 근력 발달이나 성장에 안 좋은 영향을 끼칠 수 있다. 스키니진의 경우 몸에 밀착되기 때문에 마음껏 뛰어놀고 신체적으로 자유로운 활동을 하는 데 제한을 줄 수 있다. 레깅스나 스타킹 또한 피부에 직접 닿는 데다 조이기 때문에 혈액순환을 방해하거나 피부에 트러블을 일으킬 수 있어서 디자인보다는 소재 선택에 유의해야 한다.

출처: 베스트베이비(http://www.ibestbady.co.kr).

3) 인터넷과 스마트폰 사용

인터넷의 기능이 다양화되면서 인터넷 사용은 전 연령층을 대상으로 보편화되고 있다. '2013년 인터넷 중독 실태조사 결과'를 보면, 인터넷 중독에 대한 심각성에 대해 '다소 심각하다' 이상으로 인식하는 경우가 87.3%로 높게 나타났다. 인터넷 중독 심각성에 대해 '다소 심각하다' 이상이 유아동(만 5~9세) 85.2%, 청소년(만 10~19세) 81.8%로 나타났다. 인터넷은 영상매체, 음악, 그림, 게임 등 많은 콘텐츠가 있어서 학습, 또래와의 대화, 정보교환, 취미와 여가 생활 등을 공간에 제약 없이 이용할 수 있다. 그러나 인터넷을 많이 이용할 경우 수면, 시력, 학업, 또래관계, 현실과 가상세계의 혼동이 일어날 수 있고(김기숙, 김경희, 2009), 아동의 인터넷 게임 중독은 공격성, 우울감 유발, 자아정체성의 상실, 대인관계 약화, 일상생활과 학교생활 적응력 등의 문제와 관련될 수 있다(김승옥, 이경옥, 2007).

부모는 유해사이트 필터링을 사용하여 등급에 따라 이용도를 구분하거나 프로그램을 차단 또는 사용시간 제한 기능 설정 등을 통해 아동이 인터넷 활용을 스스로 조절할 수 있도록 한다(http://www.greeninet.or.kr).

전화기를 들고 다닌 지 얼마 되지 않아, 이제는 PC 기능과 같은 고급 기능을 함께 제공하는 휴대전화기 스마트폰이 보편화되어 사용되고 있다(양희조, 2010). '2013년 인터넷 중독 실태 조사 결과'에서 스마트폰 중독의 심각성을 살펴보면 '다소 심각하다' 이상이 91.1%로 높게 나타났다. 스마트폰 하루 평균 이용시간은 초등학생의 경우 2시간 이상 3시간 미만(21.1%), 6시간 이상(18.0%), 1시간 이상 2시간 미만(17.2%), 3시간 이상 4시간 미만(15.3%), 5시간 이상 6시간 미만(8.6%), 4시간 이상 5시간 미만(8.4%)로 평균 5.4시간을 사용하는 것으로 나타났다. 부모와 자녀 간 스마트폰 사용에 대해 의사소통하거나 규칙 정하기 등과 관련하여 부모 20.6%, 청소년 31.5%가 '부모가 자녀의 스마트폰 사용에 무관심하다'고 응답하여 스마트폰 사용에 대한 부모와 자녀의 관심이 요구된다.

〈표 6-1〉 우리나라 인터넷 중독 문제 심각성 (단위: %)

구분		전혀 심각하지 않다	별로 심각하지 않다	다소 심각하다	매우 심각하다	모름/ 무응답
전체		0.9	11.8	56.9	30.4	0.0
인터넷 중독 유형별	인터넷 중독위험군	1.2	10.8	55.9	32.1	0.0
	고위험	3.3	5.5	46.1	45.1	0.0
	잠재적 위험	0.6	12.4	59.0	28.0	0.0
	일반사용자군	0.9	11.8	57.1	30.2	0.0
연령별	유아용(만 5~9세)	0.9	13.9	56.0	29.2	0.0
	청소년(만 10~19세)	1.2	17.0	59.0	22.8	0.1
	성인(만 20~54세)	0.8	10.3	56.5	32.3	0.0
	20대	1.0	11.9	59.2	27.8	0.0
	30대	0.8	10.2	56.2	32.8	0.0
	40대	0.8	9.2	55.3	34.7	0.0
	50대	0.6	9.2	54.0	36.1	0.1
성별	남성	1.0	13.0	57.3	28.7	0.0
	여성	0.8	10.3	56.6	32.2	0.0
학령별	유치원 또는 어린이집	1.1	13.3	56.4	29.3	0.0
	초등학교	1.3	18.7	56.6	23.3	0.1
	중학교	1.1	16.3	60.5	22.0	0.1
	고등학생	0.7	14.0	59.2	26.1	0.0
	대학생	0.9	11.6	59.5	27.9	0.0

출처: 미래창조과학부, NIA, 한국정보화진흥원, 2014.

올바른 인터넷 사용

- 인터넷 사용 시간을 강압이 아닌 자녀와의 협상으로 통제한다.
- 부모가 컴퓨터를 충분히 알고 인터넷 사용에 모범을 보인다.
- 컴퓨터는 가족이 공유하는 장소에 두어 아이의 독점을 막는다.
- 학습을 돕는 긍정적 인터넷 사용을 칭찬한다.
- 인터넷이 아닌 다양한 취미활동을 하게 한다.

- 인터넷을 하면서 식사나 군것질을 하지 않게 한다.
- 인터넷 사용에 대한 일관된 태도를 보여 준다.
- 자녀 스스로 인터넷 사용을 조절하도록 컴퓨터 사용일지를 쓰게 한다.
- 평소 많은 대화를 나누며 관심을 보인다.
- 갈등이 지속되면 전문기관의 도움을 받는다.

자녀에게 알려 줘야 할 인터넷 수칙 10가지

- 인터넷 상에서 부모의 허락 없이 이름, 나이, 주소, 전화번호, 학교 이름, 사는 지방, 일정 비밀번호 개인신상 정보를 절대로 노출시키지 말아야 한다.
- 부모의 허락 없이 사이버 공간에서 만나는 사람들과 직접 만나면 안 된다.
- 부모의 허락 없이 함부로 대화방에 들어가면 안 된다. 대화방에서 만난 청소년들 가운데는 실제로는 나이가 많은 어른인 경우도 있다. 이들은 대개 무언가 불순한 목적을 가지고 접근하는 경우가 많다.
- 인터넷을 통해서 만나는 사람들에게 자신의 계획이나 행선지 그리고 현재의 소재지 등을 알려 주면 안 된다.
- 생소한 사람과 전자우편을 주고받아서는 안 된다.
- 부모의 허락 없이 부가적인 요금을 내야 하는 정보나 사이트에 접근해서는 안 된다.
- 인터넷을 통해 자주 만나는 상당히 친해진 사람이라고 해도 자신의 사진을 전자우편으로 보내서는 안 된다.
- 인터넷을 통해서 부모의 허락 없이 물건을 주문하거나 특히 신용카드 번호를 알려 주면 안 된다.
- 폭력적인 내용의 전자우편이나 의심스러운 제의 등에 대해서는 일체 답장하지 말고 이런 메시지를 받게 되면 반드시 부모에게 알린다.
- 고의적으로 본 것이든 우연히 접한 것이든 불건전한 내용의 사이트나 그림이 있다면 부모에게 알린다. 비밀스럽고 어두운 기억을 마음속에 감추고 혼자 떠올리는 것보다 믿을 만한 사람들에게 터놓고 대화를 나누는 것이 아이들의 정신 건강에 더 이롭다.

출처: 청소년 정보이용 안전망 그린 I-net(http://www.greeninet.or.kr).

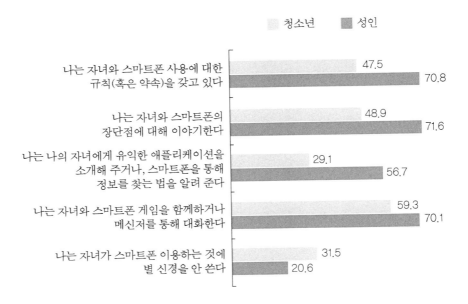

[그림 6-4] 부모-자녀 간 스마트폰 사용과 관련된 규칙 및 의사소통

출처: 미래창조과학부, NIA, 한국정보화진흥원, 2014.

3. 학교 입학과 학습

1) 초등학교 생활

(1) 학업성취

피아제는 아동기를 구체적 조작기라고 하였지만, 초등학교 입학과 함께 전조작기에서 구체적 조작기가 되는 것은 아니므로 부모는 아동의 발달 특징에 따라 적절한 학습 과제와 방법을 찾아야 한다. 구체적 조작기의 아동은 동시에 두 가지 측면을 고려할 수 있으므로 아동 자신과 다른 사람의 생각을 함께 고려할 수 있다. 모양이 다른 물컵 중 하나에 물을 붓고 나머지 물컵에 다시 부었을 때 물의 양이 똑같다는 것을 안다는 것은 동일성, 보상성, 역조작이 가능한 보존개념을 획득했다고 볼 수 있다.

두 가지 측면을 고려하고 보존개념 등을 획득하기 위해서는 탈중심화가 선행
되어야 한다. 따라서 부모는 아동의 탈중심화를 돕기 위해 대화를 많이 하고 다
양한 사람들과 의사소통을 할 수 있는 기회를 주어 타인 조망을 이해할 수 있게
한다. 또한 책을 읽고 의견을 제시하거나 새로운 생각을 할 수 있도록 토론의 기
회를 갖는다(서봉연 역, 1980; 김정민 역, 2006). 구체적 조작기에는 언어와 숫자 같
은 상징물을 사용하지만 성인과 같은 상징적이고 추상적인 개념 형성에는 한계
가 있다. 신체적인 활동이나 직접적인 경험 그리고 아동의 흥미와 관련된 구체
적인 참고물이 필요하다(임부연 외 역, 2008).

학령기 아동의 학업성취는 부모에게도 중요하다. 성적이 좋다고 "이번에 성
적이 10등 올랐으니 원하는 것을 모두 사 줄게." "성적이 10등이나 떨어졌어,
10등 떨어졌으니 10대만 맞자."와 같이 아동의 성적에 대해 벌 또는 물질적 보상
보다는 긍정적인 측면에는 칭찬을 하거나 부정적인 것에 대해서는 격려를 하는
것이 좋다. 열등감을 갖고 부정적인 자아개념을 형성한다면 매사에 흥미가 없고
사소한 실수에서도 의욕을 상실할 수 있고 낮은 학업 성취를 한다. 아동의 수준
에 맞는 문제를 제공하여 성취감을 느낄 수 있도록 하고 다른 친구들과의 비교
를 자제한다. 또한 학습에 흥미를 잃지 않도록 체험학습과 인쇄물 등 다양한 학
습기회를 제공한다. 아동은 자신의 능력에 대해 스스로 평가한 결과에 따라 에
릭슨이 말한 근면성 또는 열등감을 갖거나, 긍정적이거나 부정적인 자아개념을
갖게 된다. 따라서 아동이 생활하면서 성공의 경험을 많이 하여 근면성과 긍정
적인 자아개념을 갖도록 격려한다.

(2) 교우관계와 선생님과의 관계

유아에게 가정이 가장 중요한 환경이었다면 학령기 아동에게는 가정과 학교
가 모두 중요한 환경이다. 아동과 가정의 부모, 학교의 또래와 교사는 지속적으
로 서로 영향을 주고받으며 아동의 발달에 영향을 준다. 초등학생이 되면 자발

적이고 수평적인 관계인 또래 간의 상호작용이 증가하고, 관계도 복잡해진다. 학령아동의 사회적 관계 유형은 성별에 따라 남아는 그룹을 형성하고, 여아는 짝을 이루며 시간을 함께한다. 교우관계는 아동의 개인적 특징과 부모와 교사의 영향으로 달라질 수 있다. 아동의 개인적 특징으로 기질, 인지능력, 신체특징과 행동 특성 등이 있다. 부모의 영향으로 자녀가 친구와의 만남을 장려하는 정도, 부모와 자녀가 노는 장면에 직·간접적으로 얼마나 영향을 미치는가, 부모와 자녀 관계의 질적 특성에 따라 달라진다. 교사는 아동에게 교우관계에 영향을 주는 기술을 습득하고 사용할 수 있도록 도와주어 원만한 교우관계를 형성할 수 있도록 한다.

또래관계의 문제 중 하나는 집단 따돌림을 당하는 경우다. 집단 따돌림은 두 명 이상이 집단을 형성하여 특정한 사람이나 집단에게 부정적인 행동을 계속해서 하는 것으로 학교폭력을 상징하는 개념이다(곽금주, 2008). 여러 연구에 의하면 집단 따돌림의 가해경험은 시간이 지날수록 줄지만 피해경험은 연령이 증가하여도 지속적으로 경험할 가능성이 많다(박종효, 2007). 우리나라의 집단 따돌림의 특징은 부정적인 가정환경, 교육환경, 개인의 특성보다는 집단주의 문화에 영향을 많이 받는 것이다. 가해자와 피해자뿐만 아니라 방관자와 가해지지자 집단의 '집단과정으로서의 왕따'에 대해 관심을 갖고 우리나라 특성에 맞는 집단 따돌림 프로그램이 필요하다(곽금주, 2008).

자녀와 함께 알아보는 외톨이 판별법

다음의 내용을 읽고 해당하는 사항에 표시해 보세요.
□ 집에 친구를 데려오는 일이 드물다.
□ 친구 집에 놀러 가는 일이 거의 없다.
□ 친구들과 전화 통화를 하는 일이 거의 없다.
□ 다른 친구들과의 놀이에 어울리지 못한다.

□ 소풍이나 그룹 숙제를 할 때 함께할 친구가 없어 걱정을 한다.

□ 점심시간에 혼자서 점심을 먹는다.

□ 다른 아이들에게 따돌림을 받는다고 고민한다.

□ 학교나 학원 등에서 친구를 사귀는 것을 어려워한다.

□ 친구들 사이에서 인기가 없다고 생각한다.

□ 친구들과 함께하는 과제를 잘 못한다.

• 0~2개: 친구들과 잘 어울리는 편이에요.

• 3~4개: 친구들을 사귀는 데 좀 더 노력이 필요해요.

• 5개 이상: 친구와 어울리는 것을 어려워하네요. 친구 관계에 대해 선생님과 의논하세요.

왕따 예방을 위한 부모 행동 지침

• 한 달에 한 번은 자녀의 친구를 집으로 초대한다.

• 자녀의 친구들 앞에서 자녀를 야단치거나 비웃지 않는다.

• 자녀가 친구들과 충분한 시간을 가질 수 있도록 지나친 간섭을 피한다.

• 자녀와 좋은 친구가 될 만한 아이를 찾아 그 부모와 사귄다.

• 친척을 자주 만나고, 한 달에 한 번 정도 가족단위로 모여 작은 파티를 한다.

• 자녀들이 청소년 캠프나 야유회에 많이 참가하도록 한다.

• 자녀에게 용돈을 준다.

• 자녀가 유머 감각을 갖도록 재미있는 이야기를 들려주고 자녀가 하는 농담에도 잘 웃어 준다.

• 올바르게 칭찬하는 방법을 알려 준다.

출처: 동아일보, 2001. 5. 2: 황혜정 외, 2003에서 재인용.

교사의 아동에 대한 긍정적인 기대, 아동의 능력을 믿어 주고 신뢰하는 정도 등에 따라 아동의 학교생활이 달라질 수 있다. 아동과 부모 그리고 교사의 관계가 원만하고 의사소통이 원활하면 아동은 학교생활이 편안할 것이다. 만약 부모가 아동과 교사 간에 문제가 있는 것을 알았다면 아동 스스로 문제를 해결하도록 돕고, 원만하게 해결되지 않은 경우에는 부모가 교사와 반드시 의논한다. 부모는 교사와 이야기할 때 아동과 관련된 원하는 사항에 대해서 말한다. 교사에게 특별한 해결책을 제시하라고 하거나 학교 또는 교사가 잘못했다고 생각하면서 말하지 않는다. 부모는 아동이 학교 제도와 선생님을 신뢰할 수 있도록 학교 교육 방침과 교사의 교육관 그리고 교사가 제시하는 과제의 중요성을 인정한다. 이러한 부모의 태도는 아동의 학교 적응과 학업 성취에 영향을 줄 수 있다.

2) 가정교육

(1) 사교육과 선행학습

통계청의 '2013년 사교육비조사 결과'를 보면 2011년 초·중·고교 학생의 사교육비 전체규모는 18조 6천억 원으로 초등학생 사교육비는 7조 7천억 원이었다. 초등학생 1인당 사교육비는 23만 2천 원이었다. 학교 급별 사교육 참여율을 보면, 초등학생 참여율이 81.8%로 가장 높았다. 사교육 참여율은 학원수강이 42.3%로 가장 높고, 방문학습지가 24.5%, 그룹과외가 13.5%로 나타났다.

초등학생의 일반교과 및 논술관련 사교육 수강목적(복수응답)을 살펴보면 학교수업보충이 69.4%로 가장 높고, 선행학습이 49.6%, 불안심리가 20.1% 순이었다. 예체능 및 취미·교양 관련 사교육 수강목적(복수응답)을 보면 취미·교양·재능계발이 95.6%로 가장 많았고, 친구를 사귀기 위해서가 15.1%, 학교수업보충이 11.7%로 나타났다.

〈표 6-2〉 일반교과 참여유형별 학생 1인당 월평균 사교육비 및 참여율

구 분	2012년	전년비(차)	2013년	전년비(차)	초등학교	중학교	고등학교	일반고
사교육비(만원, %)	23.6	-1.7	23.9	1.3	23.2	26.7	22.3	26.2
−일반교과	19.3	0.0	19.1	−1.0	15.8	24.5	18.9	22.5
개인과외	3.3	0.0	3.3	0.0	1.4	3.8	5.5	6.6
그룹과외	2.3	4.5	2.2	−4.3	1.8	2.6	2.2	2.6
학원수강	12.4	1.6	12.5	0.8	10.3	17.4	10.9	12.9
방문학습지	1.1	−15.4	1.0	−9.1	2.0	0.5	0.0	0.0
인터넷·통신	0.2	−33.3	0.2	0.0	0.2	0.2	0.2	0.2
참 여 율(%, %p)	69.4	−2.3	68.8	−0.6	81.8	69.5	49.2	55.9
−일반교과	58.6	−3.0	57.1	−1.5	63.8	64.1	40.8	47.7
개인과외	10.6	−0.1	10.4	−0.1	7.8	11.8	12.8	15.1
그룹과외	10.7	−0.4	10.7	0.0	13.5	10.4	6.9	8.1
학원수강	41.6	−1.8	40.3	−1.3	42.3	50.8	27.3	32.1
방문학습지	13.4	−3.2	12.5	−0.9	24.5	6.5	0.6	0.6
인터넷·통신	2.8	−0.2	2.5	−0.3	2.5	2.7	2.4	2.9

출처: 통계청, 2013a.

〈표 6-3〉 사교육 수강목적

(단위: %)

일반교과 및 논술 관련(복수응답)	진학준비	불안심리	선행학습	학교수업 보충	보육	기타
2012년	25.1	18.9	42.5	73.0	4.4	5.1
2013년	23.6	17.7	41.2	72.4	3.8	4.7
초등학교	11.6	20.1	49.6	69.4	8.0	7.8
중 학 교	23.1	17.2	39.0	79.5	−	2.4
고등학교	51.8	13.1	25.2	68.5	−	1.2
일반고	51.9	13.3	25.4	68.6	−	1.0

예체능 및 취미·교양 관련(복수응답)	진학준비	학교수업 보충	취미·교양· 재능 계발	보육	친구를 사귀기 위해서	기타
2012년	12.9	11.9	89.7	8.8	12.6	8.0
2013년	12.6	10.6	89.8	7.9	12.9	4.8
초등학교	3.5	11.7	95.6	10.4	15.1	5.2
중 학 교	18.8	7.2	88.4	−	9.2	4.8
고등학교	72.8	7.3	47.4	−	1.9	2.1
일반고	76.5	7.2	45.1	−	1.7	1.9

출처: 통계청, 2013a.

학교보충수업 이외에 교육과정을 1~2년씩 미리 배우는 선행학습은 학생 스스로의 학습습관보다는 시험성적을 올리거나 진학을 위한 수업이어서 온전한 지식을 학습하는 것이 어렵다(김찬진, 2002). 선행학습을 할 때에는 아동의 학년과 성적을 고려하여 아동에게 부담이 되지 않도록 계획한다. 사교육을 할 때에는 사교육을 하는 목적을 분명히 하고, 아동의 능력을 정확하게 판단한 후에 한다.

사교육을 할 때 고려해야 할 사항

• 아동이 신체적, 정신적으로 선택한 사교육을 할 수 있는 준비가 되었는지 생각해 본다.
• 교육의 목적, 예를 들어 교양으로 배우는 것인지 전공을 하기 위해 배우는 것인지를 분명히 하여 부모와 자녀 모두 여유를 갖도록 한다.
• 아동이 선택한 사교육을 끝까지 할 수 있도록 격려한다.
• 친구들과 놀 시간을 확보해야 한다.

출처: 신의진, 2007.

---

(2) 금융 · 경제교육

저출산과 아동에 대한 사회인식의 변화로 가정과 사회 모두에서 아동의 지위가 향상되었다. 경기 침체가 장기화되고 있지만 아동 소비지수는 줄어들지 않으면서 아동은 중요한 소비자로서 비중이 커지고 있다. 미래의 우리사회를 이끌어 가야 할 아동이 합리적인 소비 생활을 할 수 있도록 경제교육이 필요하다(표준영, 이성숙, 2006).

아동의 돈에 대한 개념 발달을 보면 3~4세에는 물건을 사기 위해서 돈이 필요하다는 것은 알지만 돈과 물건이 교환되는 것에 대해서는 구분이 모호하다. 4~5세가 되면 물건을 사기 위해서는 돈이 필요하다는 것은 이해하지만 돈의 가치에 대한 개념은 부족하다. 6~7세가 되면 돈의 가치와 물건의 가격을 이해하고 돈과 물건의 상관관계를 안다(김수영, 김향자, 이현옥, 허선자 편역, 1995).

　유아는 가게에 진열된 물건을 보고 가게 주인이 만든 것이라고 생각하지만, 6~7세가 되면 가게 주인이 다른 곳에서 물건을 가지고 온다는 것을 안다. 생산부터 판매에까지 일련의 과정을 거친다는 것을 이해하지만 소유와 이익에 대한 개념을 이해하는 것이 어렵다. 아동 후기가 되어야 이익에 대해 알고 소유에 대해 명확하게 구분한다. 경제 개념을 발달시키기 위해서 아동과 함께 상품과 서비스의 생산 및 소비 과정을 볼 수 있는 마트, 시장, 우체국, 제과점, 자동차 대리점, 수리점 등을 간다. 아동이 경제 개념에 대해 이해할 수 있도록 자신이 물건을 나가서 팔아 보는 활동을 할 수 있다. 5~6세가 되면 물건을 사고 싶은 물건과 필요한 물건으로 분류할 수 있으므로 잡지나 광고지를 보며 부모와 토론해 본다. 구매자로서 구입목록을 작성하여 계획적인 구매를 할 수 있도록 한다. 또한 유아기부터 저축하는 습관을 갖도록 하고 은행에 가서 통장을 만들어 저축의 필요성에 대해 설명하고 절약하는 습관도 기른다(조순옥 외, 2002).

　과거 자녀들이 돈에 관심을 갖는 것은 바람직하지 않고, 돈은 부모님이 관리하는 것으로 여겼지만 요즈음은 유아들도 자신의 용돈 관리를 하는 경우가 있을 만큼 부모도 일찍부터 자녀가 금융 · 경제 문제에 관심을 갖는 데 반대하지 않는다(http://www.fq.or.kr). 학령기 자녀들의 금융 · 경제 교육은 돈을 모으는 인내, 돈을 현명하게 쓰는 똑똑한 소비의 안목, 원하는 것은 많지만 필요한 것만 구입하는 절제, 용돈의 일부를 기부하는 타인에 대한 애정과 배려, 미래를 위한 저축 등을 통해 궁극적으로 선택과 의사결정의 책임을 가르치는 것이다(http://www.kca.go.kr).

용돈을 관리하는 방법

- 자녀가 용돈을 받는 이유를 분명히 알도록 설명한다.
- 일정금액을 정해진 날짜에 지급한다.
- 용돈기입장을 쓴다.
- 부모가 정기적으로 용돈기입장을 확인한다.
- 부모와 자녀가 여러 금융기관(은행, 증권사 등)에 직접 가서 여러 가지 저축방법으로 비교한다.

쇼핑하는 방법

- 구입 물건 목록을 결정한다.
- 제품의 품질을 고려하여 어디(동네 가게, 백화점, 할인마트, 시장, 인터넷 등)에서 어떤 제품을 구입할지 결정한다.
- 다시 한 번 구입 목록의 필요성 여부를 고려한다.
- 물건을 구입한다.
- 물건을 잘못 구매했을 경우 어떻게 해야 할지 고민한다.

[그림 6-5] 엄마와 함께 하는 주말 금융 · 경제교실

출처: 청소년 금융교육 협의회(http://www.fq.or.kr).

생각해 볼 문제

1. 올바른 인터넷 댓글 문화에 대해 생각한 후 악성댓글이 아동에게 어떤 영향을 미치는지 토의해 보시오.
2. 어덜키드 문화가 아동들의 성장에 어떤 영향을 미칠지 토의해 보시오.
3. 사교육의 효과에 대해 논의해 보시오.
4. 금융 · 경제교육을 어떻게 시키는 것이 효과적인지 토의해 보시오.

제**3**부

다양한 가족과 부모 역할

한부모가족

학습목표

1. 한부모가족의 개념에 대해 이해한다.
2. 한부모가족을 형성하는 요인에 대하여 이해한다.
3. 한부모가족의 부모 역할에 대하여 인식한다.
4. 한부모가족이 직면하는 문제점에 대하여 파악해 본다.
5. 한부모가족을 위한 정책적 지원을 알아본다.

한부모가족(single-parent family)은 부 혹은 모와 자녀로 이루어진 가족으로서 모자가족 또는 부자가족을 말한다. 과거에는 한부모가족을 편부 · 편모 가정으로 지칭하기도 했으나 편부, 편모란 용어 자체에 결손과 편견의 의미를 담고 있어 한부모가족이라는 용어를 사용하고 있다(이숙, 우희정, 최진아, 이춘아, 2010).

1. 한부모가족 실태

1) 정의와 현황

한부모가족은 「모·부자 복지법」 제4조에 의해 모·부자 가정으로 정의하고 있다. 한부모가족이란 부모 중 어느 한쪽의 사별, 이혼, 유기 등으로 홀로된 자, 노동력이 없는 배우자를 가진 자, 그리고 미혼 세대주와 18세 미만의 아동으로 구성된 가족을 의미한다(법제처, 2011).

최근 늘어나는 이혼과 십대의 임신 때문에 우리나라 전체 가족 중 한부모가족이 차지하는 비율은 점차 증가하고 있다. 여성가족부 현황에 따르면 우리나라 한부모가구의 수는 2005년 1,370천 가구에서 2010년 1,594천 가구, 2011년 1,639천 가구로 증가하였으며, 전체 가구에서 한부모가구가 차지하는 비율은 05년 8.6%에서 10년 9.2%, 11년 9.3%를 차지하였다(통계청, 2012).

〈표 7-1〉 한부모가족 현황   (단위: 천 가구, %)

특 징	1985	1995	2005	2006	2007	2008	2009	2010	2011
전체 가구	9,571	12,958	15,587	16,158	16,417	16,673	16,917	17,339	17,687
한부모가구	848	960	1,370	1,394	1,421	1,447	1,472	1,594	1,639

출처: 통계청, 2012b.

2) 한부모가족 발생 원인

한부모가족 발생 원인으로는 이혼과 사별, 별거 등을 들 수 있다. 우리나라 한부모가족 발생 원인을 살펴보면 1985년 사별이 52.2%, 이혼이 5.9%를 차지하였으나, 〈표 7-2〉처럼 2005년에는 사별 36.6%, 이혼 29.1%로 사별에 의한 한부모가족 발생률이 여전히 가장 큰 원인인 것은 사실이나 이혼에 의한 한부모가족

〈표 7-2〉 한부모가족 발생 원인별 현황

(단위: 천 가구, %)

특 징	총 가구 수	한부모가구				
		유배우	사별	이혼	미혼	계
1985	9,571	254(30.0)	443(52.2)	50(5.9)	101(11.9)	848(100)
1990	11,355	227(25.5)	498(56.0)	79((8.9)	85(9.6)	889(100)
1995	12,958	216(225)	526(54.8)	124(12.9)	94(9.8)	960(100)
2000	14,312	252(22.5)	502(44.7)	245(21.9)	122(10.9)	1,124(100)
2005	15,887	328(23.9)	501(36.6)	399(29.1)	142(10.4)	1,370(100)

출처: 여성가족부, 2008b.

발생 비율이 계속 높아지고 있음을 보여 준다.

　한부모가족은 이혼·별거·사별 등의 원인으로 발생한다. 결혼생활에 대한 실망감과 낮은 결혼 만족도, 높아진 여성의 자립도 및 여성의 독립을 중시하는 가치관, 이혼에 대한 인식의 변화 등이 이혼에 영향을 미친다. 서구의 경우 이혼에 대한 사회인식의 변화로 인해 여성들이 남성들에 비해 쉽게 이혼을 결정하거나 이혼을 시도할 확률이 두 배에 달한다(공인숙 외 역, 2000). 한부모가족이 발생하는 것은 가족 관계에서 오는 갈등이 이혼의 원인이 되는 경우가 많은데, 다른 가정환경에서 성장한 남녀가 결혼하면 가족 구성원으로서의 새로운 관계를 형성하고 서로 적응해야 하며, 결혼생활의 역할 분담, 시댁과 처갓집의 새로운 가족 관계에 대한 적응, 친척과의 교류, 주택 마련, 경제 활동, 가사와 직업의 이중 역할 수행 등 여러 가지 과제가 주어진다. 이러한 과제들을 원만히 해결하지 못하면 이는 곧바로 가족 갈등으로 이어질 수 있으며, 자녀 출산 이후 자녀 양육 방식의 차이가 갈등의 원인이 되기도 한다.

　가족이 이혼한 경우 한부모가족으로 안정을 찾기까지 가족의 구성원들은 심리사회적인 갈등을 겪는다. Wallerstein과 Kelly(1980)는 이혼 가족의 적응과정을 역동 단계(acute stage), 전이 단계(transitional phase), 안정 단계(stabilizing phase)를 거친다고 보았다.

　첫 번째의 역동 단계(acute stage)는 부부간의 갈등이 깊어져 이혼이라는 공식적인 절차를 밟고 한쪽 부모가 가족을 떠나게 되는 단계다. 이 단계에서 자녀 양육권을 가진 부모는 죄책감을 느끼며 자녀를 양육한다. 자녀 또한 이혼과정에서 부모의 일관성 없고 상충되는 갈등 속에 훈육 받으며 어려움을 겪는다. 이혼이 아닌 별거의 경우에도 양육권을 가진 부모는 부모로서 충분한 능력을 발휘하기 어려운 상황에 놓여 가정의 질서를 유지하지 못하거나 바람직한 부모 역할에 어려움을 겪는다. 두 번째인 전이 단계(transitional phase)에서는 부 또는 모와 자녀가 새로운 가족구조 속에서 익숙하지 않은 역할과 관계를 만들어 간다. 이 기간 동안 가족들은 대개 살던 곳을 떠나 이사를 하거나 생활양식이 바뀌어 새롭게 해야 할 일들이 늘어나고, 생활수준 또한 달라진다. 세 번째인 안정 단계(stabilizing phase)에서 가족은 새롭게 재조직되고 가족 기능 또한 회복된다. 안정 단계를 거친 가족은 대개 한부모가족으로 적응하거나 그렇지 않은 경우 재혼가족을 구성하기도 한다(공인숙 외 역, 2000).

　한부모가족이 발생하는 또 다른 원인은 도시화, 정보화, 대중화, 인구학적 변화 등에 따른 가족구조의 변화를 들 수 있다. 산업화와 경제성장에 따른 가치관의 변화, 산업재해 등의 원인으로 이혼율이 증가하고 있지만 무엇보다 가치관의 변화에 따른 개인주의와 자기중심성은 가족 해체에 원인을 제공하였다. 즉, 산업화 이후의 경제성장과 서구화 등 개인주의적인 가치관의 확산은 우리나라 가족구조의 변화를 초래하였다. 여성의 경제활동 증가로 인한 경제 능력의 향상과 독립성을 중시하는 가치관 변화 여파로 우리나라 한부모가족은 이후 2020년까지 꾸준히 증가할 것으로 예측되고 있다(통계청, 2003). 이는 외국의 경우에도 마찬가지여서 한부모가족의 비율은 꾸준히 증가하고 있다. 미국의 경우 전체 유아들의 31%정도가 한부모가정에서 성장하고 있으며 일본의 경우에도 1980년 4.9%이던 것이 2005년에는 9.8%로 증가하였다(Melrendez & Beck, 2010).

2. 한부모가족의 특징과 어려움

쉽게 예측할 수 있듯이 한부모가족은 각기 처한 상황에 따라 여러 가지 어려움을 겪는다. 한부모가족은 부 또는 모의 부재로 인해 부는 모의 역할을, 모는 부의 역할까지 담당해야 한다. 부자가족의 경우 아버지는 가사와 자녀 양육까지 책임져야 하며, 모자가족의 경우 어머니는 가족의 생계까지 책임져야 한다.

1) 이혼 또는 사망에 따른 상실감

부모의 이혼이나 부모 중 한쪽의 사망으로 자녀는 심리적으로 큰 충격과 상처를 받게 된다. 자녀의 연령에 따라서 그 영향과 반응은 다르지만 부모의 이혼이 자녀에게 미치는 영향은 생각보다 매우 장기적이고 심각하다. 하지만 이혼 자체보다 이혼 전과 후에 나타나는 부부간의 적대감이 자녀에게 오히려 더 나쁜 영향을 준다. 그래서 이혼 이전에 갈등과 불화 속에 성장하던 것보다 이혼 후 안정적인 환경 속에서 더 밝게 자라는 경우도 있다.

부모의 이혼 못지않게 부모의 죽음 또한 자녀에게 큰 절망감을 준다. 자녀의 연령이나 가족의 정서적 분위기에 따라 죽음에 대한 반응은 다르지만, 부모의 죽음에 대해 솔직하게 이야기함으로써 자녀들이 상황을 자연스럽게 받아들이도록 도와야 한다. 부모의 죽음에 대한 자녀의 반응은 죽음을 부정하거나 불안감에 따른 신체적 증상이 나타나기도 하고 관계에 대한 적대적인 반응, 죄책감, 분노, 공황상태 등 심각한 증상을 보이기도 한다. 과도하거나 장기적으로 지속되는 경우에는 전문적인 치료가 필요하다(정현숙, 유계숙, 최연실, 2003).

2) 경제적인 어려움

한부모가족이 겪는 어려움 중 하나가 경제적인 문제다. 한쪽 배우자의 부재로 인한 소득 감소는 주거 문제, 자녀교육 문제, 부(모)의 취업 여부와 직접적으로 관련된다. 우리나라 한부모가족의 대부분은 한부모어머니로 구성되어 있으며, 특히, 저소득 모·부자 중 저소득 모자가구 비율이 79.1%로 저소득 부자가구 20.0%에 비교할 때 월등히 높은 분포를 차지하고 있다(통계청, 2011). 이것은 가족의 경제를 책임지던 남편 소득 상실로 인해 모자가족들이 부자가족보다 경제적 곤란을 심각하게 초래하고 있음을 보여 준다.

〈표 7-3〉 전체가구 대비 저소득 한부모가구 현황   (단위: 천 가구)

구 분	2005	2006	2007	2008	2009	2010
전체 가구	15,587	16,158	16,417	16,673	16,917	17,339
한부모가족	1,370	1,394	1,421	1,447	1,472	1,594
저소득 한부모가족	124	140	148	150	171	185
지원받는 한부모가족	57	66	73	82	94	107

출처: 통계청, 2011d.

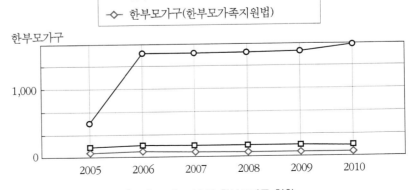

[그림 7-1] 저소득 한부모가족 현황

출처: 통계청, 2011c.

한부모가족지원법 상 한부모가족이면서 국민기초생활보장법에 따른 저소득 계층이거나 국가보훈법 대상자 가족인 저소득 한부모가구는 전체 한부모가족 중 185,000가구로 11.6%를 차지하는 것으로 나타났다(참고 〈표 7-3〉, [그림 7-1]). 이러한 한부모가족의 경제적 어려움은 한부모가족의 정서적, 사회적 측면과 가족 기능에도 영향을 줄 수 있다.

3) 자녀 양육에 대한 부담

경제적 문제와 아울러 한부모가족의 가장 큰 어려움은 자녀 양육이다. 자녀 양육은 경제적 여건과 밀접하기 때문에 모자가정의 경제적 어려움은 자연히 자녀 양육문제까지 영향을 주게 된다. 한부모가족의 부 또는 모는 생계부양자 또는 보호자 역할을 수행하고 상대 부모 역할까지 해야 하므로 과중한 스트레스를 경험한다. 자녀 양육으로 인한 제반 스트레스는 우울, 불안 등의 부정적인 정서 반응을 유발하여 생활 만족도가 낮아질 가능성이 있다(권진숙, 신혜령, 김정진, 김성경, 박지영, 2006). 부나 모의 이중 부모 역할로 인한 스트레스는 자녀와의 관계에도 영향을 미쳐 부모-자녀 관계가 긴장과 갈등으로 이어지는 경우도 많다. 자녀 양육과 가사문제를 아버지 혼자 감당해야 하는 것은 쉬운 일이 아니기 때문이다.

4) 불안정한 가족 관계로 인한 심리적 불안

한부모가족의 아버지나 어머니들은 배우자가 없다는 외로움과 함께 가족 관계에서 오는 심리적 불안감을 크게 경험한다. 부자가족의 자녀는 모의 부재로 인해 감정이나 애정 표현의 기회가 적어 타인과 긴밀한 관계를 형성하는 데 어려움을 겪는다. 모자 가족은 가족 구성원의 부재로 여러 가지 어려움을 경험한다. 한부모가족의 자녀들은 심리적으로 대인관계의 단절로 인한 소외감, 사회의 부정적인 편견으로 인한 자아존중감 저하 등을 겪을 수 있다.

한부모가족 자녀들은 양쪽 부모가 모두 있는 가정의 자녀보다 더 반사회적이고 신경증적 성향이 있다(공인숙 외 역, 2010). 한부모가족 어머니가 다른 가족의 어머니보다 더 비판적이고 요구가 많으며, 그들의 자녀는 더 비협조적이어서 탈선율 또한 높다. 이러한 결과는 한부모의 생활 스트레스 때문인지 개인적인 특성 때문인지 살펴보아야 할 것이다.

한부모가족의 자녀는 부모의 재혼 과정에서 심리적 어려움을 겪을 수 있다. 한부모가족의 자녀는 부모의 데이트에 대해, 자신을 보호해 주는 유일한 한쪽 부(모)에게 등장한 새로운 여자(남자)가 아버지(어머니)의 애정을 빼앗아 갈지 모른다는 불안감을 갖는다. 한부모의 새로운 우정에 위협감을 느끼는 자녀들은 때때로 그들 관계에 대해 반기를 들기도 하지만 반대로 부모의 우정이 결혼으로 이어지지 않고 끝나면 허탈해 하기도 한다. 한부모가족의 부(모)가 새로운 이성 친구를 자녀에게 소개할 때 자녀의 관심에 민감하게 대처해야 한다. 부(모)의 자녀에 대한 세심한 배려는 자녀가 자신의 부(모)에게 새로운 배우자가 필요하다는 것을 인식하고 궁극적으로는 이를 받아들여 가족 관계에 대한 심리적 불안감을 경감시켜 줄 것이다. 한부모가족의 자녀들은 이외에도 한부모가족 중 모자가족과 부자가족이 겪는 어려움 간에 공통적인 부분과 차이점에 대하여 살펴보면 다음과 같다(김혜경, 도미향, 문혜숙, 박충선, 손홍숙, 2011).

〈표 7-4〉 모자가족과 부자가족의 어려움

문제	모자가족	부자가족
재정상 어려움	• 학력이 낮은 일용 근로직 한모들은 절대빈곤 수준 이하의 생활 • 아동이 경제적 책임을 지고 학업을 중퇴하여 빈곤층으로 남음	• 두 가구 부양으로 재정적 어려움과 스트레스 더 많이 경험 • 위자료, 자녀 양육과 탁아비용이 더 많이 듦 • 육아가 유급의 타인에게 맡겨지므로 새로운 가계 지출 발생

사회적 편견	• 한모에 대한 부정적 시각과 사회적 지원의 미약 • 시댁이나 종교 사회단체보다 친정 지원이 많음 • 정서적 지원보다 경제적 지원이 적음 • 사회가 모자가족을 부정적으로 생각한다고 인식하고 있음	• 홀아비, 인생의 실패자라는 낙인과 동정 때문에 위축될 수 있음 • 남자도 혼자서 가정을 잘 꾸리고 자녀 양육과 교육에 잘 적응할 수 있음을 보여 줄 필요가 있음
역할 부담	• 일과 가사노동의 이중부담	• 가사, 직장의 병행으로 부담이 큼 • 부인이 가출한 경우 버림받았다는 생각으로 자녀 양육 스트레스가 많음
외로움	• 자녀와 정서적으로 친밀하고 상호신뢰가 높으나 상대방의 기대보다 자신의 기준에 따라 행동 • 자녀에 대한 자율성이 높음 • 외로움, 경제적 문제 의사결정 등을 자녀에게 의존 • 우리나라 한모는 서구 한모보다 가사에 대한 자녀 의존도가 낮음	• 이혼 충격이 여성보다 오래 지속됨 • 이혼 초기의 자존감 상실이 심각함 • 정신병리, 질병, 사망, 자살, 살인 등 신체적, 정신적 질병이 여성보다 많음 • 갈등문제를 혼자서 고민하고 결론에 이르게 됨 • 실패한 남자로서 사회적 시선을 더 의식함
직장 관련 문제	• 학력이 불안정한 한모는 일용 근로직 등 낮은 직업	• 자녀양육 책임과 일의 책임 사이에서 갈등함 • 출장, 직장의 이동, 근무시간, 수입, 승진, 동료, 상사와의 관계가 제한 • 직장, 자녀 양육, 가정관리를 조화시키는 것이 중대한 문제
사회생활의 어려움	• 관계망이 좁고 대인관계가 위축됨	• 아버지만의 시간 부족, 친구들과의 공동 관심 부족, 사회적 배척과 소속감 결여로 사회적 활동이 축소됨 • 시간이 갈수록 친숙한 관계를 형성하고 행복감과 능력, 만족감, 자긍심 얻게 됨
자녀 양육 문제	• 경제적 문제가 가장 심각함	• 자녀에 대한 인내심 부족 • 가사 처리보다 자녀의 정서발달 함양이 더 어려움 • 이혼 전 가사와 자녀 양육 참여 정도는 한부모 역할 적응에 힘이 됨
성 역할 모델 부재	• 부친 부재로 적절한 성역할 모델이 부재하여 자녀 교육의 어려움이 따름	• 특히 부녀가족일 때 성역할 모델 부재로 사춘기 자녀의 동성 부조 역할의 필요성 증가

출처: 김혜경 외, 2011.

한부모와 자녀가 할 수 있는 일

- 하루에 적어도 30분은 가족이 함께 시간을 갖고 대화를 한다.
- 한부모와 자녀는 가족생활 교육 프로그램에 함께 참여한다.
- 부모는 인생을 긍정적으로 본다.
- 자녀 스스로 자신의 문제를 해결하는 경험을 갖게 한다.
- 부모는 자신감을 갖는다.
- 자녀는 집안일을 돕는다.
- 자녀는 부모를 이해하고 용기를 북돋아 준다.

한부모가족을 위해 친인척이 할 수 있는 일

- 전화나 방문 등을 통해 한부모가족에게 정서적 지원을 한다.
- 남자 친척(예, 큰아버지, 이모부, 고모부, 외삼촌)이 아버지의 빈자리를 채워 주도록 노력한다.
- 휴가철에 한부모가족과 함께 시간을 보낸다.
- 가족행사(예, 생일, 제사, 명절, 결혼식 등)에 서로 참여한다.

출처: 오형희, 박창욱, 강영식, 김현정, 2010.

3. 한부모가족에 대한 지원 방안

한부모가족은 여러 측면에서 사회적 지원이 필요하다. 정부나 지자체에서는 경제적인 어려움을 해소할 수 있는 통합적이고 체계적인 정책 지원을 제공할 수 있으며, 민간차원에서도 한부모가족과 지역사회를 통합시켜 주는 연계망 구축, 한부모가족을 대상으로 자존감 회복, 부모 역할, 생애 설계지원 프로그램뿐 아니라 자녀를 대상으로 한 자존감 회복, 다양한 한부모 지원 프로그램 등을 통해 실제적인 도움을 줄 수 있다(한국가족상담교육연구소, 2010).

1) 한부모가족 지원 정책

정부와 지자체에서 추진하는 한부모가족 지원의 기본방향은 저소득 한부모가족의 가족기능 유지 및 건강한 생활을 영위할 수 있도록 각종 지원 사업을 수행하는 것이다. 이를 통해 한부모가족의 생활안정과 자립기반 조성 및 복지증진에 기여하는 것이다. 현재 정부에서 시행하고 있는 한부모가족 지원 주요사업으로는 한부모가족 아동양육비·교육비 지원과 한부모가족 복지자금 대여 및 한부모가족 복지시설 기능보강 사업 등이 있다(여성가족부, 2006b).

- 한부모가족 교육비 지원: 한부모가족의 부 또는 모에 의해 양육되는 만 18세 미만(취학 시 만 22세 미만)의 자녀로 이루어진 가정에게 아동양육비를 지원해 주는 정책으로 한부모가족 중 월평균 소득인정액[2]이 최저생계비 130% 이하 한부모가족의 만 12세 미만 아동에 대하여 아동양육비 월 5만원을 지원하는 정책이다.
- 한부모가족 복지자금 대여: 저소득 한부모가족 중 근로능력 및 자립자활 의지가 뚜렷하고 현실성 있는 사업계획을 제시하는 자에게 자금을 대여해 주는 제도로 1인당 2,000만 원 이내에 연리 3%의 고정금리로 5년 거치 5년 분할 상환 조건으로 빌려주는 제도다.
- 한부모가족 복지시설 기능보강 사업: 한부모가족 복지시설 신축 및 노후시설의 증·개축 등 환경개선으로 무주택 저소득 모·부자가족을 일정기간 보호하여 생계를 지원하고 퇴소 후 자립기반을 조성하도록 지원하는 정책이다. 2012년 우리나라 한부모가족 복지시설은 총 117개소(모·부자보호시설 42, 모자자립시설 3개소, 일시보호시설 15개소, 미혼모자시설 32개소, 미혼모자

---

2) 2011년 한부모가족 소득인정액 ① 2인: 1,178,879원, ② 3인: 1,525,057원, ③ 4인: 1,871,237원, ④ 5인: 2,217,415원, ⑤ 6인: 2,563,594

공동생활가정 24개소, 미혼모 공동생활가정 1개소)다. 한부모가족 복지시설 현황은 〈표 7-5〉와 같다.

〈표 7-5〉 한부모가족 복지시설 현황

시설별	시설 수	대 상	보호 기간 (연장 가능 기간)
모자보호 시설	41	만 18세미만의 자녀를 양육하는 무주택 저소득 모자 가족	3년(2년)
부자보호 시설	1	만 18세미만의 자녀를 양육하는 무주택 저소득 부자 가족	3년(2년)
모자자립 시설	3	만 18세미만의 자녀를 양육하는 무주택 저소득 모자 가족, 모자보호시설에서 퇴소한 모자세대로서 자립 준비가 미흡한 모자가족	3년(2년)
모자일시 보호시설	15	배우자의 학대로 인하여 아동의 건전 양육과 모의 건 강에 지장을 초래할 우려가 있는 모와 아동	6월(6월)
미혼모자 시설	32	미혼의 임신여성 및 출산 후(6개월 미만) 보호를 요하 는 여성	1년(6월)
미혼모자 공동생활가정	24	2세미만의 영유아를 양육하는 미혼모로서 보호를 요 하는 여성	2년(1년)
미혼모공동 생활가정	1	출산 후 해당아동을 양육하지 아니하는 미혼모로서 보호를 요하는 여성	2년(6월)
모자공동 생활가정	2	독립적인 가정생활이 어렵고 일정기간 공동으로 가 정을 이루어 생활하면서 자립을 준비하고자 하는 모 자가족	2년(1년)
부자공동 생활가정	2	독립적인 가정생활이 어렵고 일정기간 공동으로 가 정을 이루어 생활하면서 자립을 준비하고자 하는 부 자가족	2년(1년)

출처: 여성가족부, 2012.

2) 국가와 지역사회의 역할

한부모가족 지원정책 이외에 일반 한부모가족을 위한 정책에는 유가족을 위한 연금 형식의 사회보험이 있다. 저소득 한부모가족이 한부모가족지원법과 국민기

〈표 7-6〉 한부모가족을 위한 관련 정책

분류		사회보험	국민기초생활보장법	모·부자 복지법
경제적 지원	소득 보장	• 국민연금(유족연금, 유족일시금) • 공무원연금, 군인연금, 사학연금, 산업재해보상	• 생계 급여 • 긴급 급여: 임시생계급여	• 시설 거주자에 한하여 생계비지원 • 시설 거주자 퇴소 시 자립정착금 지원 • 시설 거주자 창업 준비 복지자금 융자
	주거 지원		• 주거 급여: 주거안정지원비나 전세자금 대여	• 일정기간 시설보호: 보자보호시설, 모자자립시설 • 영구임대아파트 입주우선권
	고용 지원		• 자활급여: 직업 훈련 및 알선, 자활후견기관 및 자활공동체, 공동작업장 등 다양한 방안 모색 • 생활자금 융자	• 직업훈련 및 취업알선: 직업훈련기간 중 가계보조수당 • 공공시설의 각종 매점, 시설운영권 우선적으로 허가
건강 및 보건		• 건강보험 저소득층 의료보험 제도	• 별도의 법에 의하여 의료급여(1종 수급권자 전액 지원, 2종 수급권자 20% 본인부담)	
보호 및 양육			• 교육급여: 입학금과 수업료 지원	• 아동양육비 지원: 보조비 • 학자금 지원 • 시설 거주자는 방과 후 지도와 아동 급식비 추가 지원
심리 정서적 지원				• 한부모가족 사회적 기능강화를 위해 홍보, 상담, 결연사업 추진

출처: 한부모가족연구소(http://www.hanbumo.org).

초생활보장법을 통해 받을 수 있는 국가 지원은 〈표 7-6〉과 같다.

이러한 정책 이외에도 정부와 지자체는 한부모가족을 위한 지속적인 관심을 가지고 한부모가족이 원하는 욕구를 파악하여 지원할 필요가 있다. 특히, 경제적으로 어려운 한부모가족을 위한 지원과 사회인식개선 등의 다각적인 측면에서 정부와 지자체의 역할이 요구된다.

한부모가족을 위해 지역사회에서 할 수 있는 일

- 한부모를 부정적으로 보지 않는다.
- 한부모도 많은 장점이 있음을 인식한다.
- 한부모를 위한 일회성 강연보다는 종합적 시리즈 프로그램을 제공한다.
- 일반인이 한부모에 대해 긍정적 이해를 할 수 있도록 매스컴이 협력한다.
- 복지기관 이외에 종교나 NGO 단체도 한부모가족을 위한 프로그램을 실시한다.

한부모가족을 위해 국가에서 할 수 있는 일

- 저소득 한부모가족을 위해 경제적 지원(예: 장기저리 융자, 주택우선분양 등)에 역점을 둔다.
- 가족생활교육전문가와 가족 상담자를 두어 상담 교육 사업을 활성화한다.
- 이혼한 경우 자녀 양육비 지급을 법제화한다.
- 한부모가족을 위한 직업 알선, 직업 교육을 강화한다.
- 한부모가족을 위한 단체보호시설의 보호기간을 연장하고 시설을 확충한다.

출처: 오형희 외, 2010.

경제적인 어려움을 겪고 있는 한부모가족이 자립할 수 있도록 경제적 자립과 지원체계를 마련해야 한다. 주거할 곳이 없는 한부모가족이나 경제적으로 어려운 한부모가족에게 임대주택이나 자금을 지원하여 주택문제를 해결할 수 있도록 지원해 주고, 취업보장을 위한 맞춤형 직업훈련을 통해 안정적인 직업을 갖도록 지원해야 한다.

한부모가족을 대상으로 가족 상담 서비스를 확대하여 정서적인 안정을 찾도록 도와주고, 가족 관계 회복에 도움을 주어 가족위기나 이차적인 해체 가능성을 줄이도록 도와야 한다. 최근 부자가족이 증가하고 있음에도 지금까지의 대부분의 정책은 모자가족에 초점이 맞추어져 있어 부자가족은 사회정책적인 측면에서 소외되어 있는 실정이다. 따라서 부자가족을 위한 복지 프로그램과 서비스가 절실히 요구된다.

이혼으로 인한 한부모가족의 증가를 막기 위해서는 한부모가족이 재혼을 원할 경우 건강한 만남을 연계해 주고 그들을 위한 부모교육의 기회가 제공되어야 한다. 또한 청소년들을 대상으로 예비 부모교육을 체계적으로 실행한다면 가족위기를 예방하는 사회 지원 서비스가 이루어질 것이다. 또한 이혼을 선택하는 경우에 이혼 후의 문제점과 자녀 양육 등의 문제에 대하여 충분히 숙려할 수 있도록 돕는 상담 서비스가 제공되어야 할 것이다.

생각해 볼 문제

1. 한부모가족의 부모 역할의 어려움에는 어떤 것들이 있는지 생각해 보시오.
2. 부부갈등이 심한 가족의 경우 결혼관계를 유지하는 것이 더 나은지 토의해 보시오.
3. 한부모가족 성장기 자녀들에게 가장 우선적으로 지원해야 할 것은 무엇인지 설명해 보시오.
4. 한부모가족 자녀가 헤어져 사는 부(모)를 정기적으로 만나는 것이 좋은지 토의해 보시오.

제8장

다문화가족

학습목표

1. 다문화가족에 대하여 정의할 수 있다.
2. 다문화가족의 증가 원인과 그에 따른 사회변화를 설명할 수 있다.
3. 다문화가족의 어려움을 해소시킬 방안에 대해 숙의해 본다.
4. 다문화가족 구성원의 역할에 대해 검토해 본다.

오늘날 우리 사회가 민첩하게 대처해야 할 과제 중 하나가 다문화가족 지원이다. 국제 이주 현상과 함께 우리 사회의 다문화 현상은 최근 몇 년간 급속히 증가하였으며 이에 대한 관심 또한 높아지고 있다. 이미 전 세계는 지구 인구 70억명 중 3%에 이르는 2억 인구가 자국을 떠나 이주민으로 살아가고 있다. 미국의 경우 6세 이하 유아의 21% 가량이 다문화가족(Matthews & Ewen, 2006; Matthews & Jang, 2007)의 자녀이며 우리나라도 4.2%를 차지하고 있다(통계청, 2011a). 이에 이 장에서는 다문화가족 부모 역할 지원을 위해 다문화가족 현황과 사회적 지원책에 대하여 살펴보고자 한다.

1. 다문화가족의 정의와 현황

다문화가족이란 국적이 다른 사람들이 포함된 가족을 총칭하는 용어로 민족·문화적 배경이 다른 가족을 말한다. 다문화가족 유형은 한국 국민과 결혼을 통해 구성된 결혼이민자 가족과 근로를 위해 이주해 온 외국인 근로자 가족 및 북한 출신의 새터민 가족을 포함한다(조영달, 2006). 따라서 다문화가족이란 양친 혹은 한쪽 부모가 타국 출신인 결혼이민자·외국인 근로자·새터민으로 구성된 가족을 말하며 다문화가정 자녀란 그들 가정의 자녀를 가리킨다.

우리사회의 초기 다문화가족 형성은 서구 유럽과 같이 자본주의 발달과 세계화에 따른 외국노동력 유입에 의해 형성되었던 경우와 유사하다(장영희, 2007). 한국 내 다문화가족은 해방 후 기지촌 중심으로 미군 병사와 한국인 여성 사이의 혼혈인 2세 가족이 주를 이루었으나, 1980년대에 들어서는 국제결혼 가족과 외국인 근로자 및 새터민 가족의 급속한 유입으로 양상이 바뀌었다. 그로 인해 2011년 6월 국내 거주 외국인 주민은 주민등록인구의 2.5%를 차지하고 있으며, 이는 2010년에 비해 11% 증가한 수치다.

〈표 8-1〉 다문화가정 자녀 유형

구분	정 의
결혼이민자 가족	한국인 아버지와 외국인 어머니 사이에서 태어난 자녀
	한국인 어머니와 외국인 아버지 사이에서 태어난 자녀
외국인 근로자 가족	외국인 근로자가 한국에서 결혼하여 태어난 자녀
	본국에서 결혼하여 형성된 가족이 국내에 이주한 가족의 자녀
새터민 가족	북한에서 태어나서 한국에 입국한 자녀
	부모 중 한 분이 이북 출신인 가정에서 태어난 자녀

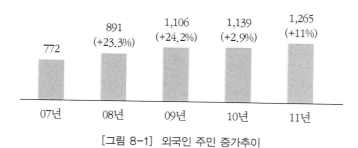

[그림 8-1] 외국인 주민 증가추이

출처: 안전행정부, 2011b.

1) 국제결혼

 1980년대 말부터 여성의 고학력과 경제활동으로 혼인연령이 높아지고 농촌 생활을 기피하는 현상이 많아지면서 농어촌 총각이나 경제력이 낮은 남성들은 국내에서 배우자를 찾지 못하여 국제결혼을 하려는 경우가 많아지고 있다(박은애, 2007). 이에 따라 2005년 우리나라 국제결혼은 1995년에 비해 3.2배 증가한 43,121건으로 전체 결혼의 13.6%를 차지하고 있으며 직업에 있어서는 농림·어

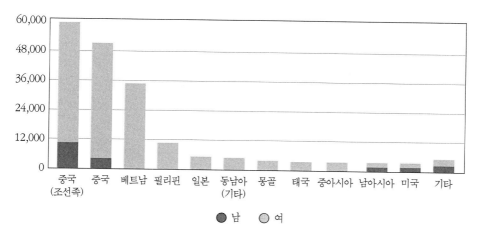

[그림 8-2] 결혼이민자 국적 현황

출처: 안전행정부, 2011a.

업에 종사하는 남성이 차지하는 비율이 전체 국제결혼의 35.9%를 차지하였다. 결혼이민자들의 주요 출신국은 중국 57.3%이며 그 외 동남아 29.5%, 일본 5.1%, 몽골 1.4%를 차지하고 있다(통계청, 2011a).

2) 국제 결혼자 혼인 추이

국제결혼의 증가 추이와 함께 최근 이혼율이 증가하고 있다. 다문화가족은 부부간 언어장벽과 배우자 출신국 문화에 대한 이해부족으로 잠재적 위기 발생의 가능성이 일반가족에 비해 높을 수 있다. 이러한 현실을 반영한 듯 최근 다문화가족의 이혼이 증가하고 있다. 2004년 3,300여 건이던 국제결혼가족의 이혼 건수는 2008년 11,255건으로 연평균 약 60%씩 증가하였고, 2009년 11,692건으로 결혼 건수 대비 1/3이상으로 높은 편이다(경기도가족여성연구원, 2011).

〈표 8-2〉 외국인과의 혼인 및 이혼 추이

연도	총 혼인 건수	국제결혼 건수	총 이혼 건수	외국인 이혼 건수 (총 혼인 건 대비 국제결혼 비율)
2002	304,877	15,202(5.0%)	144,910	1,744(1.2%)
2003	302,503	24,776(8.2%)	166,617	2,012(1.2%)
2004	308,598	34,640(11.2%)	138,932	3,300(2.4%)
2005	314,304	42,356(13.5%)	128,035	4,171(3.3%)
2006	330,634	38,759(11.7%)	124,524	6,136(4.9%)
2007	343,559	37,560(10.9%)	124,072	8,671(7.0%)
2008	327,715	36,204(11.0%)	116,535	11,255(9.7%)
2009	309,759	33,330(10.8%)	123,999	11,692(9.4%)

출처: 안전행정부, 2010a.

3) 다문화가정 자녀 현황

1990년대 이후 급격한 국제결혼과 다문화가족의 유입은 자연스럽게 '다문화가정 자녀'의 증가로 이어져 2013년 다문화가정 자녀는 191,328명이며, 그중 6세이하 미취학 유아들은 전체의 60.996%인 116,696명을 차지하고 있다.

〈표 8-3〉 다문화가정 자녀의 연령별 현황   (단위 : 명)

연도	연령별 현황				
	계	만6세 이하	만7~12세	만13~15세	만16~18세
2013	191,328	116,696	45,156	18,395	11,081
2012	168,583	104,694	40,235	15,038	8,616
2011	151,154	93,537	37,590	12,392	7,635
2010	121,935	75,776	30,587	8,688	6,884
2009	107,689	64,040	28,922	8,082	6,645
2008	58,007	33,140	18,691	3,672	2,504
2007	44,258	26,445	14,392	2,080	1,341

* '2009년 자녀 수'의 큰 폭의 증가는 2009년도부터 결혼이민자의 배우자 정보를 활용하여 조사한 것이 원인임.
출처: 안전행정부, 2013b.

이같이 다문화가정 자녀 중 취학 전 유아가 60.99%를 차지하는 것은 앞으로 5년 이내에 교육현장이 빠르게 다문화 교실로 변화될 것임을 보여 준다. 지금 추세

〈표 8-4〉 결혼이민자 및 다문화가정 자녀 규모 예측

연도	결혼이민자		결혼이민자 자녀	계
	외국국적	국적취득자		
2009	115,000	46,693	64,997	226,780
2010	127,541	51,745	72,029	251,315
2015	189,531	76,895	107,037	373,464
2020	251,889	102,195	142,254	496,338
2025	317,877	128,967	179,520	626,364
2030	382,939	155,363	216,264	754,566

출처: 한건수, 2009.

라면 2030년에는 신생아 10명 중 3명이 다문화가정 자녀가 될 것으로 예상된다.

잇속만 챙기는 결혼브로커… 결혼이주여성들 "한국에 속았다"

지난 5월27일 서울지방경찰청 국제범죄수사대는 중국 현지 여성 50여 명을 상대로 3억 원 상당의 국제결혼 사기를 벌인 국내 브로커 일당을 검거했다고 밝혔으나 불법 국제결혼중개업체의 허위 과장광고나 허위 정보 제공 역시 여전했다. 한국인 남성에게 에이즈(AIDS · 후천성면역결핍증) 감염사실을 알리지 않고 우즈베키스탄 여성과 국제결혼을 중개한 결혼중개업체 대표, 2009년부터 고양시에서 국제결혼중개업체를 운영하면서 에이즈 감염 및 폐결핵 환자인 베트남 여성의 건강상태를 한국인 남성에게 알리지 않고 국제결혼을 중개한 업주 등, 지난해에만 국제결혼 허위 정보 및 과장광고를 한 225명이 경찰에 붙잡혔다. 외국인 여성뿐만 아니라 국내 남성이 상대 외국여성의 건강상태 및 신상정보 등 정확한 정보를 제공받지 못해 피해를 입고 있는 것이다.

문제는 불법 국제결혼중개업체에만 있는 것이 아니었다. 1일 서울시에서 국제결혼중개업체 등록이 가장 많이 돼 있다는 종로구에서 만난 한 업체 대표는 "시 · 군 · 구에 사업자 등록을 한 전국의 1,400여 개 국제결혼중개업체들 가운데에서 등록 요건을 제대로 지키고 있는 곳은 거의 없다고 보면 된다."고 귀띔했다. 종로구 한 오피스텔에 자리 잡은 동남아시아 국제결혼전문 중개업소 A사가 내건 '가격'이 의심스러웠다. '신부들의 빼어난 미모'와 '저렴한 가격'을 간판으로 내세운 이 업체 대표 김 모(44)씨는 "우리가 좀 싸다. 베트남 여성과 결혼하는 데 1,000만 원 정도 든다."고 말했다. 국제결혼중개업체별로 중개 금액이 천차만별인 것을 감안해도 1,500만~2,000만 원 내외를 적정가격으로 본다. A사처럼 1,000만 원 이하의 저렴한 가격으로 중개업을 할 경우, 상대방 여성에게 소개비나 항공비 명목으로 몇백만 원의 추가 비용을 요구할 가능성이 크다.

한편 중국 국제결혼전문 중개업소 B사는 결혼에 필요한 '서류 확인'을 제대로 하지 않고 있었다. B사는 국제결혼을 하려는 남성에게 "혼인관계증명서와 건강진

단서만 가져오면 된다."고 말했다. 지난해 11월 개정된 '결혼중개업 관리에 관한 법률'에 따라 국제결혼을 하고자 하는 사람으로부터 혼인관계증명서, 건강진단서 외에도 직업증명서류, 범죄경력증명서 등을 제출하고 결혼중개업체는 관련된 증빙서류를 상대방 언어로 번역해 제공해야 하는데 이를 지키지 않은 셈이다. 맞선 남녀의 의사소통을 위한 전문 업체를 통한 통역, 번역서비스도 전무했다.

전문가들은 불법 국제결혼중개업체의 난립이 반한 감정을 양산해 고스란히 한국에 피해로 돌아올 것이라고 입을 모은다. 한국이주여성인권센터 관계자는 "중개업체 말만 믿고 한국에 왔다가 서류나 현지에서 들었던 말과는 전혀 다른 상황"이며, 불법중개업체는 다문화가정의 안정적인 정착과 사회적 통합을 방해하는 주범"라면서 "여성부와 경찰의 단속에도 부동산이나 유학원 사무실 한편에서 결혼중개업을 하고 있어서 브로커들이나 인터넷 포털 카페에서 이뤄지는 국제결혼 알선은 잡아내기가 쉽지 않다."고 말했다.

출처: 박정경, 2011. 6. 2.

2. 결혼이주여성과 다문화가정 자녀의 한국 사회 적응

이주부모들은 낯선 이주국에서 문화접변[1]을 경험하면서 한국 사회에 적응해야 하는 어려움을 겪는다. 결혼이주여성들이 한국생활에서 겪는 어려움은 외로움, 갑작스런 환경 변화와 문화차이에 따른 심리적 위축, 사회적 고립, 자녀 양육의 어려움, 경제문제, 의사소통 등이 있다(여성가족부, 2006).

---

[1] 문화접변이란 둘 또는 그 이상의 자발적인 문화구조의 결합에 의해 발생한 문화적 변화를 뜻함(Berry, 1987).

〈표 8-5〉 결혼이주여성의 한국생활의 어려움

구분	외로움	문화 차이	자녀 문제	경제 문제	언어 문제	가족 갈등	주위시선, 태도	음식, 기후
1044명	23.2%	15%	14.7%	11.4%	11.8%	3.7%	2.6%	3%

출처: 여성가족부, 2006a.

1) 다문화가족 부모의 사회문화 적응

(1) 문화 차이

다문화가족의 부모들은 이주 후 낯선 주택과 낯선 음식, 새로운 기후 등의 물리적 변화나 타국 사람 간 결혼과 자녀출산에 따른 생물학적인 변화를 겪는다(Berry, 1997). 이러한 물리적·생물학적 변화 과정에서 나타나는 이주부모의 신체적·심리적 반응양식은 부모 개인에게 국한되기보다 다문화가족 전체의 정신건강이나 삶의 질에 밀접하게 관련되며 특히 자녀 양육에 영향을 미친다(Murphy, 1997).

(2) 적응 스트레스와 자녀 양육의 어려움

다문화가족의 이주부모들은 본국을 떠나면서 가족이나 친구를 통해 얻었던 모든 사회적 지지를 잃게 된다. 이주부모들은 이주 후 새로운 지지적인 가족을 얻거나 가까이 본국 친구들이 있다면 스트레스를 훨씬 덜 받을 수 있지만 주변에 도움을 받을 사람이 전혀 없다면 개인이 감당하기 어려운 스트레스 상황을 경험한다(노하나, 2007; 한건수, 2009 이혜경, 2005). 결혼이주부모들은 모든 것이 낯선 상황에서 적응을 도와줘야 하는 남편, 시집식구들과 언어 소통이 원활하지 않아 외로움과 소외감을 느끼고 가족 관계에 어려움이 생기는 등 스트레스는 더 커진다(윤형숙, 2005).

이주부모들이 경험하는 적응 스트레스는 적응 과정에서 발생하는 불안, 우울, 막다른 골목에 다다른 듯한 느낌이나 소외감, 정체성 혼란과 같은 심리적 긴장감이다. 이주부모의 적응 스트레스는 다문화가족의 건강을 해치는 원인이 되거나, 더 넓게는 사회적 통합마저 어렵게 하는 위기요인으로 작용한다(Berry, 1997). 따라서 이주부모의 적응 스트레스가 한국 사회에서의 정착과 자녀 양육에 부정적인 영향을 줄 수 있으므로 다문화가족의 부모교육을 실행할 때 참조해야 할 것이다.

다문화가족의 부모들은 일반가족의 부모들과 마찬가지로 자녀에 대한 기대가 크고, 성공하기를 바라지만, 대부분의 다문화가족 부모의 이주부모들은 자녀 양육에 대한 정보가 없어 어려움을 겪는다(정일선, 2006). 다문화가족의 부모들을 위해 자녀양육 정보를 제공하거나 모국과 한국의 자녀 양육 방식의 차이로 겪는 갈등을 해결할 수 있도록 이주부모를 위한 다양한 교육지원이 필요하다.

(3) 결혼 생활의 어려움

지구촌 세계화에 따른 이주민의 흐름은 세계 경제의 흐름과 동일하다는 견해가 지배적이다. 동남아의 젊은 여성들이 좀 더 나은 삶을 위해 결혼을 통해 한국으로 이주한다. 결혼이주여성들은 자국에서의 빈곤과 좌절 혹은 여러 갈등으로부터 도피해 희망을 갖고 우리나라에 온 경우가 대부분이다(김현경, 신동주, 2009; 이혜경, 2005). 하지만 우리나라 농촌 총각의 40%가 결혼이주여성을 배우자로 맞이하는 현실에서 한국 남성들은 그들의 욕구를 충족시키기에는 한계가 있는 것이 현실이다. 결혼이주여성들과 다르게 한국 남성들은 경제적인 이유와 다른 사회심리적인 배경으로 결혼을 결심하게 되었거나, 결혼 이후 남성으로서 가부장적인 권위를 수용해 주는 순종적인 아내를 원하는 요구가 자리하고 있다. 이러한 다문화가족 부부의 상충된 욕구는 결혼 후 서로에 대한 기대 차이가 부부간 갈등의 원인이 되기도 한다.

또한 이주부모들은 결혼과정에서 경험하는 실망감이나 한국사회의 차별에서 오는 어려움(경북여성정책개발원, 2006; 충남여성정책개발원, 2006; 양정화, 2005; 이금연, 2003; 광주광역시여성발전센터, 2001)을 겪고 있다. 이주부모들의 결혼생활과

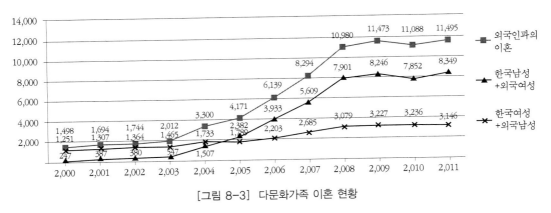

[그림 8-3] 다문화가족 이혼 현황

출처: 통계청, 2012a.

한국 생활에서 오는 실망감이나 고충은 이후 가족 관계나 부모 역할에 어려움으로 작용할 수 있고 다문화가족 해체의 원인을 제공할 수 있다.

보육원으로 내몰리는 다문화가정 아이들
–이혼한 결혼이주여성 도울 사회적 기반 조성 시급–

최근 다문화가정의 증가와 함께 이들의 이혼도 증가하면서 아이들이 부모로부터 버려지거나 어린이집에 맡겨지는 일이 늘어나고 있다. 통계청의 혼인 및 이혼 통계에 따르면 한국인과 외국인 부부간의 이혼건수는 2000년에는 연간 1,498건에 불과했다. 하지만 2008년에는 이혼건수가 매년 1만 건을 넘어서면서 지난해에는 1만 1,245건을 기록했다. 그만큼 다문화가정 아이들이 가정 해체의 위험에 노출되어 있는 것이다. 2000년 이후 작년까지 이들의 이혼 당시 미성년 자녀의 수는 총 8,180명에 이른다. 이 같은 국제결혼 파탄의 희생자는 대부분 그 가정의 자녀들로 보육원에 맡겨진다. 부모가 이혼한 뒤 경제적인 부담으로 보육원에 맡겨지는 아이들이 있는가 하면 보호자가 없이 어린이집에 배치되는 기아 아동들도 해마다 늘어나고 있는 것으로 알려졌다.

특히 지난 경북 청도에서 한국인 남편 임 모(37) 씨에 의해 목숨을 잃은 베트남 아내 황 모(23) 씨 옆에 있던 생후 19일된 신생아도 보육원에 보내졌다. 서울시 아동복지센터에 따르면 입소한 다문화가정 출신 보호 아동은 2008년 3명, 2009년 25명, 2010년 34명으로 계속해서 증가한 것으로 나타났다. 권선아 서울시 아동복지센터 주무관은 "어린 나이에 한국 남자와 결혼해서 문화적 차이로 남편과 시댁의 구박을 받고 이혼한 뒤 아이를 혼자 키우기 어려워 보육원에 위탁하는 경우가 많다."고 설명했다. 이어 입소 기간 중 입양하길 원하지만 다문화가정 출신 아동에 대한 사회적 선입견과 아이들 연령이 높아 입양 가능성이 거의 희박한 상황이라며 "정부가 이혼한 다문화 여성에게 도움을 줄 수 있는 사회적 기반 조성이 시급하다."고 강조했다.

출처: 유영선, 2011. 8. 12.

다문화가정 아버지 자조모임

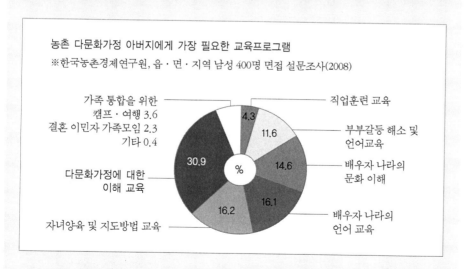

농촌 다문화가정 아버지에게 가장 필요한 교육프로그램
※한국농촌경제연구원, 읍·면·지역 남성 400명 면접 설문조사(2008)

가족 통합을 위한 캠프·여행 3.6
결혼 이민자 가족모임 2.3
기타 0.4
직업훈련 교육 4.3
부부갈등 해소 및 언어교육 11.6
배우자 나라의 문화 이해 14.6
배우자 나라의 언어 교육 16.1
자녀양육 및 지도방법 교육 16.2
다문화가정에 대한 이해 교육 30.9
%

전문가들은 "열린 마음을 가진 아빠들이 늘고 있지만, 전반적으로 다문화가정이 경제적으로 넉넉지 못하다는 점이 문제"라고 했다. 무지개청소년센터 송연숙 다문화역량강화 팀장은 "아버지가 어머니 나라 문화를 존중해서 적극적으로 아이에게 가르치는 집은 대부분 두 사람이 연애결혼 했거나 살림살이가 비교적 넉넉

한 경우"라며 "부인을 존중하고 기를 살려 주는 문화가 널리 퍼질 수 있도록 사회가 도와야 한다."고 했다. 다행히 그런 노력은 하나둘 성과를 내고 있다. 경북 구미시에서는 태국 · 베트남 등 동남아시아 여성과 결혼한 남편들의 모임이 6년째 이어지고 있다. 지난 2003년 구미시 다문화가족지원센터에서 운영했던 '부부 동반 템플 스테이'와 '부부 동반 요리 교실'에 참가해 일회성 모임에 그치지 않고 남편 30여 명이 참여하는 정기 모임으로 발전한 것이다. 이들은 한 달에 한 번씩 저녁식사를 겸해 만나 육아 정보도 나누고 '외국인 신부의 남편'으로 살아가면서 생기는 고민도 털어놓는다. 총무 이철수(40) 씨는 "요즘 남편들은 아이들의 '핏줄'을 어떻게 활용할 수 있을지에 대해 관심이 많다."며 "비슷한 처지끼리 만나서 얘기하다 보면 혼자서 고민할 때보다 아이들을 남다르게 잘 키우고 싶은 의욕이 솟는다."고 했다.

구미 다문화가족지원센터 장혼성 센터장은 "남편들이 몇 차례 자발적으로 모이는 것을 보고 센터측이 나서서 '남편의 역할' '주기별 자녀교육' '이주문화의 이해' 같은 강좌를 마련해 줬더니 모임이 정례화 됐다."며 "남편들의 의지와 지역사회의 노력이 어울려 결실을 본 것"이라고 말했다. 대구 서구에도 남편들의 모임인 '다모회'가 지난 2006년 결성됐다. 대구 서구 다문화가족지원센터의 결혼이민자 프로그램에 참석했던 사람들이 모임을 이어간 것이다. 2006년 베트남 여성과 결혼해 세 살배기 딸 예진이를 둔 임종찬(45) 씨 부부는 딸에게 한글 그림책과 아내의 친구가 보내 준 베트남 그림책을 함께 보여 준다. 임 씨는 "우리 아이가 잘 자라서 베트남 대사가 되면 좋겠다."고 했다. "오바마 미국 대통령도 다문화가정 출신 아닙니까? 정부와 지역 사회가 따뜻하게 바라봐 주면 다문화가정에서 오바마 못지않은 인재가 나올 겁니다."

출처: 채성진, 정지성, 이인묵, 변희원, 허나윤, 2009. 8. 14.

2) 다문화가정 자녀의 사회문화 적응

다문화가족의 부모들이 서로 낯선 생활 때문에 적응에 어려움을 겪는 동안 다문화가정의 자녀 역시 가정과 사회 사이의 문화 차이에 대한 적응과 성장이라는 두가지 과업을 해결하여야 하는 어려움과 언어, 편견과 따돌림, 자신과 가족 및 국가 정체성 형성에 어려움을 겪는다.

(1) 언어

다문화가족의 자녀는 이주부모의 한국어 미숙으로 언어발달에 어려움을 겪는다. 이들 가족은 부모가 대부분 사회적, 경제적 기반이 취약하여 학습 환경이 열악하기 때문이다. 관련 연구들은 다문화가족의 자녀들이 언어발달에 어려움을 겪고 있으며 대부분의 다문화가족 어머니들이 언어소통 어려움을 겪고 있어서 일상생활에서 소극적이고 폐쇄적인 경향을 보인다고 지적하였다(김갑성, 2006; 김경숙, 공진희, 이민경, 2007). 이에 주변 환경의 언어자극을 통해 언어발달에 결정적 시기를 보내는 유아들에게 원활한 언어적 자극의 부족은 언어발달과 그 외 발달에 문제가 될 수 있다(서현, 이승은, 2007).

다문화가정 자녀들은 친구들로부터 편견이나 차별을 경험한 경우 그 원인이 어머니 때문이라고 생각하는 경우가 있어서 이주부모들은 서투른 한국어 사용조차 기피하는 경향이 있다. 가족들이 이주부모의 자국 언어를 사용하지 못하게 하는 가정 분위기로 인해 자녀들은 두 언어 모두 미숙해지기도 한다. 이로 인해 학교 수업에 지나치게 소극적이 되거나 친구관계에서 어려움을 호소하며 불안을 경험하여 과잉행동을 보일 수 있다(박성연 외, 2003). 따라서 다문화가족의 언어적 환경이 아동의 제반 발달에 영향을 미침을 고려할 때 이주부모와 자녀의 언어발달 지원은 매우 절실하다.

(2) 편견과 따돌림

다문화가정 자녀가 경험하는 여러 어려움 중에서 가장 고통스러운 것은 집단 따돌림이다. 국내에서 실행된 다문화가정 자녀의 학교기관 적응 실태에 대한 연구들(조영달, 2006; 설동훈, 2005; 장영희, 2007)은 다문화가정 자녀의 10명 중 2명이 집단 따돌림을 경험하는 것으로 조사되었다. 학령기 다문화가정 아동들의 경우 학교에서 따돌림을 당하는 주된 이유는 단지 엄마가 외국인이기 때문에(34.1%), 의사소통이 잘 안 되어서(20.7%), 특별한 이유 없이(15.9%), 태도와 행동이 달라서(13.4%), 외모가 달라서(4.9%), 기타(22.0%) 등으로 나타났다. 이러한 결과는 다문화가정 자녀들이 정작 본인의 의사와 상관없이 다문화가정에서 태어났다는 이유만으로, 혹은 자신의 선천적인 이유만으로 따돌림을 경험하게 되므로 건강하지 못한 정서적 충격을 경험하게 된다. 이러한 현상은 다문화가정 자녀의 초등학교 중퇴율(9.4%)과 중학교 중퇴율(17.5%)로 이어져 일반가정의 중퇴율(1.1%)에 비교하여 매우 높은 것으로 나타나 교육기관 부적응은 미래 사회의 잠재된 사회 문제로 비춰지고 있다.

다문화가족 자녀들의 원만한 발달은 사회관계 안에서 사회공동체의 일부분임을 인식하고 관계의 경험을 성공적으로 수행해 나갈 때 이뤄진다. 하지만 사회에서 원만한 관계를 경험하지 못한다면 정상적인 사회화 과정을 기대하기 어렵다. 다문화가정 자녀들은 자신과 가족에 대한 주위사람들의 태도와 반응을 통해 자아개념과 가족에 대한 의미를 부여하기 시작한다. 일

부 아동들은 엄마가 외국인이어서 자랑스럽거나 특별하여서 기분이 좋다고 하나 반면 일부 아동들은 엄마가 외국인이라는 사실을 부인하거나 창피해하며 외국 출신 엄마에 대한 불만을 공개적으로 표현하기도 하여 학교에 엄마가 오는 것을 꺼려 하기도 한다.

또래관계에서 다문화가족의 일부 자녀들은 친구들과 다른 외모로 인해 놀림을 당하는 어려움을 겪게 된다. 안전행정부는 이미 2007년에 다문화가족 자녀의 사회적응은 국가 정책 과제가 되었다고 언급하였다. 다문화가정 자녀 중 6세 이하가 전체의 과반이 넘는 상황에서 유아들의 교육기관 적응은 시급한 교육적 과제다. 특히 유아기는 다른 생애 주기와 다르게 급격한 신체적 발달과 함께 주변과의 상호작용을 통한 인지·사회·심리·정서에 결정적 영향을 미치는 시기다(이영자, 이종숙, 신은수, 2004). 따라서 다문화가족의 첫 사회기관인 유아교육기관에서의 적응이나 학교 적응은 향후 사회생활의 발판이나 적응의 예표로 작용할 수 있다. 이에 대해 Sampson과 Lanb(1994)은 향후 사회생활의 정상적인 적응이야말로 사회적응을 예측하는 중요한 의미를 가진다고 강조하였다.

우리보다 먼저 다문화사회를 이룬 미국의 경우 다문화가족들은 평균보다 낮은 사회경제적 지위와 언어능력의 부족으로 사회 복지비용이 더 많이 든다는 것을 보여 주고 있다. 따라서 미래 한국 사회 통합을 위해 다문화가정 자녀들의 사회관계능력 증진을 위한 개별화 교육 및 학령기 적응능력 향상을 위한 부모 역할 지원이 이루어질 필요가 있다.

(3) 정체성 확립

"엄마 나라도 아빠 나라도 내 나라인 것 같지 않아요……. 나는 어느 나라 사람인가요?"

실제로 다문화가정 자녀들은 부모의 서로 다른 국적과 문화로 인해 자아정체성에 혼란을 경험한다(경기도가족여성연구원, 2011). 자아정체성은 아동발달에 있어서 중요한 발달 주제로 여겨져 온 개념이다. 아동들은 성장하면서 '나는 누구지?'라는 의문을 갖게 되고 그 의구심을 통해 자신을 이해하고자 한다. 그러나 개인의 자아정체성은 사회관계 안에서 발달되어가므로 사회적 요소를 강하게 지니게 된다. 이에 아동의 자아정체성이란 '나는 누구이며, 이 사회에서 나는 누구인가?'라는 질문을 통해 자신의 독특성과 사회 구성원으로서 위치에 기초한 개념인 것이다. 이러한 자아정체성은 삶의 성공을 구성하는 견고한 토대를 형성하고, 성격의 기본적 구성요소이며 환경과의 바람직한 관계를 맺어 가도록 도와줄 것이다.

다문화가족과 연관된 연구들은 다문화가족 자녀들의 자아정체성 발달의 중요성을 강조하고 있다(신혜정, 2007; 홍영숙, 2007; 박은선, 2010; 신윤진, 2010). 연구자들은 사회 내 소수민으로 살아가는 이주자 가정의 자녀들은 낮은 자존감, 소외감, 그리고 주변인 의식과 같은 다양한 차별이나 문화적응 스트레스들로 심리사회적 어려움들에 처할 위험에 있다고 하였다. 즉 다문화가족의 자녀들은 주류가족의 아동들보다 사회적인 편견이나 사회적 차별을 경험함으로 건강한 발달을 이뤄 내기에 불리한 환경 속에 처할 수 있다. 다문화가족 아동의 자아정체성에 관한 연구(박은선, 2010; 신혜정, 2007; 장은화, 2012; 홍영숙, 2007)들은 다문화가족 자녀의 자아정체성에는 그들의 신체적 특징이나 언어, 생활특성과 어머니 국적과 어머니와의 의사소통 수준, 다문화수용성 등이 큰 영향을 미치는 것으로 보고하고 있다.

이러한 다문화가족 자녀의 자아정체성은 개인차원이기보다는 건강한 세계 시민이 되는 기초로서 중요하다. 이미 전 세계는 그동안 추구되던 단일 국가주의를 넘어서 세계 시민주의를 강조하고 있어서 향후 국민의 건강한 정체성 확립과 개인 권익 및 다양성에 대한 존중이 세계 선진 수준을 가늠하는 주요한 기준이 될 것으로 예견하고 있다. 이러한 시점에서 다문화가정 유아들이 지녀야 할 자아정체성과 국가정체성의 가치는 세계화 시대에 적합한 한국인으로서의 정체성을 가지고 세계시민으로 성장하도록 도와야 할 것이다(Banks, 2004).

3. 다문화가족에 대한 사회적 지지와 지원 정책

다문화가족을 위해 개별적 욕구를 지닌 사회 구성원들이 상호 협력하도록 돕는 사회적 지지와 정책은 매우 중요하다. Vaux(1988)는 사회적 지지가 사회 문제를 완충시키고 개인 적응을 도울 수 있다고 하였다. 이에 우리 정부에서는 외국인주민 지원정책을 「다문화가족지원법」에 근거하여 다문화가족정책위원회를 국무총리훈령으로 제정하고 위원회를 구성하여 운영함으로써 다문화가족지원정책을 시행하고 있다(안전행정부, 2013a).

이러한 다문화가족지원정책은 5년 단위계획에 따라 시행하고 있으며, 1, 2차 기본계획은 2010~2012년 제 1차로 추진되었으며, 2013~2017년 제 2차 년도로 향후 5년간 총 13개 중앙행정기관, 법원 및 지방자치단체가 함께 6대 영역 86개의 세부과제를 추진하게 된다.

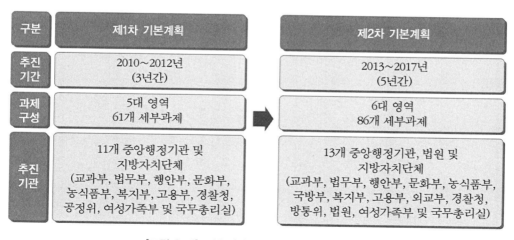

[그림 8-4] 다문화가족지원정책 기본계획 개요

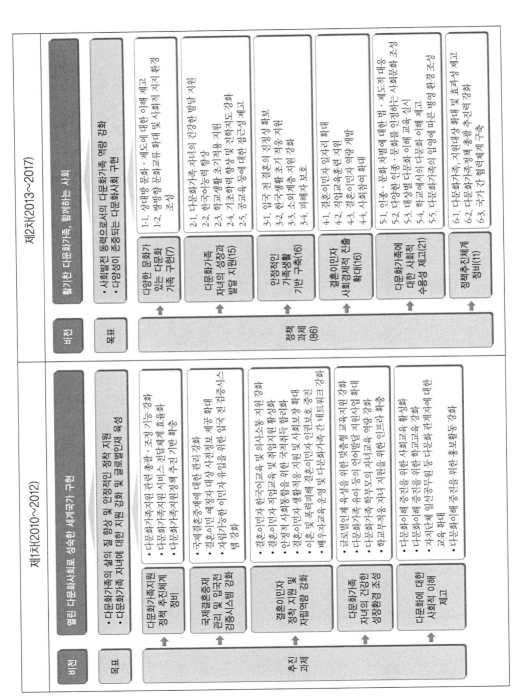

[그림 8-5] 1, 2차 다문화가족지원정책 기본계획 세부내용

출처: 안전행정부, 2013c.

이러한 다문화가족지원정책 기본계획에 따라 정부는 다문화가족지원정책 운영에서 부처별 중복이 없도록 다문화가족 정책의 소관 부처를 〈표 8-6〉과 같이

〈표 8-6〉 부처별 다문화가족 정책 소관 분야

부처별	분야별	주요 정책
교육과학기술부 (교육복지정책과)	다문화가정 자녀 학교 교육 지원	• 다문화교육 매뉴얼 및 콘텐츠 개발 등 교육대학교 '다문화교육 강좌' 개설 • 다문화가정 학생 멘토링 • 다문화가정 학부모 및 자녀 교육 및 상담 • 다문화교육 우수사례 발표 대회 • 일반학생 대상 다문화 이해 교육 지원
법무부 (외국인정책과)	외국인정책 총괄	• 이민자 사회통합정책 • 이민자 입국·체류·귀화 허가 등
안전행정부 (자치행정과)	외국인 주민 지역사회 생활정착 지원	• 「외국인 주민 지원 조례」 제정(표준안 시달) • 자치단체 외국인 주민 지원 기반 마련 및 생활 정착 지원 교육 • 외국인 주민 집중거주지역 생활 안정 지원
문화체육관광부 (문화예술교육팀)	한국어교재 개발·보급	• 한국어교재 개발·보급 및 전문강사 양성 • 다문화사회 국민인식개선 및 제고 • 다문화 콘텐츠 개발
농림수산식품부 (농촌사회과)	영농교육	• 결혼이민자 농업인 영농기술 교육
노동부 (외국인력정책과)	취업, 직업훈련	• 결혼이민자 취업 지원, 직업상담 및 훈련
여성가족부 (다문화가족과)	다문화가족 총괄	• 다문화가족 사회통합정책 수립 • 다국어 서비스 제공 등 사회적응 지원 • 다문화가족 자녀 양육 지원 • 다문화가족지원센터 운영·지원 • 결혼중개업 관리 • 이주여성의 인권보호 및 자활 지원 　- 이주여성긴급지원센터, 이주여성쉼터, 이주여성자활공간터 운영

출처: 안전행정부, 2010b.

분리하여 시행하고 있다.

- 다문화가족지원정책: 다문화가족을 위한 지원정책은 다문화가족지원법 제
12조와 다문화가족 생애주기별 맞춤형 지원강화대책을 추진 근거로 하여
다문화가족지원센터를 설치 운영하도록 하고 있다. 다문화가족지원체계는
여성가족부와 중앙관리기관(전국다문화가족사업지원단), 거점센터, 시군구
센터의 체계를 구축하고 있다. 전국다문화가족지원단에서는 다문화교육프
로그램, 사업 매뉴얼개발, 종사자 역량강화교육, 전문 인력교육, 홍보 및 기
관연계, 사업관리 등의 사업을 한다. 또한 다문화가족 지원 거점센터와 지
역 센터에 대한 업무 지원 및 사업연계를 도모하고 센터사업을 평가하여 적
절한 운영이 이루어지도록 제반 정보를 제공하고 있다.

- 생애주기별 맞춤 서비스: 다문화가족 지원을 위한 지원정책은 다문화가족
의 생애주기별 맞춤 서비스를 지향하며, '다문화가족지원정책'의 기본방향
은 다문화가족교육 · 상담 · 문화 프로그램 등의 서비스를 제공함으로써 결
혼이민자의 한국사회 조기적응과 다문화가족의 안정적인 가족생활을 지원
하고자 노력하고 있다. 생애주기별 맞춤형 서비스는 단계적으로 이뤄지는
데 제1단계에서는 입국 전 결혼준비기를 돕고, 제2단계에서는 입국 초 가족
관계 형성을 돕는다. 제3단계에서는 자녀 양육 및 정착기로써 부모 역할을
위한 다양한 정보를 제공한다. 다문화가정 자녀의 양육지원, 부모의 자녀
양육 능력 향상을 위해 아동양육 가족 방문 지도 실시, 다문화가정 자녀 아
동발달 지원, 어린이집을 통한 다문화가족 자녀의 사회정서증진 및 다문화
프로그램 실시, 다문화가정 자녀 이중 역량 개발에 관한 내용들로 구성되어
있다. 제4단계는 역량 강화기로서, 결혼이민자의 사회적 자립을 지원하기
위한 결혼이민자의 직업단계 · 훈련을 실시하며 통번역 요원이나 다문화강
사 등 결혼이민자에게 적합한 직종을 개발하고 국가별 결혼이민자 자조모
임을 지원하고 있다. 다문화가족지원법에 따른 다문화가족 생애주기별 맞

춤형 사업의 세부 내용을 살펴보면 다음과 같다.

1) 생애주기별 맞춤형 서비스

(1) 1단계: 입국 전 결혼준비기

국제결혼 과정의 인권보호와 교육프로그램

- 국제결혼중개업 등록제 시행(2008년)

  결혼중개업 표준약관 제정, 중개업자의 신상정보 사전제공 의무화 추진(2010년)
- 결혼중개업자 전문지식 및 윤리의식 향상교육 실시

  결혼중개업제도, 인권보호, 소비자보호, 상담실무 등을 교육
- 입국 전 현지 오리엔테이션 프로그램 실시

  베트남, 캄보디아, 몽골, 베트남 등 4개국 현지에 사전교육 프로그램 운영 및 콜센터 설치(2010년)
- 한국인 예비배우자 결혼준비교육 실시

---

(2) 2단계: 입국 초 가족 관계 형성기

① 결혼이민자의 조기적응 및 안정적 생활지원
- 한국어교육, 문화이해교육, 가족통합교육, 상담 등 종합 서비스 제공
- 다국어판 생활 · 정책정보 매거진(Rainbow+, 연 4회, 8개 언어, 회당 7만 부), 한국생활 가이드북, 소비자 정보 안내 책자 발간 · 배포 , 다문화가족 포털 '다누리' 운영 등 한국 생활 정보 제공
- 의사소통 지원을 위한 통 · 번역 서비스 제공
- 한국어가 유창한 결혼이민자(210명, 12개 언어)가 다문화가족지원센터에서 직접 통 · 번역 서비스 제공

② 다양한 매체를 통한 한국어교육

- 집합교육: 언어별·수준별로 세분화된 교육프로그램 실시 중
- 전국 159개 다문화가족지원센터에서 초1·2, 중1·2, 고급교육(5개 반) 실시
- 방문교육: 다문화가족지원센터에서 "찾아가는 서비스" 실시
  - 2009년 한글교육 지도사 1,264명, 9,200 가정 지원
- 온라인교육: 한국디지털대학교와 08년 1월 협약 체결
- 방송교육: 방송매체를 활용한 한국어교육 실시

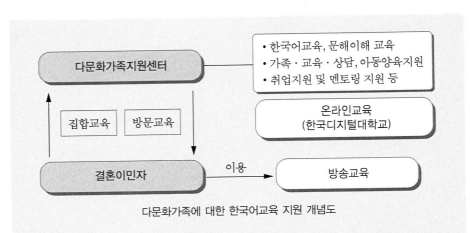

다문화가족에 대한 한국어교육 지원 개념도

- 교육내용: 한국어교육, 문화이해 교육/가족교육 및 상담, 아동양육 지원/취업지원 및 멘토링 지원 등
- 결혼이민자 이용 - 온라인교육(한국디지털대학교), 방송교육

③ 위기개입 및 가족통합교육 실시

- 가정폭력 피해 상담·보호를 위해 이주여성 긴급전화 및 전용쉼터, 법률구조기관 등 관련기관 연계 강화
  - 이주여성긴급지원센터(1577-1366) 9개 언어 24시간 지원, 이주여성쉼터 18개소 운영

- 다문화가족지원센터 및 방문교육지도사의 남편교육·상담기능 강화
- 결혼이민자·배우자·시부모·부부관계·부모자녀 등 가족 관계 증진을 위한 가족통합교육 추진

(3) 3단계: 자녀 양육 및 정착기

다문화가정 자녀의 양육·교육 지원

- 부모의 자녀 양육 능력 향상을 위해 아동양육 가정방문지도 실시
- 다문화가정 자녀 언어발달 지원
  - 언어발달 진단, 교육 프로그램 제공 (언어발달지도사 100여 명)
  - 센터 내 다문화 언어교실 개설 및 어린이집 파견서비스 제공
- 어린이집에서 사회정서증진 프로그램 등 다문화 프로그램 실시
- 다문화가정 자녀 이중언어 역량 개발
- 어릴 때부터 이중언어 사용을 통해 글로벌 인재 육성

(4) 4단계: 역량 강화기

결혼이민자의 경제·사회적 자립 지원

- 결혼이민자의 직업교육·훈련 실시(정보화교육 등)
- 통번역 요원 및 다문화강사 등 결혼이민자 적합 직종 개발
  - 다문화강사를 양성해 지역 내 어린이집 및 초등학교 등에서의 활동과 연계 지원
  - 원어민 외국어강사를 양성해 지역교육청과 연계하여 보조강사로 활동할 수 있도록 지원
  - 통·번역사 등 이민자 적합 직종을 개발
- 국가별 결혼이민자 자조모임 지원

2) 다문화가족지원센터 사업

여성가족부 산하 운영되고 있는 다문화가족지원센터에서는 다문화가족을 위한 가족교육 · 상담 · 문화 프로그램 등의 서비스 제공을 통해 결혼이민자의 한국사회 적응 및 다문화가족의 안정적인 가족생활 지원으로 구분되어 진행되고 있다. 다문화가족지원센터 주요 사업은 한국어 · 문화교육, 가족교육 · 상담, 자녀지원, 직업교육 및 다문화인식개선 등 다양한 프로그램의 통합적인 제공과 연계 원스톱 서비스를 제공하는 것으로 추진체계와 주요사업의 내용을 살펴보면 [그림 8-6]과 같다.

(1) 방문교육사업

경제적 어려움 및 지리적 접근성의 문제로 집합교육에 참석하기 어려운 결혼이민자 및 그 가족을 대상으로 전문지도사를 양성, 가정으로 파견하는 것으로 한국어지도사 혹은 아동양육지도사가 대상가정을 주 2회 2시간씩 방문하여 필요한 서비스를 지원하는 사업이다.

사업명	내 용
다문화가족 한국어교육	다문화가족의 언어소통 어려움으로 한국생활 조기정착 어려움을 해소하기 위하여 한국어교육 지도사를 파견하여 전문 상담을 통한 맞춤형 서비스 지원
다문화가족 아동양육 지원	12세 미만의 아동을 양육하는 결혼이민자에게 아동양육 전반에 걸친 교육 및 상담서비스를 통해 아동양육 능력 제고를 통한 가족통합 지원
임신 · 출산 지도 서비스	출산을 앞둔 결혼이민자에게 산전준비 및 산후 아동양육에 필요한 단기간의 출산 전후 서비스 제공

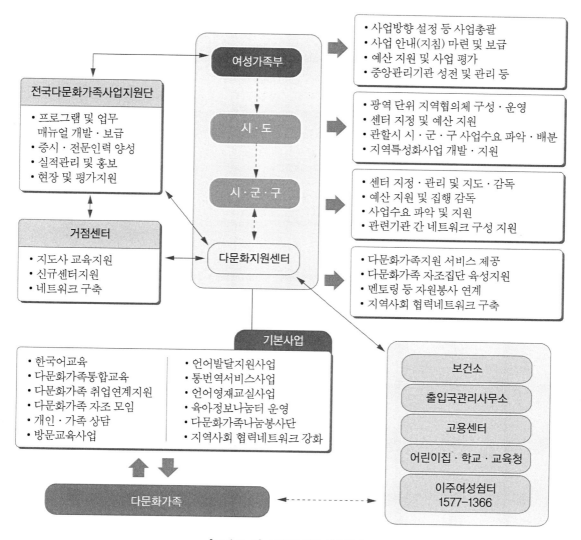

[그림 8-6] 다문화센터 추진체계

(2) 통 · 번역 서비스 사업

　결혼이민자를 통 · 번역 전문 인력으로 채용하여 의사소통이 어려운 결혼이민
자에게 통 · 번역 서비스를 제공하는 사업이다.

사업명	내 용
통·번역 서비스	• 가족생활 및 국가 간 문화차이 등 입국초기 상담 • 결혼이민자 정착지원 및 국적·체류 관련 정보제공 및 사업 안내 • 임신·출산·양육 등 생활정보 안내·상담 및 교육과정 통역 • 가족 간 의사소통 지원 및 위기 대응을 위한 통역 파견 • 유치원·초등학교 등 알림장 번역, 학교 상담 시 통역 파견 • 행정·사법기관, 병원 진료 등에 필요한 통역 파견 • 기타 위기상황 발생 시 및 전화·이메일 통·번역 업무 처리 등

(3) 다문화가족 자녀 언어발달 지원

다문화가족의 자녀에 대한 체계적이고 전문적인 언어발달 지원을 통해 이들이 건강한 사회 구성원, 나아가 글로벌 인재로 성장할 수 있도록 지원하고 있다.

사업명	내 용

언어발달 지원	• 다문화가정 자녀 언어발달 전문 인력인 다문화 언어지도사를 다문화가족
	  지원센터로 파견 서비스 제공
	• 센터 내방 자녀에 대한 자체 프로그램 운영
	• 센터 인근 어린이집으로 파견하여, 어린이집 원아인 다문화가정 자녀에 대한
	  언어교육 실시

(4) 이중 언어교실 운영

결혼이민자 주요 출신국 언어수업을 통해 초등 및 미취학 아동들이 다문화 감수성을 지닌 글로벌인재로 성장하도록 지원하는 사업으로 유치원~초등학교 재학생(1개 반 당 10명 내외) 및 부모를 대상으로 베트남어, 중국어, 몽골어 등 이중 언어교실을 운영하는 사업이다. 2010년도에는 52개 센터에서 이중언어교실 사업을 운영하고 있다.

(5) 다문화가족 지원 사업

다문화가족 지원 사업은 다양하게 이뤄지고 있다.

구분	사업명	사업내용 (목적, 대상, 내용 등)
기본 사업	한국어 교육	• 체계적인 한국어교육을 실시하여 결혼이민자들의 한국사회 적응을 돕고 안정적 조기정착 지원 • 결혼이민자 대상 수준별 반편성을 통한 단계별 한국어교육 실시 (5단계 과정: 초급1 · 2, 중급1 · 2, 고급)
	다문화사회 이해교육	• 결혼이민자들이 가정, 지역사회 및 한국생활 전반에 대해 쉽게 적응할 수 있도록 지원 • 결혼이민자 대상 우리나라의 법률 및 인권, 결혼과 가족의 이해, 다문화가족생활교육 등을 강의 · 체험 방식 등을 병행하여 진행
	가족교육	• 의사소통 미숙 및 부재로 인한 가족 간 갈등을 예방하고 가족 구성원 교육을 통해 가족 내 역할 및 가족문화에 대한 이해력 향상 • 다문화가족 대상 가족전체 통합교육, 시부모교육, (예비)배우자교육, 자녀지원 프로그램 운영 등 다양한 교육 프로그램 진행
	가족개인상담	• 결혼이민자와 그 가족의 문제를 파악하고, 심리 · 정서적 지원 • 부부 · 부모 · 자녀 · 성 · 경제문제 등 결혼이민자와 그 가족들의 문제를 파악하고, 심리 · 정서적 지원 및 정보제공
	취 · 창업지원	• 결혼이민자의 사회 · 경제적 자립 등을 지원하기 위하여 인력양성 및 취업연계 등 맞춤형 취 · 창업 지원 • 취 · 창업 능력 향상 교육프로그램 제공, 해당 지역의 일자리제공 기관과 결혼이민자 연계 활동 등
	통 · 번역 서비스 자조모임	• 서비스 수요분석에 기반을 두어 센터 내 기존 프로그램 및 외부 기관과의 연계를 통해 멘토 양성 · 활동 • 센터와 지자체 협력을 통해 법률지원, 가사도우미 등 서비스 영역별로 지역사회 인적자원을 활용하여 다문화가족 자원봉사단 구성 · 운영
홍보 등 운영	멘토링, 자원봉사단 등 지역사회민간자원 활용프로그램	• 결혼이민자들과 지역사회 구성원들이 다양한 문화를 체험하는 기회를 통해 서로에 대한 이해를 높이고 공동체의식 함양
	다문화 인식개선사업	• 결혼이민자들과 지역사회 구성원들이 다양한 문화를 체험하는 기회를 통해 서로에 대한 이해를 높이고 공동체의식 함양
	지역사회 협력 네트워크 강화	• 지역사회 내 다문화가족지원사업이 통합적, 체계적, 효율적으로 추진될 수 있도록 서비스 전달체계 구축 및 서비스제공기관 연계

3) 국가와 지역사회의 역할

정부와 지자체의 지원정책 이외에도 다음과 같은 지원이 필요하다.

(1) 다문화가족 경제적 지원

결혼이주여성이 결혼을 통해 한국으로 이주해 온 이유 중 하나가 경제적인 요인인 경우가 많으나 모순되게도 이들 중 대다수는 한국 생활의 어려움으로 경제적 어려움을 꼽고 있으며 실제로 국제결혼이주여성 가구의 52.9%가 최저 생계비 이하의 가구소득을 가지고 있다(설동훈 외, 2005). 이러한 경제적인 어려움은 자녀를 출산하고 양육하게 되면서 더욱 어려워져 불안정한 가정생활과 빈곤이 자녀 세대로 전이될 우려도 있다. 따라서 다문화가족의 경제적인 지원방안에 대하여 가족체계적인 관점에서 보다 안정적이고 적극적인 지원정책이 수립될 필요가 있다.

(2) 다문화가족 자녀 양육 지원

다문화가족의 자녀가 원만하게 성장하려면 안정적인 양육환경이 선행되어야 한다. 가족체계이론가들은 인간이 건강하게 발달하고 타인과 바람직한 관계를 형성하기 위해서 가족의 중요성을 강조하고 있다. 다문화가족의 유아들이 가정환경에서 겪게 되는 다양한 경험은 사회생활에 필요한 능력을 발달시키는 원동력이 된다(Kerr & Bowen, 1988). 다문화가정부모의 심리사회 내부에서 일어나는 정서·사회 기능과 지적 기능의 정도는 매우 중요하며 결혼이주부모의 한국 사회 적응 또한 자녀 발달에 결정적인 영향을 미칠 수 있다. 따라서 매일매일 대면이 가능한 유아교육기관 중심의 다문화가족 지원 방안이 마련되어야 할 것이다.

(3) 다문화가족 부부관계 증진

Cobb(1976)는 가족, 이웃, 지역사회 등의 사회망을 통해 얻게 되는 지원을 사회적 지지라고 하였다. 다문화가족 부모들이 대인관계에서 얻는 긍정적인 지원은 심리적 적응과 좌절을 극복하고 문제해결 능력을 강화하는 기능을 한다. 사회적 지원 중 다문화가족을 위한 부부관계 지원은 갈등상황에 대처하고 변화에 적응하도록 촉진하는 역할을 할 수 있다. 따라서 다문화가족 부부가 스스로 문제를 해결하여 바람직한 부부 관계를 유지할 수 있도록 지원되어야 한다.

(4) 다문화가정 자녀의 사회적응 지원

유아기의 사회적 관계능력이 이후 성인기의 사회 적응을 예언한다는 연구는, 유아의 사회적 관계가 사회성 발달에 장기적으로 영향을 미침을 보여 준다(Roff, Sells, & Golden, 1972). 특히 학교에서 다문화가정 자녀에 대한 집단 따돌림 현상이 심각한 현실에서 유아교육기관에서의 또래관계는 다문화가족 유아의 유아교육기관 적응에 중요한 요인으로 작용할 수 있다. 따라서 다문화가족 유아들이 교육기관에서 또래집단에 수용되고 유능하게 상호작용하기 위한 기술을 습득하는 일은 매우 중요하다. 다문화가족 유아들이 또래관계에 성공적으로 진입하고 능동적으로 참여할 수 있도록 도와야 할 것이다. 누구나 싫어하는 유아, 폭력적인 유아, 다른 아이들과 친밀한 관계를 유지할 수 없는 유아, 또래 문화에서 자신의 공간을 확립할 수 없는 유아는 사회적응에 있어서는 심각한 위험에 처할 수 있다(Hartup & Laursen, 1989). 사회적 관계에서의 원만하지 않은 유아는 취학 후에 학교 중퇴나 학업 성취의 유아, 학교생활의 부적응, 실업 등 많은 위험요소를 내포하게 된다. 유아의 사회적 발달은 출생 때부터 학령기에 빠르게 진행되므로 다문화가정 자녀들의 사회관계 및 적응 교육이 가정과 교육기관 간 연계되어 이루어져야 한다.

생각해 볼 문제

1. 다문화사회의 장점과 문제점은 무엇인지 설명해 보시오.
2. 다문화가족의 입장에서 사회적 차별을 경험하게 되는 가장 큰 원인은 무엇인지 토의해 보시오.
3. 다문화가족이 교육에 참여하도록 하는 가장 효과적인 방법은 무엇인지 논의해 보시오.
4. 다문화한부모가족의 경우 부모와 자녀가 겪는 어려움에는 어떤 것들이 있는지 설명해 보시오.

조손가족, 재혼가족, 입양가족

학습목표

1. 조손가족의 어려움에 대해 이해한다.
2. 재혼가족 구성원의 역할과 과제를 파악한다.
3. 입양이 성립되는 기준을 파악한다.
4. 조손가족, 재혼가족, 입양가족을 위한 사회적 지원방안에 대해 이해한다.

조부모가 손자녀의 주양육자가 되는 조손가족, 부모의 재혼으로 재구성되는 재혼가족 그리고 자녀를 입양함으로 형성되는 입양가족 등이 늘고 있다. 조손가족은 조부모가 부모를 대신하여 양육을 담당하게 된 가족이고 재혼가족은 이혼 또는 성인들의 재혼에 의해 재구성된 가족(reconstituted family)이다. 입양가족은 출산이 아닌 법률적 과정을 통해 부모-자녀 관계가 성립된 경우나 친부모가 자녀를 양육할 수 없거나 양육 의지가 없는 경우에도 성립된다(이동원, 2001; Melendez & Beck, 2009). 이 장에서는 조손가족, 재혼가족, 입양가족에 대하여 살펴보고자 한다.

1. 조손가족 실태와 지원 방안

1) 조손가족의 현황

최근 들어 가정의 경제적 어려움, 가족의 질병 및 사망, 아동학대 및 방임, 미혼모, 부모의 가출이나 실종, 자녀 사망 혹은 복역, 부모의 이혼 및 재혼 등의 이유로 조부모가 손자녀를 양육하는 경우가 늘어나고 있다(김정은, 2002). 조손가족 현황 조사(여성가족부, 2010)에 따르면 조손가족 형성의 절반 이상(53.2%)이 손자녀의 '친부모 이혼이나 재혼'에 의한 경우가 많고, 조부모의 손자녀 양육사유 절반 이상인 53.2%가 손자녀 친부모의 '이혼 및 재혼'이며, 그 다음으로 '부모의 가출이나 실종' 등이 14.7%를 차지하였고, '부모의 실직과 파산'이 7.6%와 부모의 취업이 6.7%로 경제적 이유로 인한 경우가 14.3%로 나타났다[그림 9-1]. 조부모에게 자녀 양육을 부탁한 경우 조부모에게 양육비를 주는 경우는 4명 중 1명에 불과하며, 양육비를 지급하는 경우 친부가 양육비를 정기적으로 보내 주는 경우는 13.3%, 친모의 경우는 더욱 적어 8.6%에 불과한 것으로 나타

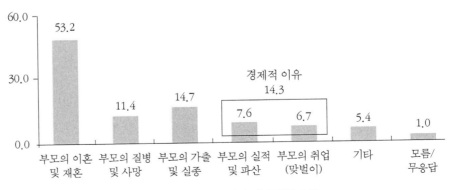

[그림 9-1] 조부모의 손자녀 양육 이유

출처: 여성가족부, 2010b.

났다. 조손가족의 경우 향후 여건이 좋아진다면 친부·친모들이 자녀양육을 할 수 있는 의향에 대한 경우가 7%에 불과한 것으로 나타나, 향후 친부모가 자녀를 양육할 가능성이 매우 낮은 것으로 나타났다. 더욱이 해마다 이혼율이 증가추세라는 점과, 맞벌이 부부가 늘어나고 있는 점을 감안할 때 안정적 양육환경을 마련하기 위해 조부모에게 위탁하는 조손가구는 지속적으로 증가할 것으로 예측되고 있다.

의학발달로 조부모의 수명이 늘면서 손자녀의 성장을 지켜볼 수 있는 시간이 길어지는 것도 하나의 요인이나 조부모가 손자녀의 양육을 책임지는 경우는 국가에 따라 다른 양상을 나타낸다. 서구의 경우 조손가족 발생의 주된 이유가 자녀 세대의 약물중독, 에이즈, 투옥 등 주로 아동 부모의 문제로 발생한다(Poe, 1992). 그에 비하여 우리나라는 자녀가 이혼하거나 사업 실패 등의 이유로 가출

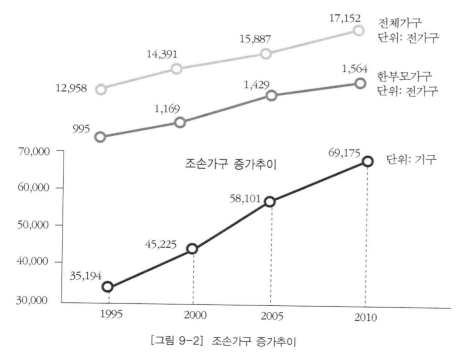

[그림 9-2] 조손가구 증가추이

출처: 통계청, 2005.

〈표 9-1〉 조손가구의 현황

연도	전체가구	조손가구
1995	12,958,181(100.0)	35,184(0.3)
2000	14,311,807(100.0)	45,225(0.3)
2005	15,887,128(100.0)	58,101(0.36)

출처: 보건복지부, 2008.

및 연락이 두절된 경우 또는 자녀가 이혼 후 재혼을 하였거나 여건상 자녀를 데리고 살 수 없어 조부모가 손자녀의 양육을 맡게 되는 경우가 많다. 1995년 35,184가구였던 조손가구는 2005년 58,101가구로 65.1% 증가하였다.

조부모들은 손자녀를 양육하면서 여러 가지 어려움을 겪는 동시에 손자녀를 돌보며 긍정적인 경험을 하기도 한다. 조부모들은 손자녀와 함께 생활하게 되면서 이전과 다르게 집안에 생기가 돌고, 직계 자녀들의 양육 부담을 조금이라도 덜어줄 수 있어서 마음이 편해졌다는 긍정적인 평가를 하기도 한다. 무엇보다 가족이라는 유대관계를 바탕으로 자신들의 혈연에 대해 책임을 다할 수 있다는 점을 흡족하게 생각한다(여성가족부, 2007). 또한 조부모들은 인생을 통해 얻게 된 풍부한 사랑과 경륜을 손자녀에게 전해 주며 가계의 전통과 윤리, 관습, 생활태도를 전수해 주고 인성발달에도 긍정적인 영향을 미칠 수 있다. 하지만 부모를 대신해서 손자녀의 성장을 책임져야 하는 조부모에게는 다양한 어려움이 뒤따른다.

2) 조손가족의 어려움

(1) 조부모의 문제
조부모의 손자녀 양육 시 겪게 되는 애로사항은 양육에 따른 경제적 문제, 생활 및 학습지도 문제, 손자녀의 미래 준비, 건강문제 등이며 그중에서 가장 큰 어려움은 아래 [그림 9-3]에서 보는 바와 같이 경제적인 어려움이다.

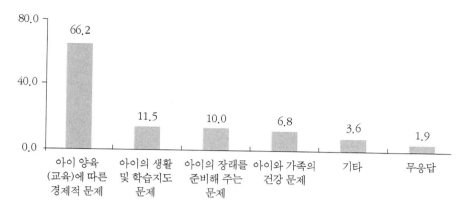

[그림 9-3] 조부모의 손자녀 양육에 따른 애로사항

출처: 여성가족부, 2010a.

    우리나라 조손가족 조부모들의 평균 연령은 72.6세로 대부분 고령자에 해당하며 조부모들의 학력도 초등학교 졸업 이하의 저학력(82.3%)이 많다. 조부모가족이 겪는 또 다른 어려움은 빈곤이다. 조손가족의 월평균 가구 소득 〈표 9-2〉를 보면 조손가족 10가구 중 2가구가 월평균 소득 80만 원 미만이며, 조손가구의 월평균 소득은 평균 59만 7천 원으로 2인 가족 최저 생계비인 85만 8천 원에 훨씬 못 미치는 것으로 나타났다.

    또한 조부모들은 고령으로 인한 건강 악화와 가사노동 때문에 어려움을 겪는다. 대부분의 조부모들은 손자녀의 부모 역할에 대한 양육 부담과 양육으로 인한 가사노동의 증가 등의 어려움을 겪고 있다. 무엇보다 고령으로 인해 치매, 당

〈표 9-2〉 조손가족의 월평균 가구 소득

(단위: %, 만 원)

구분		응답자 수(명)	40만 원 미만	40만 원~ 80만 원 미만	80만 원 이상	무응답	합 계	평 균
전 체		12,750	20.1	44.0	17.9	17.9	100.0	59.7
가구 유형	조부모 가족	2,176	13.1	36.7	33.8	16.4	100.0	77.6
	조부(모) 가족	10,574	21.6	45.5	14.6	18.3	100.0	55.9

출처: 여성가족부, 2010c.

뇨, 고혈압, 심장병과 같은 만성 질환이나 스트레스, 불안, 우울 등의 심리·정서적 문제를 호소한다. 이러한 상황에서 조부모들은 신세대 손자녀의 정서를 이해하기 어려울 뿐만 아니라 학습 지도는 거의 불가능하다.

(2) 손자녀의 어려움

손자녀들도 조부모에 의해 양육되는 것에 스트레스를 받는다. 조손가족의 손자녀들은 가족해체를 경험한 아동이라는 점에서 조부모와 마찬가지로 어려움을 겪는다. 가족해체를 경험한 아동은 우울, 불안 등의 심리·정서적 문제를 가지는 경우가 많고 부모에 대한 배신감과 미움, 원망 등을 갖기 쉽다. 또한 사회적 관계능력이나 인지적 능력 및 자아존중감이 낮아 비행과 일탈, 반사회적 행동, 높은 공격성 및 학교생활 부적응을 나타내기도 한다. 일부 조손가족 아동은 조부모를 돌보거나 가사를 맡는 등 아동 발달단계에 적합하지 않는 역할을 하기도 하여 성인아이(adult child)로 살아가기도 한다(조흥식, 김인숙, 김혜란, 김혜련, 신은주, 2010).

3) 조손가족에 대한 사회적 지원

조손가족을 지원하는 정부 및 지자체의 정책은 건강가정지원센터나 지역사회복지관, 민간단체 등을 통해 시행되고 있다. 2005년 제정된 건강가정 지원법에 의한 가족 지원 정책과 사업의 대부분은 빈곤층이나 사별 및 이혼 등으로 인한 한부모가족이 주요 대상이어서 한부모가족지원법 조손가족 특례 조항에 준한 지원을 기대할 수 있다.

이런 가운데 여성가족부는 조손가족에 대한 지원방안으로 조손가족통합지원 프로그램을 운영하고 있다. 지원사업의 주요대상으로는 65세 이상의 가구주 또는 그의 배우자와 18세 미만(고등학생 이하 학생)의 손자녀로 이루어진 조손가구(단, 지방자치단체장[시·군·구청장, 읍·면·동장) 중 학교장, 사업수행기관장 등

〈표 9-3〉 조손가족 지원정책

구분	내용
아동 학습 지원	• 조부모의 학습 지도 어려움 해소 및 손자녀의 학습 능력 향상 위한 학습 도우미 파견
생활가사 돌봄 지원	• 조부모의 건강 악화 등 긴급 상황 시 생활도우미 파견 등 조부모의 양육 부담 경감 지원
문화 프로그램 지원	• 가족캠프, 수학여행 지원 등 가족 유대감 형성 및 이해도 증대를 위한 문화체험 활동 지원
심리건강 서비스	• 개인·가족상담 지원 및 집단(상담) 프로그램 운영, 심리검사, 미술치료 등 아동의 자존감 향상 및 스트레스 해소, 사회성 향상

출처: 여성가족부, 2008a.

이 특별한 보호와 지원이 필요하다고 인정할 경우 조손가족 아동에 대한 학습지원, 생활가사 돌봄 지원, 문화 프로그램 지원, 심리건강 서비스 등을 지원하고 있다. 조손가족에 대한 사회적 지원방안에 대한 내용을 살펴보면 〈표 9-3〉과 같다.

　여성가족부의 조손가족 지원정책 이외에 보건복지부에서는 아동복지법에 따라 요보호아동을 보호 양육 희망 가정에 위탁하여 양육하는 대리양육 가정위탁 제도를 운영하고 있다. 하지만 조손가족의 조부모와 손자녀들이 법적 보호를 받을 수 있는 관련 제도의 대부분은 노인복지법과 국민연금법 상의 기초노령연금제도, 국민건강의료보험제도에 의한 의료지원 서비스 및 청소년복지지원법 등에 근거한 정책들이다. 즉, 현재 조손가족을 위한 정책의 대부분은 조손가족을 주 대상으로 한 정책이 아니라는 점에서 실제적인 지원에 한계가 있으므로 조손가족의 입장에서 적합한 정책이 제정되어야 하며 이에 대해 제언하여 보면 다음과 같다.

　첫째, 조손가족 지원을 위한 정책 개발이 이뤄져야 한다. 우리나라 가족복지와 관련된 지원정책은 국민기초 생활보장법에 의한 저소득층 지원정책과 모·부자 복지법을 개정한 한부모가족지원법이 대표적이지만 이 정책들은 조손가족을 주 대상으로 하고 있지 않다. 또한 국민기초생활보장제도, 한부모가

족 지원제도 등 현재 조손가족을 지원하는 정책과 제도로는 조손가족의 특성
과 욕구를 충분히 반영하고 있지 못하다. 따라서 조손가족의 특수성을 반영한
독자적인 법령을 제정하여 현실적인 보호 차원의 지원이 가능하도록 해야 할
것이다. 이를 위해 조손가족의 정확한 실태조사를 통해 조손가족에 대한 현황
과 조손가족의 욕구에 대해 조사하고 그에 적합한 지원 정책과 제도를 마련해
야 한다.

둘째, 조손 가족 관할 보건소에 조손가족 전담 의료진을 배치하고 이들이 조
손가족을 주기적으로 방문하여 가족들을 진단 치료하거나 상담하며, 필요한 경
우 전문 의료기관의 치료를 주선할 수 있는 의료서비스 지원제도를 도입할 필요
가 있다. 만성 질환을 앓고 있는 조손가족에 대해서는 지방자치단체가 도우미를
파견하여 이들을 간병하도록 하고, 관할 보건소의 주치의나 간호사가 간병인을
지원하는 조손가족 도우미 파견 제도를 검토해야 한다.

셋째, 보건소나 건강가정지원센터 내에 조손가족 전담부서를 설치하여 조손
가족들의 가족문제를 상담해 줄 전담 전문가와 조손가족의 손자녀들이 학교 수
업을 지도해 줄 학습도우미의 수를 확대하고, 이들이 지속적이고 안정적으로 학
습을 지도할 수 있도록 제도적 장치를 마련해야 할 것이다. 또한 조손가족의 손
자녀들에게 다양한 교육정보와 진로 탐색 정보를 제공해 줄 수 있는 전문가가
손자녀들을 상담할 수 있는 멘토링 제도의 시행도 검토되어야 한다.

2. 재혼가족의 가족 관계와 부모 역할

1) 재혼가족의 현황 및 특성

(1) 재혼가족의 정의와 현황

재혼가족(remarried family)에 대한 정의는 학자마다 다르나 편모나 편부가 또 다른 편부나 편모와 재혼하거나 결혼 경험이 있거나 없는 독신자와 결혼함으로 형성된 가족을 말한다. 하지만 일반적으로 재혼가족이란 이미 한번 또는 그 이상 결혼하여 가정을 이룬 남성이나 여성이 다른 배우자와 새롭게 가정을 재구성하는 것이다(한국가정법률상담소, 1996).

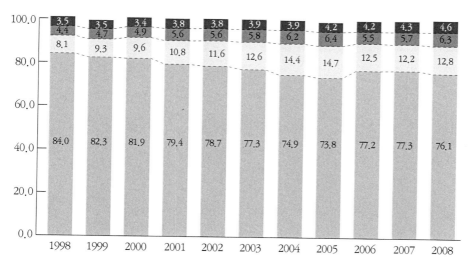

[그림 9-4] 혼인 형태별 혼인 구성 추이

출처: 통계청, 2008b.

현재 우리나라의 재혼가족의 규모에 대한 정확한 통계는 나와 있지 않다. 우리나라 재혼통계는 가구별이 아니라 혼인건수별로 집계되는 혼인 통계가 전부이기 때문이다. 최근 혼인 현황을 살펴보면 남녀 모두의 초혼은 감소하지만 재혼은 증가하고 있다. 혼인 현황을 부부 단위로 살펴보면 남녀 모두 재혼인 경우는 1998년 8.1%에서 2008년 12.8%로 증가하였고 부부 중 한명이라도 재혼인 경우도 1998년 16.0%에서 2008년 23.9%로 증가하였다(경기도가족여성연구원, 2009). 성별에 따른 재혼의 경우 남성재혼은 1998년 전체 혼인 건수의 11.6%이었으나 2008년에는 17.5%로 증가하였고, 여성재혼은 1998년 12.4%에서 23.7%로 증가하여 여성의 재혼비중이 남성의 재혼율에 비해 월등히 높아진 것을 알 수 있다(통계청, 2008a).

(2) 재혼가족의 특성

재혼가족은 이전 가족 관계에서 겪었던 어려움을 새로운 배우자와 함께 해결하거나, 그렇지 않은 경우 이전보다 더 어려움을 겪기도 한다. 일반적인 재혼가족의 특성을 살펴보면 다음과 같다(Ganong & Coleman, 1994; Visher & Visher, 1988: 이영숙, 박경란, 전귀연, 2004에서 재인용).

재혼가족의 특성

- 재혼가족은 재혼 이전에 많은 상실과 변화를 겪은 후 몇 가지 가족 전환과정을 경험하게 된다. 가족 전환과정에서 재혼가족들은 새로운 가족과 관계형성, 역할기대, 자아정체성, 가족 정체성 등 복합적인 변화과정을 거치게 된다. 이 과정에서 가족들은 자연스럽게 여러 갈등을 경험하게 되는데 이를 해결하지 않은 채 계부모−자녀 가족 관계를 시작하면 그로 인해 여러 문제로 이어질 수 있다.
- 재혼가족은 초혼가족과 달리 결혼생활의 시작부터 '완전하게 형성된 가족구조'로 출발하므로 구성원들 간에 오해가 발생하지 않도록 분명한 의사소통이 필요하다.

- 재혼 부모들은 비현실적인 기대를 안고 시작하게 된다. 즉, 계부모들은 물론 계자녀조차 새로운 가족을 만드는 즉시 서로에게 애정과 사랑을 느끼리라고 기대하는 것이다. 하지만 이러한 기대 때문에 계부모가 계자녀에게 즉각적인 사랑을 느끼지 못하면 죄의식을 갖게 되고 자녀들의 양면적 감정을 부정하기 쉽다. 계부모들은 자신의 훈육방식이 계자녀에게 무조건적으로 받아들여지고 새로운 규칙과 기대가 마술처럼 잘 지켜질 것이라고 기대하지만, 그것이 실현되지 않을 때 혼란과 불안에 빠져 가족 관계에 만족할 수 없다.
- 재혼가족의 계자녀들은 과거와 현재에 서로 다른 두 가족에 적응해야 한다. 따라서 계자녀들은 두 가족의 서로 다른 규칙과 기대에 적응하는 데 어려움이 있다.
- 재혼가족의 자녀들에게는 헤어진 친부모와의 추억을 가지고 있다. 이는 자녀의 생활에 영향을 주며 재혼가족이 되어 함께 동거하는 부모와 동거하지 않는 부모 간의 갈등 때문에 무력감과 좌절감을 느낄 수 있다.
- 재혼가족들은 서로의 일상생활주기, 결혼생활주기, 가족주기 등이 서로 일치하지 않는다. 예를 들어, 연령차가 큰 재혼가족의 경우에는 가족들이라도 자기 가족이 외현적으로 비정상적이라고 느끼기도 한다. 따라서 재혼가족들은 새로운 생활패턴을 이해하고, 가족 공동체 의식 형성을 위해 노력해야 한다. 이것이 해결되지 않으면 만성적인 불만을 갖는다.
- 재혼가족의 부모자녀 간 유대감은 재혼 부부간의 유대감보다 훨씬 이전에 형성되었다는 특징이 있다. 재혼가족의 부부는 응집력 있는 결혼생활을 이뤄 내야 하는 동시에 친자녀뿐 아니라 계자녀와도 새로운 유대관계를 형성해야 하므로 부부유대감이 다소 취약해질 수 있다.

이러한 특성이 있는 재혼가족은 가족 간에 정서적으로 친밀하기 어려워 재혼가족의 응집성이 약할 수 있다.

2) 재혼가족 형태와 관계의 변화

(1) 재혼가족 형태

재혼가족의 형태는 재혼 전 혼인형태(미혼, 이혼, 사별)나 자녀 및 양육권 유무에 따라 다양하다. Clingempeel 등(Clingempeel, Brand & Segal, 1987: 임춘희, 정옥분, 1997에서 재인용)에 따르면 재혼가족 형태를 전혼 자녀와 전혼 자녀 양육권 유무에 따라 아홉 가지로 구분하였다.

재혼가족의 가족 관계는 초혼가족이나 한부모가족과 양상이 다르다. 재혼가족들은 복잡한 가족 관계를 이해하고 새로 맞이한 가족들에 대한 가족 경계의 모호성에 대한 역할 긴장도 극복해야 하며, 재혼과 동시에 과거의 어려움이 사라질 것이라는 환상에 빠지지 말아야 한다.

〈표 9-4〉 재혼가족의 9가지 구조 유형

남편과 아내의 전혼 자녀 유무와 양육권 유무			부인의 전혼 자녀 유무		
			전혼 자녀 없음	전혼 자녀 있음	
				양육권 없음	양육권 있음
남편과의 전혼 자녀 유무	전혼 자녀 없음		무자녀 재혼가족	비동거 계부가족	동거 계부가족
	전혼 자녀 있음	양육권 없음	비동거 계모가족	비동거 계부모가족	혼합 계부형 계부모가족
		양육권 있음	동거 계모가족	혼합 계모형 계부모가족	동거 계부모가족

출처: 임춘희, 정옥분, 1997.

(2) 재혼가족의 신화

재혼가족은 새로운 가족과 적응하는 과정에서 '충성심 갈등(loyalty conflict)'이 생길 수 있다. 충성심 갈등이란 한 사람에 대해 애정을 갖으면서 또 다른 사람에게도 애정을 느낄 때 겪는 심리적 갈등이다. 재혼가족이 느끼는 충성심 갈등은 분노감, 배반감, 질투, 죄책감을 유발시켜 스트레스를 증가시키며 가족 간에 원만한 적응을 방해한다(Pasley & Thinger-Tallman, 1982: 정현숙 외, 2000에서 재인용). 하지만 페이퍼나우(Papernow, 1993)는 재혼가족들이 비록 초기에는 서로 간에 갈등을 겪더라도 이후에는 점차 친밀한 관계로 발달한다고 보았다. 재혼가족 발달주기를 환상기, 침식기, 인식기, 변동기, 행동기, 접촉기, 융화기 등의 7단계로 구분하여 제시하였다. 그는 재혼가족 초기에는 애정적이고 화목한 가족에 대한 환상을 가지고 출발하지만 이후 심리적 갈등을 겪어 내면서 안정적인 단계로 발달한다고 보았다.

재혼가족의 신화

- 재혼가족은 초혼가족과 같을 것이다(정상가족 신화).
- 재혼가족은 새로 맞이하는 가족들을 더 빨리 받아들일 것이다(즉각적 적응의 신화).
- 재혼가족에 대한 애정은 즉각적으로 생길 것이다(즉각적 사랑의 신화).
- 계모는 사악하다.
- 재혼부모를 둔 자녀의 상처는 영구적이며 회복되기 어려울 것이다.
- 헤어진 부모와 자녀를 격리시키는 것이 생활안정에 도움이 될 것이다.
- 사별한 사람보다 이혼하고 재혼한 재혼가족의 생활이 더 어려울 것이다.

출처: Visher & Visher, 1997.

	융화기	계부모가족의 규범이 수립되고, 가족의 역사가 발달되며, 가족 구성원의 역할과 관계를 정립하는 단계
	접촉기	계부모가족 내에 친밀성과 애착이 형성되는 단계
	행동기	새롭게 안정된 계부모가족 관계가 발달하기 시작하는 단계로 계부모가족의 새로운 의례, 행동규칙, 관습을 만들고 계습 부모–자녀 관계 내에 새로운 경계를 갖게 되는 단계
	변동기	계부모 역할과 관계에 대한 갈등과 사소한 싸움, 스트레스가 있는 상호작용 단계
	인식기	계부모가족 관계에 대한 환상이 현실적으로 인식되는 단계
	침식기	환상과는 맞지 않는 현실과 경험이 명확해지는 단계
환상기		재혼과 동시에 서로 애정적이고 화목한 가족에 대한 환상을 갖는다.

[그림 9-5] 재혼가족의 가족관계 발달단계

출처: Papernow, 1993.

3) 재혼가족의 어려움과 당면 과제

재혼가족은 새로운 가족 관계에 적응하기 위해 해결할 과제가 많다. 재혼 전 원가족이었던 부(모)와 자녀는 이전에 함께한 경험 때문에 서로를 이해하기 쉽지만, 새로 들어온 계부나 계모는 서로 함께 보낸 시간이 전혀 없기 때문에 생각이 다를 수 있다. 더구나 재혼 부부는 새로운 부부관계 구축을 위해 재혼 전 부(모)와 자녀의 연대구조를 깨뜨려야 하는 입장에 놓인다. 성적인 측면에서도 새로운 재혼가족은 갈등을 겪을 수 있다. 이제 갓 재혼한 부부는 그들만의 신혼기를 맞게 된다. 이러한 과정을 지켜보는 청소년기에 있는 자녀들은 친부모와 양부모가 서로에게 애정을 표현하는 것을 불편하게 여기기도 한다. 청소년기 의붓형제자매는 이성의 형제자매에게 성적으로 매력을 느끼거나 혹은 이성의 계부모에게 관심을 갖게 될 수도 있다. 따라서 재혼가족들은 새로운 가족 관계에 적응하기 위해 여러 어려움과 과제를 해결해야 한다(한국가족 상담교육연구소, 2010). 재혼가족은 새롭게 형성된 가족 관계에서 사랑과 신뢰를 형성하기까지 시간과 노력이 필요함을 이해하고 성급함보다는 노력하는 태도가 필요하다. 또한 서로에 대한 구원자 신화를 버려야 한다. 구원자 신화란 과거의 배우자가 채워 주지 못했던 욕구에 대한 충족을 기대하며 새로운 배우자야말로 자신의 고통스런 과거로부터 구원해 줄 것이라는 잘못된 믿음을 말한다. 이 외에도 재혼가족이 겪는 여러 어려움이 있으나 그중 재혼모가 겪는 어려움에 대해 살펴보면 〈표 9-5〉와 같다.

〈표 9-5〉 재혼모가 겪는 가정생활에서의 어려움

가정생활 어려움	평균(표준편차)
전처 자녀의 양육과 교육	5.5(3.5)
전처 자녀와의 의사소통	5.3(3.1)
경제적 문제	5.1(3.2)
나와 전처 자녀와의 갈등	5.0(3.1)
전처 자녀에 대한 남편의 편애	4.5(2.7)
자녀 양육과 교육에 대한 남편의 간섭	4.2(2.7)
전남편과의 사이에서 자녀와 남편의 갈등	3.9(2.3)
나에 대한 주위의 지나친 기대	3.8(2.5)
자녀 양육과 교육에 대한 시댁의 간섭	3.8(2.9)
계모에 대한 주위의 부정적인 시선	3.3(2.4)
전처 자녀와 전처 간의 관계	3.2(2.9)
이복, 이부형제 간의 갈등	3.2(2.4)
남편과 전처 간의 관계	2.3(2.3)
전체 평균	4.1(2.9)

출처: 김연옥, 1999.

재혼가족의 당면 과제

- 친부모와 계부모는 새로운 가족 간의 유대감 형성을 위해 장기적 목표를 정한다.
- 친부모가 친자녀의 행동을 지도하는 권한을 갖도록 재혼부부 간 사전에 의견일치를 한다.
- 계부모는 계자녀의 특징과 개인차를 파악한다.
- 새로운 가족으로 적응하기 위해 가족 간 규칙, 행동원칙, 전통을 정한다.
- 재혼가족은 재혼 이전의 배우자 가족과 상호작용하는 방법을 고안할 필요가 있다. 이것은 자녀들이 계부모가족의 동성부모와 갈등 없이 관계를 유지하도록 돕는다.

　그간 재혼가족이 겪는 어려움의 하나가 부모와 성이 달라서 겪는 고통이었으나, 2008년 1월부터 호주제가 폐지됨에 따라 이혼 시 부부가 협의하면 자녀의 성을 부나 모 중에서 원하는 데로 선택할 수 있게 되었다. 또한 기존 민법에서는 자녀의 친권자가 양육권을 가지고 이혼하더라도 호적상으로 이혼한 어머니와 자녀는 가족 관계가 아니었으나 개정된 민법에서는 이혼한 어머니도 자녀와 부모관계를 인정받을 수 있게 된 것이다. 이에 따라 재혼가족의 계부모와 자녀 간의 법적인 문제가 좀 더 명확해져 재혼가족 자녀들에 대한 부정적인 인식의 개선에 기여하였다.

　그 밖에도 재혼가족들은 '가족 관계의 모호성' '생활주기의 불일치' '가족구조의 복잡성' 등을 극복해야 한다(한국가족상담교육연구소, 2010). 가족 관계의 모호성은 누가 가족 안에 있고 밖에 있는지, 가족 안에서 누가 어떤 역할을 해야 하는지를 명확하게 규명하는 것이다. 따라서 재혼가족의 부부는 결혼 전 가족과 현재 가족 간에 관계를 명확히 정해야 한다. 가족의 역할과 관계가 잘 정립되지 않을 경우 재혼가족 경계의 모호함과 혼란에 따른 갈등은 재혼 부부나 자녀 모두에게 스트레스를 가중시켜 가족 기능을 저하시킨다. 재혼가족은 부부뿐 아니

라 계자녀 관계가 이혼한 비양육 친부모와 계속 접촉하더라도 지킬 수 있는 가
족 경계를 갖게 된다.

　재혼가족의 또 다른 과제는 가족 관계가 욕구 충족의 수단이 아님을 인식하는
것이다. 재혼과정에서 가족이 결혼을 현실 욕구충족의 수단이나 방법으로 바라
보면 안 된다는 것이다. 아울러 초혼가족과 마찬가지로 가족 관계의 중심은 부
부관계라는 점도 확실히 인식해야 할 것이다. 재혼가족이 이러한 제반 과제들
을 극복한다면 새로운 가족체계에 성공적으로 정착할 것이다(Bloomfield, 2004;
Glenn, Erwin & Nelen, 2000). 재혼가족의 부모와 자녀가 해결해야 할 과제에 대하
여 오형희 등은 다음과 같이 제시하였다.

재혼가족 자녀의 해결 과제

- 확대된 친척과의 관계를 재정립해야 한다.
- 계부, 계모와의 애정적인 유대를 발전시켜야 한다.
- 이전 부모에 대한 애착과 효심으로 인한 갈등을 해결한다.
- 부정적인 감정을 표현하는 적절한 방법을 찾아야 한다.
- 가족 내 자기의 역할과 의무를 정확히 이해해야 한다.
- 의붓형제가 있다면 고유한 특권, 의무, 물건을 나누어야 한다.
- 떨어져 사는 부모와의 관계를 유지해야 한다.
- 떨어져 사는 부모와의 관계를 재정립해야 한다.

재혼가족 부모의 해결 과제

- 재혼가정은 일반 가정과는 다른 역학관계와 형태가 있으므로 일반가정과 같은
기대를 하는 것은 바람직하지 않다.
- 재혼가정에는 정해진 이상적인 모델이 없음을 인식한다.
- 재혼부부 간에 비현실적인 기대는 서로에 대한 거부감과 분노를 일으키므로 상
호기대를 조절한다.

- 계부모 자녀들이 결코 자기가 낳은 자녀와 같을 수는 없음을 인정한다.
- 계부모는 부모대행자가 아니지만 자녀를 위해 해 줄 수 있는 일 또한 많다는 사실은 인정한다.
- 지나친 계부모 역할 과잉은 도리어 자녀들에게 역효과를 일으킬 수 있음을 인식한다.
- 새로운 가정에서 자녀 역할과 책임이나 부부의 자녀 양육 방식은 부부가 함께 조율하여 정한다.
- 자녀가 이전 부모에 느끼는 애착 갈등의 혼란된 감정은 아주 정상적이므로 처음부터 각오해야 하며 자녀 때문에 부부갈등이 생겼을 때를 대비한다.

출처: 오형희 외, 2010.

4) 재혼가족에 대한 사회적 지지

현재 우리나라의 재혼가족 지원을 위한 정책이나 사업은 거의 없는 실정이다. 다만 건강가정지원센터에서 운영하는 가족상담 사업이 있으나 재혼가정 지원을 위한 프로그램을 전문적으로 운영하는 센터는 드물다. 하지만 호주제의 폐지와 가족 관계 등록 제도의 신설로 호적제도의 부성(父性)주의 원칙 수정, 성(性) 변경, 친 양자 제도 등이 도입됨에 따라 재혼가족의 법적인 권리 보장이 과거에 비해 다소 향상되었다. 재혼가족이 새로운 가족체계에 적응할 수 있도록 교육지원이나 가족 관계 지원 등이 이루어져야 할 것이다.

재혼가족을 위한 교육 서비스 지원은 부모와 자녀를 대상으로 이루어질 수 있다. 재혼가족 부부를 위한 교육으로 친밀한 부부관계, 바람직한 부모 역할에 관한 교육과 상담 등의 내용으로 이루어질 수 있으며 자녀를 위해서는 긍정적인 자아정체성 갖기, 자신을 개방적으로 드러내기, 새로운 가족 구성원과의 친밀한 관계 맺기 등 가족 단위의 교육과 상담 그리고 여가 프로그램 등이 제공될 수 있다. 한부모가족을 대상으로 재혼 전 새로운 결혼을 어떻게 준비할지에 관한 재혼 준비교육 프로그램이 제공될 수 있다. 이를 통해 재혼가족이 행복한 가족 관계를 유지하고 건강한 가족으로 당당하게 세워지도록 도움을 줄 수 있을 것이다. 한부모가족이었으나 이제 재혼가족으로 새롭게 출발한 가족에게는 가족 관계 증진을 위한 전문화된 프로그램, 재혼가족 안내 지침서 등의 개발과 대중매체를 통한 건강한 재혼가족이 모델을 제시하는 정보지원활동이 필요하다. 구체적인 재혼가족 교육내용으로는 재혼가족의 부부관계 및 역할, 계부모 역할과 훈련에 관한 내용이 포함될 수 있다.

3. 입양가족 현황과 부모-자녀 관계

1) 정의와 현황

입양(adoption)이란 생물학적인 출산이 아니라 법률에 의해 부모-자녀 관계가 성립되는 것을 말한다(이동원, 2001). 입양이 이루어지면 입양 이전에 자신을 낳아 준 친부모는 자녀에 대한 권리와 의무가 소멸되고, 혈연관계가 전혀 없는 입양부모에게 부모의 권리와 의무가 행정 권한에 의해 이양된다. 이러한 입양은 친부모가 자신의 자녀를 양육할 수 없거나 양육할 의지가 없을 때 양부모가 아동의 영구적인 부모가 된다. 따라서 입양아는 입양을 통해 자신을 받아들인 입양가족의 구성원이 되며 자녀로서의 모든 권리와 의무를 부여받는다.

우리나라의 입양은 혈통을 중시하는 유교적인 가족관과 부모 중심의 입양, 비밀 입양에 대한 선호 때문에 외국에 비해 상대적으로 부진하다. 입양을 원하여도 까다로운 아동 선정의 조건, 국내 입양 전문기관이나 전문가 부족, 입양에 대한 전문성 결여, 입양 기관의 해외 입양 선호, 입양 상담원의 적극적인 국내 입양 성사 의지 결여 등으로 입양 성사가 미진하다(이동원, 2001). 특히 장애아를 입양하는 가족은 거의 없을 정도로 우리사회의 입양에 관한 인식은 매우 낮다. 우

〈표 9-6〉 입양 추이

연도	국내입양 아동 수
1958~1960	168
1961~1870	4,206
1971~1980	15,304
1981~1985	15,424
1986~1990	11,079
1991~1995	5,807
2000	1,686
2005	1,461
2007	1,388

출처: 보건복지가족부, 2007.

리나라 연도별 입양의 변화 추이를 살펴보면 1958년부터 1980년까지 20년 동안 지속적으로 증가하였으나, 1990년대 후반부터 현격히 감소하였다.

우리나라 입양을 국내외 입양 추이에 따라 살펴보면 1998년 이전에는 국외입양이 국내입양보다 2.5배 높은 수준을 보이다가 1999년을 기점으로 국내외 입양

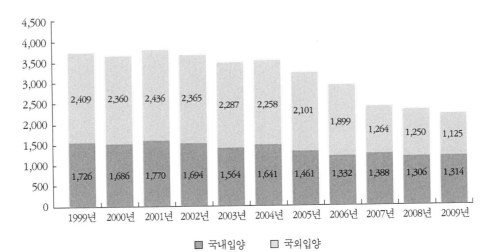

[그림 9-6] 연도별 국내외 입양 추이

출처: 한국보건사회연구원, 2011.

폭이 줄어들기 시작하여 2009년 국내입양이 국외입양보다 7.8% 높아졌다. 이는 정부가 1990년 국외입양 전면 중단계획을 발표하면서 국외입양을 단계적으로 축소하고 가정위탁제도를 도입하고 입양 촉진 및 절차에 관한 특례법을 개정하여 국외입양 절차를 보완하고 국내입양 우선추진제를 실시한 것에 부분적으로 영향을 받은 결과라고 할 수 있다(한국보건사회연구원, 2011).

입양 의뢰 사유를 살펴보면 국내 입양과 해외 입양 모두 미혼모 아동이 90%이상이었고, 그 다음이 시설보호 아동, 저소득층이나 결혼가족의 아동들이었다. 이러한 현상은 사회가 급속하게 변화되면서 새롭게 생겨나는 성 개방 현상이 보편화 되는 것에 비해서 성교육 프로그램은 여전히 교과서적이고 동시에 미혼모들이 아동을 양육할 수 있는 사회적 여건이 아직 조성되지 않았기 때문이다(입양정보센터).

〈표 9-7〉 입양 의뢰 사유

연도	국내 입양 의뢰 사유						해외 입양 의뢰 사유			
	계	미혼모 아동	시설 아동	저소득층 가정	결손 가정	기타	계	미혼모 아동	시설 아동	저소득층 가정
2009	1,314	1,116	70	82	27	19				
2008	1,306	1,056	86	97	34	33	1,250	1,114	10	126
2007	1,388	1,045	118	67	60	98	1,264	1,251	11	2
2006	1,332	1,011	115	63	40	103	1,899	1,890	4	5
2005	1,461	1,095	172	73	98	23	2,101	2,069	4	28
2004	1,641	1,250	236	55	80	20	2,258	1,257		1

출처: 신낙균, 2010.

이러한 입양가족의 주요대상자인 요보호 아동의 현황에 따르면 2000~2009년 기간 내에 가정보호 아동은 감소하는 대신 시설보호가 증가하는 경향을 보이고 있으며 가정보호 아동 중에서도 위탁 보호아동이 입양아동보다 2~3배 높아지는 추세다(한국보건사회연구원, 2011).

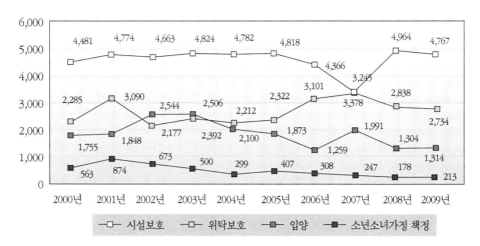

[그림 9-7] 연도별 요보호 아동의 보호형태 변화 추이

출처: 한국보건사회연구원, 2011.

2) 입양의 성립

우리나라는 이혼이나 경제적 어려움 혹은 미혼모 출산으로 인해 양부모가 필요한 아동들이 해마다 7천여 명에 이른다. 그러나 실제로 입양되어 가족을 갖게 되는 아동은 4천여 명에 불과하며 나머지 3천여 명은 보육원 등 복지시설에 맡겨진다. 입양부모의 입양 동기는 불임에 의한 입양과 선택적 입양으로 분류된다.

• 불임에 따른 입양: 우리나라의 경우 입양 동기의 80% 이상이 불임 때문이다(정기원, 김만지, 1993: 문혁준 외, 2010에서 재인용). 불임에 따른 입양의 경우 입양 사유가 불임이라는 개인적 이유가 대부분이여서 대체로 건강한 아동을 원한다. 따라서 입양 전에 입양 가족에게 친자녀가 있는 경우는 매우 드물다. 불임에 따른 입양은 우리나라의 남아 선호사상이나 가계 전수에 대한 생각 때문에 전체 입양의 10%를 차지하며 이는 외국에 비해 꽤 높은

편이다.

• 선택적 입양: 선택적 입양은 입양부모가 자녀를 낳을 수 있으나 입양을 통
  해 자녀를 갖고자 하는 경우에 선택하는 입양이다. 이들은 개인적이기보다
  는 아동복지 또는 인도주의적 동기를 갖고 입양한다. 선택적 입양을 선택하
  는 부모들은 자신과 다른 국적의 아동, 정서적 문제를 갖고 있는 아동이나
  특수한 욕구를 가진 아동을 입양하여 양육하는 데 관심을 갖는다.

(1) 입양 과정

입양 절차는 먼저 입양 관련 기관의 상담을 통해 이뤄진다. 입양기관에서는
입양 아동을 선정한 후 친부모와 친권 포기에 필요한 서류를 작성한다. 입양부
모와는 면담을 통해 입양에 대한 동기와 가정환경에 대해 조사한 후 입양이 타
당하다고 판단되는 경우 아동의 본적지 혹은 주소지 관할 가정법원에서 입양 인
가를 받아 입양이 성립된다. 입양에 적합한 부모와 가정의 조건은 관련 기관에
따라 조금씩 차이가 있으나 대부분 부모의 신체가 건강하고 부부 및 가족 관계
가 원만하며 경제적 능력이 있어 안정적인 환경인지를 확인한다. 입양부모의 특
성을 살펴보면 연령은 30~50세가 많으며, 결혼 지속기간은 3~10년 정도, 동일
한 종교를 가진 불임 부부들이 입양을 선호하는 경향이 있다(이소희, 이송이,
2009). 아동복지 사업에 따른 보호 아동에 대한 입양 관련 업무 흐름을 살펴보면
다음과 같다.

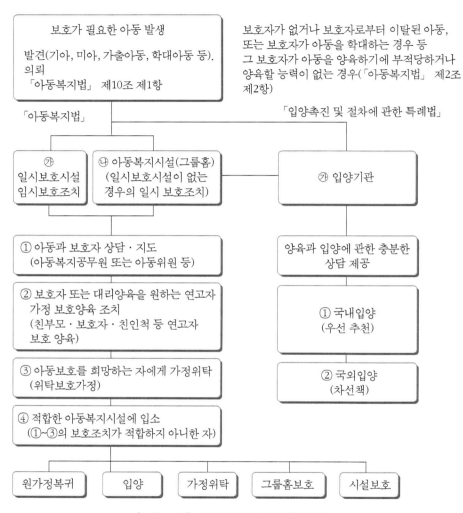

[그림 9-8] 보호아동 발생 시 업무 처리도

출처: 보건복지부, 2011.

(2) 입양 유형

입양의 형태는 입양이 전문기관을 통해 이루어지는지 그렇지 않은지에 따라 서는 '기관 입양'과 '독립 입양'으로 구분되며, 입양과정에 대한 정보의 공개 여부에 따라서는 '비밀 입양'과 '공개 입양'으로 분류된다.

먼저 입양 전문기관의 주선 여부에 따라 나눠지는 '독립 입양'과 '기관 입양'으로 나눌 수 있는데 '기관 입양(agency adoption)'은 입양의 전 과정이 입양 알선기관에 의하여 입양이 이루어지는 경우다. 기관 입양처럼 입양을 주선하는 아동복지 전문기관의 중재로 입양이 이루어지는 경우에는 입양 전문가에 의해 친부모로 하여금 친권을 포기하게 하고 입양기관이 모든 법적 대리인이 되어 입양을 성사시킨다. 그에 반해 입양 전문기관이 중재하지 않는 '독립 입양(independent adoption)'은 입양기관을 통하지 않고 친부모와 입양부모 당사자들 간의 협의에 의해 입양이 성립되는 형태를 말한다. 전문기관의 도움을 받지 않는 독립 입양의 경우 비용이 많이 들고 비밀보장이 어려운 특징이 있으며, 입양 후에 친부모 간에 문제가 발생하거나 아동의 입장보다는 입양부모의 요구에 기초하여 입양이 이루어질 가능성이 높다. 또한 입양 사실 공개 여부에 따라서 '공개 입양'과 '비밀 입양'으로 나뉘는데 그중 공개 입양은 입양의 전 과정을 밝히는 경우이고 비밀 입양은 아동이 받을 수 있는 충격을 고려해서 입양과정이 비밀리에 이뤄지는 입양 형태다. 이렇듯 입양 과정은 입양기관이 양쪽 가정을 조사하여 가장 적절한 가정과 아동을 연결하여 이뤄지는 형태가 안정적이다. 중재하는 전문기관을 통한 입양은 입양 후 발생되는 문제가 적으며 아동이 안전하게 보호받을 수 있는 여러 조건이 구비된 가정환경으로 입양될 수 있다는 장점이 있다. 다만 입양과정의 서류가 복잡하며 입양을 기다리는 시간이 길다는 단점이 있다.

(3) 입양의 구성 요소

입양이 원만히 성사되기 위해서는 입양아동, 입양부모, 친부모의 처한 상황에 대한 충분한 이해에 기초하여 추진되어야 하며 각각의 요소에 대한 기준이 충족되어야 가능하다. 입양의 각 요소에 따른 충족기준을 살펴보면 다음과 같다.

〈표 9-8〉 입양의 구성요소 및 충족기준

구분	충족기준
입양아동	• 사생아, 고아, 유기아, 친권 상실아, 부모로부터 심한 학대를 받은 아동 　－ 입양 촉진 및 절차에 관한 특례법에 의한 입양대상 아동 이력 • 보호자로부터 이탈된 자로서 시도지사 또는 시장, 군수, 구청장이 보호시설에 의뢰한 자 • 부모(부모사망 또는 기타 사유에 의한 직계존속) 또는 후견인이 입양을 통의하여 보호시설 또는 입양기관에 보호 의뢰한 자 • 법원에 의해 친권 상실의 선고를 받은 자의 자로서 시·도지사 또는 시장, 군수, 구청장이 보호시설에 의뢰한 자 • 기타 부양 의무자를 알 수 없는 경우로서 시·도지사 또는 시장, 군수, 구청장이 보호시설에 보호 의뢰한 자
입양부모	• 입양의 법적 기준은 평가에 따른 입양부모의 안정성 여부(신체적, 정서적, 경제적, 결혼관계) • 양자를 부양함에 충분한 재산이 있을 것 • 양자에 대하여 종교의 자유를 인정하고 사회의 일원으로서 그에 상응한 양육과 교육을 할 수 있을 것 • 가정이 화목하고 정신적, 신체적으로 양자를 부양함에 현저한 장애가 없을 것(정신과적 진료를 장기간 받은 경력 또는 성폭력, 아동학대 전력이 없어야 함) • 양친이 될 자가 대한민국 국민이 아닌 경우 본국 법에 의하여 양친 자격이 있을 것 • 기타 다음 요건을 갖춘 자 　－ 25세 이상으로 양자될 자와 연령 차이가 50세 미만일 것. 다만 양친이 될 자가 대한민국 국민이 아닌 경우에는 25세 이상 45세 미만이어야 함 　－ 자녀가 없거나 자녀의 수가 입양아동을 포함하여 5명 이내일 것
친부모	• 아동의 친부모로서 친권을 자발적 또는 비자발적으로 포기한 자 ※ 친권포기 원인 　－ 자발적 친권포기: 경제적 빈곤, 이혼, 별거로 인한 가족 해체, 가정결손, 미혼모, 사망 　－ 비자발적 친권포기: 아동학대, 유기

출처: 법제처, 2011.

3) 입양가족의 부모-자녀가 겪는 어려움

과거 우리나라 입양은 가계계승과 가산상속을 위해 혈연관계가 있는 가족 내 입양이 대부분이었다. 그러나 현대에 들어 저출산 핵가족화로 인해 가족 내 입양은 점차 감소한 반면, 혈연관계가 전혀 없는 가족 외 입양의 비율은 점차 증가하고 있다. 입양가족의 입양 동기는 양육에 관심을 가지는 유자녀 가족이 요보호 아동을 대상으로 자원봉사를 하다가 정이 들거나 위탁을 받아 키우던 아동의 친부모가 나타나지 않아서 입양하게 되는 경우 등이 있다. 하지만 생물학적인 방법으로 자녀를 낳을 수 없는 경우 부모가 되고 싶은 소망이나 자녀가 있어야 비로소 가정 같다는 생각 때문에 입양을 결정하는 불임부부가 큰 비중을 차지한다.

입양에 앞서 입양에 참여하는 친부모, 입양아, 양부모 3자는 각각 입양관련 정보의 비밀을 보장할 권리와 알 권리를 동시에 갖는다. 그러나 우리나라는 혈연 중심의 가족을 중시하고 친부모와 양부모 쌍방이 입양 사실이 노출되는 것을 원치 않는 경우가 대부분이어서 거의 모든 입양아동이 친자로 신고 되고 있다. 이는 현행법상으로 부모는 법을 어긴 것이고 입양아는 친부모를 알 권리를 박탈당하게 되는 것이지만 대부분의 양부모들은 자신의 불임사실이 알려지는 것이 두렵거나 입양아에 대한 사회적 편견 때문에 허위로 출생신고를 하게 된다(도미향, 남연희, 이무영, 변미희, 2005; 최정혜, 구명순, 2010).

(1) 입양부모 어려움

입양을 희망하는 부모 중 불임부부들은 불임에 관한 여러 가지 심리적 상실감을 경험한 후 불임이라는 현실을 받아들이고 입양을 준비할 때 입양부모로서의 역할에 충실할 수 있다. 입양부모는 생물학적으로 아동과 연계되어 있지 않아 부모-자녀 관계에 대해 심리적 불안과 긴장감을 유발할 수 있으며 부모-자녀 간에 겪는 어려움의 원인을 상상 속에 존재하는 '이상아'와 비교하거나 입양아의 '나쁜 혈통 탓'으로 돌릴 수 있다. 또한 언젠가 입양아동이 친부모를 찾아 나서게 되면 친부모를 더 좋아하게 될 것이라는 두려움과 완벽한 부모가 되어야 한다는 욕구 때문에 갈등을 겪기도 한다. 특히, 불임부부들은 자녀와 생물학적으로 연결되어 있지 않아 불안함을 느끼거나 부모 역할에 대한 강박감으로 어려움을 겪기도 한다. 또한 자녀가 없던 가정에 입양아동이 들어오면 이제까지 유지되던 가족의 균형이 깨지거나 모든 생활이 자녀 중심으로 바뀌게 된다. 나이가 많은 부모가 갓 태어난 영아를 입양한 경우 육아 부담이 더욱 커서 신체적 부담으로 고통을 호소하기도 하고 정신적 시간적으로 여유롭게 살다가 유아에 매이면서 우울증을 앓는 어려움을 경험하기도 한다.

(2) 입양아동 어려움

입양부모와 마찬가지로 입양아동도 어려움을 겪을 수 있다. 원치 않게 친부모로부터 분리된 경험은 인간에 대한 신뢰감이나 애착관계 형성을 어렵게 할 수 있다. 그리고 양부모와 친부모가 다르다는 사실을 수용해야 한다는 점, 자신의 출생 배경, 가계에 대한 궁금증으로 시작되는 뿌리 찾기 과정에서 입양아 자신의 자아정체감 혼돈을 경험하기도 한다.

(3) 입양 친부모 어려움

입양을 선택한 친부모 입장에서도 어려움이 있지만 친부모에게 필요한 복지 서비스에 대한 정보를 거의 제공받지 못한다. 입양이 성사된 이후에는 자녀의 입양과정에 대한 정보는 물론이고 성장과정에 대해 어떤 복지 서비스도 받지 못하여 친부모로서 죄책감과 심리적인 어려움을 겪게 된다. 또한 입양과정에서 겪는 상실감도 크다. 친권을 포기한 후 친모(부)가 경험하는 애도의 반응은 식욕상실, 수면장애와 같은 신체적 문제, 자녀에 대한 비현실적인 생각 또는 환상 같은 부정적인 인지, 죄책감, 분노, 절망감, 슬픔, 강박적인 행동 등으로 나타날 수 있다.

4) 입양가족에 대한 사회적 지원

입양과 관련된 정부와 지자체의 정책 과제는 양육, 의료, 교육 등 다각적인 측면에서 이루어져야 하지만 현재 입양가족을 대상으로 한 정부와 지자체의 지원은 주로 장애아동 양육보조금 및 의료비 지원과 입양 수수료 지원 형태로 이루어지고 있어 현재 정부의 지원책은 매우 부족한 실정이다. 따라서 요보호아동을 보호하고 성숙된 입양문화를 조성하기 위해 정부와 지자체 및 민간 모두가 협력하여 건강한 가족 문화를 창출할 수 있어야 할 것이다.

(1) 장애아동 양육보조금 및 의료비 지원(법 제23조)

정부는 입양아 중 장애아동을 입양하는 경우 장애 유형에 따라서 양육 보조금을 지원하고 있으며, 국립의료원 이용 시 장애아동에 대한 무료진료를 시행하고 있다.

① 입양가족 지원 대상

「장애인복지법」에 의한 장애인에 해당하는 아동으로서 장애등록이 된 아동과 분만 시 조산으로 인해 체중미달, 분만장애나 유전 등으로 질환을 앓고 있는 아동을 입양할 때 지원되는 제도다. 장애아동 입양에 해당하는 조건으로는 입양 당시 장애 또는 의료적 문제가 없었으나 선천적 요인으로 인해 장애 또는 질환이 발생한 아동에게는 만 18세까지 장애아동 양육 보조금 및 의료비를 지원하며 고등학교에 재학 중일 때에는 만 18세를 초과하더라도 졸업 시까지 지원이 가능하다.

② 입양가족 지원내용

장애아동 양육보조금은 중증 장애인에게는 월 627,000원, 경중 장애 아동에게는 551,000원을 지원해 준다. 장애 정도에 따른 구체적인 지원내용을 다음과 같다.

〈표 9-9〉 장애 유형에 따른 양육보조금 지원내용

구분	2010년도		2011년도	
	대상	지원액	대상	지원액
중증	장애인복지법 제2조 규정에 의한 장애인에 해당하는 아동으로서 장애등급이 1급 또는 2급인 자(3급 지적장애인 또는 자폐성장애인으로서 다른 장애가 중복된 자 포함)	월 670천 원/인	장애인복지법 제2조 규정에 의한 장애인에 해당되는 아동으로서 장애등급이 1급, 2급 및 3급 중복자애 *중복자애: 3급에 해당하는 장애 유형 외에 다른 유형의 장애가 하나 이상 있는 자	월 627천 원/인
경중 및 기타	장애인복지법 제2조 규정에 의한 장애인에 해당되는 아동으로서 장애등급이 3급~6급인 자 / 분만 시 조산, 체중미달, 분만장애, 유전 등으로 질환을 앓고 있는 아동 / 입양 당시 장애 또는 의료적 문제가 없었으나 선천적 요인으로 인해 장애 또는 질환이 발생한 아동	월 551천 원/인	좌동	월 551천 원/인

③ 입양가족 지원 의료비

장애아동 입양 시 연간 260만 원 한도 내에서 본인이 부담한 진료 상담 재활 및 치료(심리치료 포함)에 소요되는 비용(급여 및 비급여 부분 포함)을 지원한다. 단 의료급여법 규정에 의한 의료급여 또는 요양비에 대한 본인 부담금, 국민건강보험법 규정에 의한 요양급여 또는 요양비에 대한 본인부담금, 사회복지사업법·장애인복지법·정신보건법 등 법령에 의하여 제공되는 진료·상담·재활 및 치료에 소요되는 비용 중 본인부담금에 대하여 지원한다.

(2) 입양 수수료 지원

입양에 관한 「입양촉진 및 절차에 관한 특례법」에 의해 입양을 희망하는 가족이 입양기관을 통하여 아동을 국내에 입양하고자 하는 경우 입양 수수료를 지원한다.

① 입양지원 수수료

입양기관의 입양 수수료(입양전문기관 270만 원, 입양지정기관 100만 원) 중 입양전문 기관의 경우 생계급여 및 가정위탁 양육보조금 지원액을 제외한 금액을 지원한다.

입양촉진 및 절차에 관한 특례법(개정내용)

- 입양아동의 복지증진을 위해 양부모 자격 강화 필요
- 양친이 될 사람이 아동학대 · 가정폭력 · 성폭력 · 마약 등의 범죄나 알코올 등 약물중독의 경력이 없을 것
- 국내외 입양의 가정법원허가제 도입으로 입양아동 보호에 대한 국가의 책임 강화
- 입양 숙려제 도입으로 아동이 원가정에서 자랄 기회가 최대한 보장되도록 아동의 출생 후 7일이 경과한 후에 입양 동의가 이루어지도록 함

정부에서는 입양아동의 입양 후 안정적인 성장을 돕기 위해 입양 촉진 및 절차에 관한 특례법 개정을 통해 '입양 숙려제' 및 국내외 입양에 대한 법원 허가제 도입 등의 내용을 정하여 시행하고 있다. 이 법에 따르면 앞으로 입양을 보내고자 하는 부모는 1주일간의 입양숙려 기간을 거쳐야만 아동의 입양에 동의할 수 있도록 하여 아동이 원가정에서 자랄 기회를 최대한 보장하였다. 또한 요보호아동의 국내외 입양 시 가정법원의 허가를 거치도록 하여 입양아동의 보호에 대한 국가의 책임을 강화하였고, 국내입양 우선추진제의 법적 근거를 마련하였다. 입양아동의 정보 접근권을 명문화하고 국가가 입양정보 시스템을 운영하도록 하여 입양 사후 서비스 제공 및 국내입양 활성화를 위한 기반을 구축할 수 있

게 되었다.

이외에도 바람직한 입양제도 정착과 입양 파행에 따른 가족 위기요인을 예방하기 위해 이미 시행되고 있는 경제적 지원 이외에 교육적 지원, 자조집단에 대한 지원 방안들이 이루어져야 한다.

② 입양아동 심리 지원

입양아동은 입양과정에서 새로운 환경에 적응하면서 스트레스를 경험한다. 특히, 위탁 가족을 거쳐 입양되는 경우 위탁 부모에 대한 상실감은 크다. 더구나 여러 가족을 거치면서 입양이 성사된 아동들은 불안정감, 좌절, 분노 등의 감정으로 양부모와 애착을 형성하는 데 어려움을 겪는다. 친부모도 친권을 포기한 후에 강한 상실감과 죄책감을 느끼지만 이에 대한 의사표현이나 해결방안에 대해 조언해 주는 전문가가 거의 없는 형편이어서 자녀를 버렸다는 죄책감으로 괴로워하기도 한다. 친부모가 죄책감에서 해방되도록 자녀가 잘 성장하고 있다는 것을 보여 주는 것이 친부모의 인생에 도움이 되기도 하지만 입양 당시 입양부모는 친부모에 대해 의도적으로 관심을 갖지 않으려는 경향이 있어서 입양에 연관된 모두에게 심리적 어려움을 줄 수 있다. 따라서 건강한 입양문화정착을 위해 입양 관련 대상에 대한 심리상담 지원을 활성화할 필요가 있다.

또한 입양아는 성장하면서 입양 사실을 알게 되면 '나는 누구인가?'라고 자신의 뿌리를 알고 싶어 하는 궁금증과 자신의 정체성을 확인하려는 강한 충동에 사로잡히게 된다. 이는 양부모에게 불만족해서가 아니라 자연스러운 욕구이자 솔직한 감정임을 공감하여 도움을 주어야 할 것이다. 입양아가 자신의 과거에 대해 알고 싶어 하는 고민을 가족의 관심 속에서 해결하게 되면 자신의 존재에 대해 확신이 생기고 입양부모에게 깊은 감사를 느끼게 되어 입양부모들과 관계가 더 좋아질 수 있다(이동원, 2001). 따라서 친부모에 대한 기록 및 입양 정보는 합리적인 관리체계를 구축하여 입양 당사자들의 입양 정보의 공개 권리를 인정해야 한다.

③ 입양 자조집단 지원

입양가족을 위한 자조집단은 상호 간 입양에 대한 정보를 공유하고, 입양에 대한 지지 · 옹호 기능을 수행하는 자발적 집단으로 이를 활성화하는 지원책이 마련되어야 할 것이다. 이들의 활발한 활동은 국내 입양에 건전한 문화를 형성할 수 있으리라 기대됨으로 이들 단체에 대한 지원이 확대될 필요가 있다.

앞에서 살펴본 가족형태에 대하여 종합하면 이렇게 다양한 가족들이 존재하는 현대사회에서 유아교육자들은 가족에게 발견되는 다양성들을 더 많이 수용하기 위하여 가족 구성의 의미와 그들의 역할들에 대하여 이전에 갖고 있던 관념들을 점검해야 할 것이다. 이를 통해 전통적이거나 현대적인 가족 관계에 관하여 이해함으로써 유아교육현장에서 만나는 다양한 가족들을 보다 객관적으로 대하고 부모와 유아들을 효과적으로 지원할 수 있다.

생각해 볼 문제

1. 조부모가 손자녀를 양육하는 데 있어서 가장 큰 어려움은 무엇일지 토의해 보시오.
2. 건강한 가족을 위하여 재혼가족 부부들이 가장 중요시해야 할 점은 무엇인지 논의해 보시오.
3. 이혼 과정에서 부모와 자녀들이 받는 가장 큰 스트레스는 무엇인지 논의해 보시오.
4. 재혼가족에게 가장 큰 어려움은 무엇인지 설명해 보시오.
5. 자녀 입양의 장단점은 무엇인지 토의해 보시오.

제**4**부
부모교육 이론 및 프로그램

제10장

에릭번의 상호교류분석

　　에릭번의 상호교류분석의 특징과 자아상태, 교류, 스트로크 그리고 삶의 입장에 대해 본 장에서 알아보고자 한다.

1. 에릭번의 상호교류분석의 배경과 철학

1) 상호교류분석의 배경과 철학

에릭번(Eric Berne)은 1910년 캐나다 몬트리올에서 태어나 1935년 맥길대학에서 의학박사학위를 받은 후 미국으로 이주하였다. 예일대학 의대에서 정신과 레지던트 과정을 한 후 시온병원 정신과에서 근무했다. 1939년 미국 시민권을 받으면서 이름을 Eric Lennard Bernstein에서 Eric Berne으로 바꾸었다(박현주 역, 2009). 1947년에는 에릭슨(Erik Erikson)에게 정신분석훈련을 받았다(대학카운슬러연구협의회, 1986). 에릭번은 정신분석학회 회원자격을 받고 싶어 했으나 샌프란시스코 정신분석학회가 회원자격을 주지 않자 단독으로 새로운 정신치료의 체계를 세워 보기로 결심했다. 에릭번은 1950년대부터 정립해 온 자신의 정신치료 이론들을 중심으로 연구하여 1957년 교류분석(Transactional Analysis: A New and Effective Method of GroupTreatment) 관련 논문을 발표했으며 1958년에는 샌프란시스코 사회정신의학 협회로 발전되기에 이르렀다(김경화, 2003; 대학카운슬러연구협의회, 1986).

상호교류분석은 기호나 도식을 이용하여 정신세계의 틀을 설명하는 집단치료의 한 방법이었으나, 에릭번의 동료 및 제자들이 이론을 더욱 발전시켜 개인의 성장과 변화를 위한 심리치료의 체계적인 이론과 방법을 제시한 이후 개인치료 및 상담의 방법으로 인정받고 있다(김경화, 2003). 에릭번의 이론이 부모교육을 목적으로 연구된 것은 아니었지만 번이 죽은 후 Harris와 Jongeward의 『나도 옳고 너도 옳다(I'm O.K, You're O.K)』와 『Born to win』이라는 저서는 부모와 자녀 관계에 크게 영향을 주었다(유효순, 지성애, 2004).

상호교류분석이론에 근거한 부모교육 프로그램은 부모와 자녀가 모두 긍정적인 자아상태를 스스로 조성할 능력을 길러 긍정적인 생활태도를 가질 수 있도록 하는 것이다. 이러한 교류분석의 실천 철학은 다음과 같다(정은, 2006; 제석봉, 최외선, 김갑숙, 윤대영 역, 2011).

첫째, 다른 정신치료체계와는 다르게 라틴어와 희랍어를 최소한으로 사용하여 치료자와 내담자가 쉽게 서로 대화하여 치료에 참여할 수 있도록 한다. 둘째, 인간이 성취한 것이 다르고 민족, 종교 등이 다르더라도, 모두 가치 있는 존재로 동등하다. 즉, 나와 타인을 그대로 수용하는 '나도 옳고 너도 옳다'(I'm O.K, You're O.K)라는 근본적인 가정을 한다. 셋째, 모든 사람은 자신의 삶에서 원하는 것을 스스로 결정하는 데 책임을 져야 하며 또 책임질 수 있다고 확신한다. 따라서 자신의 결정에 따라 운명은 얼마든지 변화할 수 있다.

2. 3가지 자아상태

1) 자아상태 모델

교류분석 이론의 가장 기본적 개념은 자아상태 모델이다. 자아상태란 일상생활과 관련된 행동, 사고, 감정으로 부모 자아상태(parent ego state), 성인 자아상태(adult ego state), 어린이 자아상태(child ego state) 3가지로 나눠지며 각 상태의 특징은 다음과 같다(박현주, 2009; 제석봉 외 역, 2011; 대학카운슬러연구협의회, 1986).

부모 자아상태(Parent ego state: P)는 부모, 형제 또는 이와 비슷하게 정서적으로 중요한 사람들의 생각, 감정, 행동을 따라 하는 것이다. 또한, 성인 자아상태(Adult ego state: A)는 P, A, C 중 가장 원숙하고 바람직한 자아기능으로, P와 C 사이에 존재하는 인격의 중재자다. 감정의 영향을 받지 않고 자료를 모으고, 자극을 평가하고 예측하여 미래를 위한 결정을 내린다. 성장한 나의 능력을 이용해 현재 상황에 맞게 행동하고 생각하며 감정을 느끼는 것이다. 마지막으로 어린이 자아상태(Child ego state: C)는 어린 시절로 되돌아간 것처럼 그 시절에 자주 했던

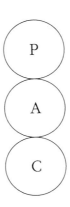

[그림 10-1] 세 가지 자아상태

행동을 하고 사고하며 감정을 느끼는 것이다.

세 가지 자아상태의 변화

- A(성인 자아상태)

  김과장은 교통이 복잡한 시내에서 차를 몰고 가고 있다. 도로 표지판과 교통신호등 그리고 다른 차들의 움직임을 주시하며 운전을 하고 있다. 갑자기 차 한 대가 끼어들어 사고가 날 뻔 했으나 김과장은 브레이크를 밟아 충돌을 피한다.

  – 김과장의 A(성인 자아상태)는 주변 상황에 맞추어서 운전을 하다가 현재 위험상황에 맞게 신속하게 반응하는 데 도움을 주었다.

- P(부모 자아상태)

  김과장은 끼어들었던 차가 멀리 사라지자 고개를 저으며 입을 내민다. 옆 사람에게 "저런 운전자는 운전면허증을 뺏어서 영원히 운전을 하지 못하게 해야 돼." 라고 말한다.

  – 김과장은 P(부모 자아상태)로 바뀌어, 과거 어머니가 운전할 때 바르게 운전하지 않는 운전자를 보고 했던 모습을 그대로 따라 하고 있다.

• C(어린이 자아상태)

김과장은 마케팅 담당자와 만나기로 한 장소에 도착해 시계를 보고 약속 시간에 늦었다는 것을 알고 매우 당황한다. 자꾸 머리와 가방을 만지작거리고 손에 땀이 난다.

– 김과장은 인식하지 못하고 있지만, 학교 다닐 때 지각해서 선생님께 혼났던 기억이 되살아난 것이다. 김과장은 과거 지각했을 때의 감정과 사고를 재연하면서 행동도 나타난 것이다.

• A(성인 자아상태)

잠시 후 김과장은 '내가 무엇 때문에 이렇게 당황하고 걱정스러워하지? 마케팅 담당자는 상대편에 대해 이해심이 많고 합리적인 사람이니까 늦은 이유를 설명하면 이해해 줄 거야. 준비한 영상 자료를 이용하면 빨리 설명할 수 있어서 늦은 시간을 만회할 수 있어.' 김과장은 마음이 편안해지면서 얼굴이 밝아진다.

– 김과장은 A(성인 자아상태)로 바뀌어서 마음과 행동, 표정이 안정된다.

2) 자아상태 기능

자아상태는 두 가지 측면인 구조와 기능으로 나뉘며 자아상태의 구조는 자아상태 속에 무슨 내용이 있는가를 나타내고 자아상태의 기능은 자아상태를 어떻게 사용하는지 과정을 나타낸다(제석봉 외 역, 2011). 자아상태는 부모–자녀의 자아상태에 따라 그 양상이 다르게 나타난다.

부모님은 자녀를 대할 때 온화하고, 애정적이며 따뜻하게 양육한다. 우리가 부모님처럼 다른 사람들을 돌봐 준다면 양육적 부모(Nurturing Parent: NP)의 상태에 있는 것이다.

양육적 부모(NP)의 예

- 자녀가 무서운 꿈을 꾸어 울고 있을 때 꼭 껴안아 준다.
- 잠자기 전에 자녀를 안고 책을 읽어 준다.
- 길을 가다가 다쳐서 울면, 울지 말라고 달래 주며 상처에 약을 발라 준다.

부모님은 어린 자녀를 애정적이고 온화하게 대하기도 하지만 '하지 말아야 할 일'에 대해서는 통제하며 '할 일' 또는 '할 수 있는 일'에 대해 말해 주기도 한다. 우리가 이러한 부모의 역할을 따라한다면 통제적 부모(Controlling Parent: CP)의 상태인 것이다.

통제적 부모(CP)의 예

- 식사할 때는 돌아다니지 말고 한 자리에 앉아서 먹어야지.
- 그런 바보 같은 행동은 하지 마라.
- 길에서 함부로 뛰어다니지 마라.

성장한 사람이 사용할 수 있는 모든 자원을 이용하여 '지금-여기'의 상황에 적합하게 반응하는 모든 예들을 성인 자아상태(A)라고 분류한다.

어린 시절부터 부모님 또는 나에게 의미 있는 사람들의 요구에 맞춘 익숙한 사고, 감정, 행동들을 하고 있다면 순응하는 어린이(Adapted Child: AC) 상태인 것이다. 자란 후에도 부모가 기대하는 행동을 재연할 때가 있다.

순응하는 어린이(AC)의 예

- 학교에서 싫어하는 친구와도 사이좋게 지낸다.
- 책 읽는 것을 좋아하는 엄마와 있을 때는 옆에 앉아서 책을 읽는다.
- 손을 닦은 후 물기를 바지에 닦고 싶지만 수건에 닦는다.
- 나는 피아노 연습하는 것이 싫지만 아빠가 좋아하셔서 아빠가 옆에 계실 때는 피아노 연습을 한다.

부모의 요구, 압력, 기대 등에 응하지 않고 반항하지도 않는 것으로 오직 내가 원하는 대로 한다. 부모의 마음에 들기 위해서 하는 것이 아니라 단지 나를 위해서 하는 것으로 자유로운 어린이(Free Child: FC) 상태인 것이다. 자란 후에도 누구의 눈치를 보지 않고 어렸을 때처럼 행동할 때가 있다.

자유로운 어린이(FC)의 예

- 축구를 하면서 즐겁게 보냈다.
- 슬픈 드라마를 보면 운다.

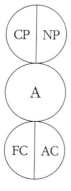

CP-통제적 부모
NP-양육적 부모
FC-자유로운 어린이
AC-순응하는 어린이

[그림 10-2] 자아상태의 기능 분석

3) 자아상태 파악

에릭번은 행동적 진단, 사회적 진단, 역사적 진단, 현상학적 진단 등 4가지 방법 중 행동적 진단이 자아상태를 가장 잘 파악할 수 있다고 하였다(제석봉 외 역, 2011). 상대방의 말, 어조, 제스처, 자세, 얼굴 표정 등의 행동 관찰을 통해 행동적 진단을 할 수 있다. 에릭번이 언급한 자아상태 유형인 FC, AC, NP, CP, A의 행동 진단 특징을 살펴보면 다음과 같다[스기다 미데야스 저(김현수 역), 2000: 김경화, 2003에서 재인용, http://www.ta.or.kr].

〈표 10-1〉 어린이 자아상태(C)의 행동적 진단

구분	자유로운 어린이(Free Child)	순응하는 어린이(Adapted Child)
말	• 감탄사 사용 • 깨끗하다!(더럽다!, 아프다!) • 좋아요, 싫어요. • ~을 갖고 싶다. • ~을 하고 싶다. • 부탁해요, 도와주세요. • 해 주세요. • 못해요. • 기뻐요.	• ~해도 될까요. • ~할 수 없어요. • 잘 모르겠어요. • ~안 돼요. • 슬퍼요. 섭섭해요. • 아니 괜찮습니다. • 우울해요. • 쓸쓸해요. • 화가 나요. • 이젠 좋아요.
어조	• 느긋한 • 큰소리 • 개방적, 자유로운 • 감정적인 • 흥분하는 • 밝은, 명랑한 • 싫증나지 않는 • 즐거운	• 힘없이 소곤대는 • 자신이 없는 • 조심스럽게 • 여운이 있는 반응 • 때로는 격분한 • 애처로운 • 한스러운

자세, 동작, 표정, 몸짓	• 자유로운 감정표현 • 활발한, 자발적인 • 잘 웃는 • 장난꾸러기 같은 • 유머가 풍부한 • 낙관적인 • 때로는 공상적인 • 자연스럽게 요구하는 • 응석부리는 • 씩씩한	• 마주 보지 않는 • 안색을 살피는 • 마음을 쓰는 • 탄식하는 • 동정을 구하는 • 불안, 공포, 증오 • 겁에 질린 • 아부하는 • 침울한

〈표 10-2〉 부모 자아상태(P)의 행동적 진단

구분	양육적 부모자아상태(NP)	통제적 부모자아상태(CP)
말	• 해 줄게. • 그래 알았어. • 쓸쓸(섭섭)하다는 거지? • 잘 되었구나. • 걱정하지 마라.~할 수 있어. • 불쌍하게도 • 힘내라. • 좋은 아이구나. • 걱정 말아라. • 알았어요.	• 안 돼. 바보야. • 당연히 ~해야지. • 말한 대로 해라. • 못 쓰겠구나. • 멍청하긴 • ~하지 않으면 안 돼. • 나중에 후회할 걸? • (격언이나 속담을 인용하여) ~이론 에 따르면
어조	• 온화함. • 안심하게 함. • 기분을 알아줌. • 동정적 • 애정적 • 따뜻함. • 부드러움 • 징벌하지 않는	• 단정적 • 조소적 • 의심스런 • 강압적 • 도와주는 척 • 교훈적 • 설교적 • 비난적

자세, 동작, 표정, 몸짓	• 손을 내밂. • 과보호적 태도 • 미소를 띰. • 수용적 • 어깨에 손을 얹음. • 배려가 가득함. • 돌보는 데 열정적 • 천천히 귀 기울임.	• 손가락질을 함. • 실수를 지적함. • 지배적임. • 잘난 척함. • 도전적임. • 타인을 애용 • 주먹으로 책상을 두드림. • 무시함.

〈표 10-3〉 성인 자아상태(A)의 행동적 진단

구분	성인 자아상태(A)
말	잠간! 기다려, 누가?, 왜?, 언제?, 어디에서?, ~라고 생각해 생각해 보자, 나의 의견으로는~, 구체적으로 말하면
어조	침착한 낮은 소리, 단조로운, 일정한 음조, 냉정한, 기계적인 상대편에게 맞추는, 명료한, 상대방이 말하는, 내용을 이해하는
자세, 동작, 표정, 몸짓	대화 간격이 알맞다, 주의 깊게 경청한다, 냉정한, 관찰적인 안정된 자세, 상대방의 눈을 마주치며, 생각을 종합하는

3. 교류

교류분석은 대인관계에서 P, A, C 간의 말, 태도, 행동 등 교류를 분석하는 것이다. 교류는 S(자극)와 이에 대한 반응인 R(반응)을 통해 이루어지는데, 이러한 교류분석을 통해 P, A, C의 사회적 적응 및 조정을 도울 수 있다. 세 가지 대표적 교류 방법을 살펴보면 다음과 같다(대학카운슬러연구협의회, 1986; 이순형 외, 2010; 제석봉 외 역, 2011).

충족교류(Complementary Transactions)는 메시지나 자극을 보낼 때 예상했던 응답이나 반응이 오는 것이다. 교류를 할 때 평행선을 유지하여 '말이 통한다거나 대화가 되네.'라고 생각하며 만족스런 대화를 한다. 교류 시 발신자가 '예상하는 기대'에 맞는 수신자의 응답이 이루어져, 일상적인 교류가 계속된다. 충족 교류인 경우 의사소통이 끊임없이 계속될 수 있다. 교류시 대화의 방향을 알려 주는 화살표를 TA의 용어로 벡터(vector)라고 하며, S(stimulus)와 R(response)로 표시한다. S는 자극, R은 반응을 나타낸다.

A–A의 충족교류의 예

- 교사 (A): 지금 몇 시니?
- 학생 (A): 세 시요.
  (A 자아상태에서 질문하고 답한 예다.)

P→C, C→P의 충족교류의 예

(교사와 지각한 학생의 대화)
- 교사 (P→C): 왜 또 늦었어? 정시에 오면 좋잖아.
- 학생 (C→P): 죄송합니다. 내일부터는 절대 늦지 않을게요.
  (교사가 P 자아상태에서 야단치면서, 학생이 C 자아상태에서 반응하길 기대한다. 학생은 C 자아상태에서 사과하여, 벡터 R은 학생의 C 자아상태에서 교사의 P 자아상태로 향한다.)

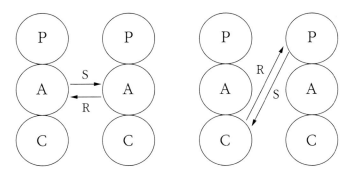

[그림 10-3] 충족교류

교차교류(Crossed Transactions)는 충족교류의 정반대 개념으로 보낸 메시지나 자극에 대한 응답으로 의외의 반응을 받게 되는 교류방법이다. 자극과 반응이 서로 어긋나는 교차선을 이루고 있어 교차교류라고 하며 '말이 안 통하네, 대화가 안 돼'라고 생각하여 불만스런 대화가 된다.

충족교류와는 다르게 교류 시 발신자가 '예상하는 기대'에 적합하지 않은 수신자의 응답이 이루어지는 교류다. 교차교류 시에는 발신자, 수신자 모두 또는 어느 한쪽이 원활한 교류를 위해 자아상태를 바꾸어야 한다.

P→C, A→A의 교차교류의 예

(교사와 지각한 학생의 대화)
- 교사 (P→C): 왜 또 늦었어? 정시에 오면 좋잖아.
- 학생 (A→A): 화가 많이 나셨군요. 왜 그렇게 느끼는지 이해해요. 제가 어떻게 하면 좋을지 말씀해 주세요.

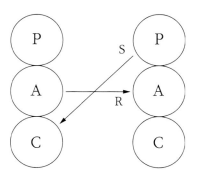

[그림 10-4] 교차교류

이면교류(Ulterior Transactions)는 이차원적인 교류교환으로 한 가지 자극을 가지고 두 가지 사실을 동시에 의미하는 복잡한 교류방법이다. 표면적으로는 사회적으로 용인되는 교류를 나타내지만 이면에는 진짜 욕구나 의도가 숨겨져 있다. 이러한 교류방법은 속임수가 내재되 있거나 정신적 질환의 주된 원인이 된다. 이면교류의 두 개의 차원은 생활에서 허용되는 공개적 차원의 사회적 차원(social level)과 잠재적 동기를 표현하기 위해 사회적 차원을 이용하는 심리적 차원(psychological level)이 있다. 사회적 차원의 내용은 보통 A–A간의 교류로 보이지만, 심리적 차원의 내용은 일반적으로 P–C 또는 C–P간의 내용으로 보인다.

사회적 차원에서 A⇄A의 충족교류처럼 보임

- 남편 (얼굴이 빨개지며 눈썹을 치켜뜨면서): 내 디지털 카메라 어떻게 했어?
- 부인 (신경질적인 말투로 인상을 쓰며): 아래 칸 서랍에 있어요.

심리적 차원에서는 P⋯C, C⋯P의 교류를 보임

- 남편: 당신은 항상 내 물건을 마음대로 쓰고 아무 곳에나 놓잖아.
- 부인: 언제나 당신은 비난만 하잖아.

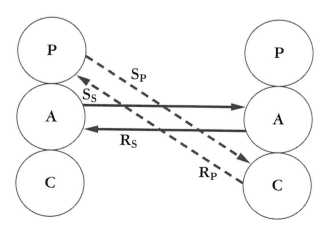

[그림 10-5] 이중 이면교류

사회적 차원에서 A→A(점원), R(손님)

- 점원: 이 텐트는 신제품으로 최상품입니다. 다만 값이 비싸서 여유 있는 분들만 사세요.
- 손님: 이 제품으로 하겠어요. 포장해 주세요.

심리적 차원에서 A⋯C(점원), R(손님)

- 점원: 비싼 최상품을 살 돈이 있을까?
- 손님: 내가 이 정도는 살 수 있는 손님이라는 것을 보여 줘야지.

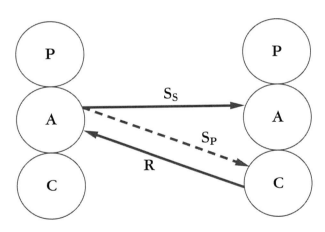

[그림 10-6] 각진 이면교류

4. 스트로크

스트로크는 언어적ㆍ신체적 스트로크, 긍정적ㆍ부정적 스트로크, 조건적ㆍ무조건적 스트로크로 나눌 수 있다.

• 언어적 · 신체적 스트로크

일반적으로 다른 사람들과 교류를 할 때는 언어적 · 신체적 스트로크가 교환된다.

언어적 스트로크는 아직 말을 하지 못하는 영아에게 "누굴 닮아서 이렇게 멋있을까?" "우유를 잘 먹네." 등 부모가 계속해서 말을 하는 것이다. 신체적 스트로크는 머리 쓰다듬기, 악수하기 등 직접적 신체 접촉을 말한다.

• 긍정적 · 부정적 스트로크

긍정적 스트로크는 다른 사람에게 행복감이나 즐거움 등을 주지만 부정적 스트로크는 슬픔이나 고통 등의 감정을 느끼게 한다. 이 두 가지 스트로크를 모두 받지 못하는 것보다는 부정적 스트로크라도 받는 것이 낫다.

• 조건적(긍정적/부정적) · 무조건적(긍정적/부정적) 스트로크

사람들이 한 행동에 대한 것은 조건적 스트로크이고 사람 자체에 대한 것은 무조건적 스트로크다.

조건적(긍정적/부정적) · 무조건적(긍정적/부정적) 스트로크

- 긍정적인 조건적 스트로크 – 피아노를 참 잘 연주하는군.
- 부정적인 조건적 스트로크 – 그런 식으로 행동하면 밉다.

- 긍정적인 무조건적 스트로크 – 목소리만 들어도 행복해. 네가 있어서 너무 좋아.
- 부정적인 무조건적 스트로크 – 난 네가 싫어.

5. 삶의 입장

교류분석에서의 삶의 입장은 스크로크에 의해 결정되는데, 자신과 타인에 대해 어떻게 느끼는지 연관이 있고, 어린시기의 신체적 욕구와 심리적 욕구의 차이를 경험하면서 고정된 결단이 곧 삶의 입장의 내용이 된다(대학카운슬러연구협의회, 1986). 어린 시기에 고정된 기본적인 정서적 입장은 자동적 방어기제가 되고 인생에서 계속되어 항상 동일한 입장으로 모든 일을 해결하려고 한다(대학카운슬러연구협의회, 1986). 교류분석에서는 빈도와 가능성이 높은 네 개의 삶의 입장이 있다(이순형 외, 2010; 대학카운슬러연구협의회, 1986; 박현주 역, 2009).

- I'm not OK-You're OK

타인은 자기보다 우월하고, 자신은 열등하게 느껴 다른 사람이 긍정해 줄 때에만 활기차고 좌절과 마음의 상처를 쉽게 받는다. 이러한 삶의 입장은 퇴행, 의기소침, 자살충동 등과 관계가 있다.

- I'm OK-You're not OK

자신의 실수를 남의 탓으로 하고 자신은 희생 또는 박해를 받았다는 기분으로 삶을 산다. 주로 비행자와 범죄자들이 이러한 입장의 삶을 살고 심하면 타살충동으로 연결된다. 다른 사람을 잘 의심하고 존중하지 않고 경멸하며 자신의 의견과 맞지 않을 경우 배재하려고 한다.

- I'm not OK-You're not OK

자신과 타인을 모두 믿지 못하여 자신은 항상 실패할 것이고 다른 사람은 적이라고 생각하며 세상을 냉혹하고 가치 없게 생각한다. 이러한 삶을 살아가는 사람은 삶의 의미를 상실하고 정신분열 증세를 보이거나 자살 및 타살의 충동을 느낀다.

• I'm OK–You're OK

정신적, 육체적으로 건전하고 사물을 좋은 방향으로 이끌려고 하고 자신과 다른 사람의 가치를 존중하고, 자신의 이익이 목적이 아닌 순수하게 타인을 위한 배려를 한다. 이러한 삶의 입장은 자기 훈련과 노력을 통해 형성된다. 언스트 (Ernst)는 4가지 삶의 입장을 기능과 상호연관성을 정리하여 OK Corral이란 도식으로 정리하고 있다(제석봉 외 역, 2011; 대학카운슬러연구협의회, 1986).

<table>
<tr><td colspan="3" align="center">You-Are-OK-With-Me</td></tr>
<tr>
<td>작용:
퇴행(Get-Away-From)
그 결과로서의 자세:
  I am not OK with me
  You are OK-with me

(우울한 자세)</td>
<td>작용:
어울림(Get-On-With)
그 결과로서의 자세:
  I am OK with me
  You are OK with me

(건강한 자세)</td>
</tr>
<tr><td>I'm-Not-OK-With-Me</td><td>I'm-OK-With-Me</td></tr>
<tr>
<td>작용:
못 어울림(Get-Nowhere-With)
그 결과로서의 자세:
  I am not OK with me
  You are not OK with me

(무용한 자세)</td>
<td>작용:
제거(Get-Rid-of)
그 결과로서의 자세:
  I am OK with me
  You are not OK with me

(편집증적 자세)</td>
</tr>
<tr><td colspan="3" align="center">You-Are-Not-OK-With-Me</td></tr>
</table>

[그림 10-7] 4가지 삶의 입장

출처: 제석봉 외 역, 2011

생각해 볼 문제

1. 이고그램 점검표를 체크하여 점수화한 후 이고그램에 나타난 본인의 자아상태에 대해 설명해 보시오.

이고그램 점검표

내 용	매우 부정	약간 부정	보통	약간 긍정	매우 긍정
1. 다른 사람을 헐뜯기보다 칭찬을 한다.					
2. 사태의 흑백을 명백히 가리지 않으면 마음이 편치 않다.					
3. 무슨 일을 할 때 좀처럼 결심을 할 수가 없다.					
4. 나는 명랑하게 행동하고 장난을 잘 친다.					
5. 말이나 행동을 냉정하고 침착하게 한다.					
6. 성미가 급하고 화를 잘 낸다.					
7. 인정(人情)을 중요시한다.					
8. 호기심이 강하고 창의적인 착상을 한다.					
9. 사물의 정돈을 잘한다.					
10. 농담을 하거나 익살부리기를 잘한다.					
11. 의존심이 강하다.					
12. 상대의 이야기를 경청하고 공감하기를 잘한다.					
13. 상대의 부정(不正)이나 실패에 대하여 엄격하다.					
14. 어려움에 처해 있는 사람을 보면 도와주고 싶어 한다.					
15. 숫자나 자료(data)를 사용해서 이야기를 한다.					
16. 제멋대로 말하거나 행동한다.					
17. 후회(後悔)의 생각에 사로잡힌다.					
18. 좌절감을 맛보는 경우가 많다.					
19. 6하 원칙(누가, 언제, 어디서)에 따라 사리를 따지거나 설명한다.					
20. 일을 능률적으로 수행한다.					
21. 요령이 없고 주저주저한다.(머뭇거린다.)					
22. 무슨 일이나 사실에 입각해서 객관적으로 판단한다.					
23. 다른 사람으로부터 부탁을 받으면 거절하지 못한다.					

	CP	NP	A	FC	AC
24. 주변 사람에게 긴장감을 준다.					
25. 봉사활동에 즐겨 참여한다.					
26. 배려나 동정심이 강하다.					
27. 신이 나면 도가 지나쳐서 실수를 한다.					
28. 타인의 장점보다 결점이 눈에 띈다.					
29. 타인의 반대에 부딪히면 자신의 생각을 바꾸고 만다.					
30. 다른 사람에 대해 온화하고 관대하다.					
31. 상대방의 말을 가로막고 그의 생각을 바꾸게 한다.					
32. 오락이나 술·음식물 등을 만족할 때까지 취한다.					
33. 계획을 세우고 나서 실행한다고 생각한다.					
34. 완고하고 융통성이 전혀 없다.					
35. '타인의 표정을 살핀다.'라는 말을 자주 사용한다.					
36. 스포츠나 노래를 즐길 수 있다.					
37. 현상을 관찰·분석하고 합리적으로 의사결정을 한다.					
38. 욕심나는 것을 가지지 않고서는 못 배긴다.					
39. 열등감이 심하고 자신의 감정을 참고 억제한다.					
40. 상냥하고 부드러우며 애정이 깃들어 있는 대화나 태도를 보인다.					
41. 일을 빨리 처리하는 것이 장점이다.					
42. 하고 싶은 말을 할 수가 없다.					
43. 상대를 바보 취급하거나 멸시한다.					
44. 노는 분위기(놀이)에 저항 없이 어울린다.					
45. 눈물에 약하다.					
46. 대화에서 감정적으로 되지 않고 이성적으로 풀어 간다.					
47. 부모나 상사가 시키는 대로 한다.					
48. '당연히 해야 한다. 하지 않으면 안 된다'는 식의 말투를 잘 쓴다.					
49. '와, 멋있다.' '굉장하군.' '아하!' 등 감탄사를 잘 쓴다.					
50. 매사에 비판적이다.					
점수 합산	CP	NP	A	FC	AC

출처: 정은, 2006

2. 이번 주 동안 생활하면서 아래 도식의 4칸 중 어느 칸에서 시간을 많이 보냈는지 선을 그리고, 자아상태에 대해 설명해 보시오.

```
                        You-Are-OK-With-Me
                               |
                               |
                               |
  I-Am-Not-                    |                    I-Am-OK-
  OK-With-Me ——————————————————+—————————————————— With-Me
                               |
                               |
                               |
                      You-Are-Not-OK-With-Me
```

기노트의 인본주의적 관점

제11장

학습목표

1. 아동과 효율적으로 대화하는 방법을 안다.
2. 기노트의 자녀 양육 원리에 대해 설명할 수 있다.
3. 부모가 분노와 화를 적절하게 표현하는 방법을 안다.
4. 자녀에게 일관성 있는 규율을 적용하여 행동의 한계를 알 수 있도록 하는 것이 중요하다는 것을 안다.
5. 기노트의 부모교육 4단계를 서술할 수 있다.

기노트의 인본주의적 관점에서 자녀와 효율적으로 대화하는 방법과, 자녀 양육 원리 그리고 부모의 분노와 화를 표현하는 방법 등에 대해 이 장에서 알아보고자 한다.

1. 액슬린과 슬라브슨의 영향을 받은 기노트

기노트(Ginott, H)는 인본주의 심리학자로서 이스라엘에서 사범대학을 졸업한 후 초등학교 교사가 되어 아동들을 지도하였으나 학생 지도에 어려움을 느끼고, 미국으로 이주하여 컬럼비아대학에서 임상 심리학을 전공한다. 기노트는 놀이치료의 효과를 널리 알린 『딥스』의 저자 액슬린(Axline Virginia)에게서 놀이치료를 받는 어린이가 성장과 치료의 방향을 스스로 설정하는 놀이치료 과정에 대해 탐구하였다(정옥분, 정선화, 2008).

[그림 11-1] 기노트

이후에는 어린이를 양육하는 성인들은 아동의 바람직한 성장을 돕기 위해서 예민함과 연민의 정을 갖고 반응해 주는 애정적 경험의 중요성에 대해 깨닫게 된다. 또한 슬라브슨(Slavson)에게 심리적 역동성이론(Psychodynamics Theory)과 부모-자녀관계의 발달수준에 관하여 영향을 받게 되었다. 기노트는 액슬린과 슬라브슨에게 배운 내용을 발전시켰다. 부모교육은 자녀 스스로 삶을 이끌 수 있다는 믿음을 갖고 그 능력을 사용하도록 돕는 것이라고 하였다.

2. 자녀 양육 원리

기노트의 인본주의적 부모교육의 원리는 그의 저서 『부모와 자녀 사이』와 『부모와 십대 사이』에 잘 나타나 있다. 부모교육에서 중점적으로 생각하는 것은 부모와 자녀가 원활하게 상호작용을 하고 대화를 효율적으로 하는 것이다. 기노트의 자녀 양육 원리는 크게 성의 있는 대화하기와 자녀를 격려하고 이끌어 주기로, 그 내용을 살펴보면 다음과 같다(신홍민 역, 2003).

1) 성의 있는 대화하기

(1) 질문 속에 있는 숨은 마음 찾아 읽기

자녀들과의 대화는 수수께끼처럼 현재의 상황, 자녀의 표정과 몸동작, 자녀의 이야기를 들으면서 생각해야만 자녀가 말하고자 하는 것을 파악할 수 있다.

내가 파마해서 예뻐요?

"엄마 우리 달빛반 친구들이에요."

"달빛반 친구들, 안녕? 모두 예쁘네."

그중의 한 남자아이가 "아줌마 내가 예뻐요?"라고 하며 눈을 동그랗게 뜨고 머리카락을 두 손으로 만지작거린다.

"그럼, 친구들 모두 예쁜데, 머리가 곱실거리네. 파마했니? 잘 어울린다."

"엄마랑 미용실 가서 파마했어요. 그런데 우리할머니는 날 보면 머리가 밉다고 항상 그러시는데…… 얘들아 아줌마가 나도 예쁘대!"

• 파마를 한 아이가 "아줌마 내가 예뻐요?"라는 말 속에 어떤 의미가 있을까?

---

(2) 자녀의 행동이 아니라 감정에 대응하기

부모와 자녀가 서로를 인격체로 존중하되 부모는 자녀들의 자존감을 존중하는 마음을 가져야 한다. 부모가 자녀를 다루는 기술이 적절해서 충고나 지시를 할 경우, 자녀의 말 속에 있는 감정을 충분히 이해한 후에 말하면 자녀의 마음을 풀어주는 대화를 할 수 있다. 다음의 두 가지 대화는 소풍을 가지 못한 지민이에게 아빠가 지민이의 감정에 어떻게 대응하는지에 따라 상황이 달라지는 것을 보여 준다.

아빠의 반응에 더 속상한 지민

지민: 또 비가 오네. 아휴 속상해. 비가 와서 못 가잖아. 엉엉.

아빠: 오늘만 소풍 갈 수 있는 건 아니잖아. 다음에 날 좋은 날 가면 더 좋잖아. 그
만 울어라. 시끄러워. 그리고 내가 비를 내리게 한 것도 아닌데, 왜 나한테
화를 내니…….
아빠한테 화풀이 그만하고, 어서 유치원 갈 준비해.

지민: 아빠는 내가 얼마나 소풍을 가고 싶어 하는지 모르지? 유치원 가기 싫어.

아빠의 반응에 위로 받은 지민

지민: 또 비가 오네. 비가 와서 못 가잖아. 엉엉.

아빠: 너 무척 실망한 표정이구나?

지민: 예, 기분이 나빠서 그래요.

아빠: 소풍날을 그렇게 기다렸는데.

지민: 정말 그랬어요.

아빠: 소풍 준비를 다 해 놓았는데, 그만 비가 와 버렸어.

지민: 맞아요. 정말 그랬어요.

　　　(잠깐 침묵이 흐른 후)

지민: 뭐, 꼭 오늘만 날인가요.

　일반적으로 자녀들이 부모에게 무례하게 행동할 때는, 자녀들 자신이 느끼는
감정을 표현하는 데 익숙하지 않아 기분이 좋지 않다는 것을 행동으로 나타낼
때가 많다. 이럴 경우에는 먼저 자녀의 감정을 정리한 후 버릇없는 행동을 바로
잡도록 한다. 이때 자녀에게 해 줄 수 있는 도움이 되는 말은 다음과 같다.

2

7

아동이 느낀 감정을 표현하는 데 도움이 되는 말

- 엄청나게 당황했구나.
- 그것 때문에 무척 화가 났구나.
- 그때는 선생님(아빠, 엄마, 동생 등)이 정말 미웠겠다.
- 무척 기분이 상했겠구나.
- 너에게는 정말 기분 나쁜 하루였겠다.

(3) 자녀의 감정을 이해하고 이에 대응하기

자녀가 어떤 사건에 대해서 이야기하면 그 사건으로 인해 암시하는 것, 자녀가 느끼는 감정과 함께 그 감정이 뜻하는 의미를 모두 이해하고 공감한다는 것을 보여 주어야 한다.

정아의 감정을 이해하지 못한 엄마

정아: 엄마. 왜 요즘 오빠만 선물을 많이 받고 나는 적게 받아요?
엄마: 언제 그랬니? 언제나 너와 오빠 모두에게 똑같이 선물을 줬잖아.
정아: 어제는 오빠에게 선물을 한 개 더 줬잖아요.
엄마: 그건, 오빠가 초등학생이니까, 필요한 것이 더 많아서 그렇지. 다음부터는 너와 오빠에게 똑같이 선물을 한 개씩 사 줄게. 됐지?

정아의 감정에 반응한 엄마

정아: 엄마, 왜 요즘 오빠만 선물을 많이 받고 나는 적게 받아요?
엄마: 정아는 엄마가 오빠를 더 많이 사랑한다고 생각하나 보구나?
　　　(정아를 꼭 껴안아 주자 정아는 엄마가 자신의 마음을 알아준 것이 기쁘기도 하고 놀랍기도 해서 기분이 좋다.)

(4) 상반된 감정 인정하기

자녀는 자신에게 영향을 끼치는 사람에게 동전의 양면처럼 서로 다른 감정을 동시에 느낄 수 있다. 자녀가 이런 감정을 느낄 때 자연스럽고 일상적인 것으로 정상적인 감정이라는 것을 알게 해 주어 감정에 대한 걱정이나 불안, 죄의식과 같은 혼란을 없애 주어야 한다. 부모는 자녀들이 무엇인가 느끼고 있다면, 그들이 느낀 감정이 무엇인지 파악하고 긍정적으로 표현할 수 있도록 도와주어야 한다.

자녀의 감정을 무시한 부모들의 반응

- 형의 동생에 대한 실제 감정을 무시한 부모의 반응
  - 형의 마음: 동생이 너무 미워서 물건을 마구 던지고 싶다.
    동생이 우는 모습을 보고 싶다.
  - 부모: 그렇게 생각하는 것은 다만 동생을 싫어한다는 생각이다.

- 자녀의 뱀에 대한 두려움을 무시한 부모의 반응
  - 자녀의 행동: 뱀을 보고 두려워서 벌벌 떨고 있다.
  - 부모: 아무것도 두려워 할 것 없다.

- 넘어진 아들의 마음을 무시한 부모의 반응
  - 아들의 행동: 넘어져서 울고 있다.
  - 부모: 남자는 넘어진 것으로 울지 않는다.

자녀가 무엇을 느끼는지 분명히 알 수 있도록 해야 감정에 대한 혼란을 막을 수 있다.

자녀의 상반된 감정 인정하기

자녀: 엄마는 사랑하는데, 엄마가 내게 한 말은 마음에 안 들어서 엄마가 미워요.
　　　엄마, 알겠어요?

엄마: 엄마에게 두 가지 감정을 갖고 있네. 사랑하기도 하고 미워하기도 하고.

2) 자녀를 격려하고 이끌어 주기

(1) 칭찬과 비난하기

일반적으로 부모들은 칭찬을 하면 자녀에게 자긍심을 주고 비난을 하면 자존심이 상한다고 생각하여 무조건 칭찬을 하기도 한다. 하지만 자녀는 부모가 현재 모습 그대로 자신을 봐 줄 때 자신감과 안정감을 갖는다. 다음은 효과적인 칭찬을 하기 위한 고려 사항이다.

① 실제적인 노력, 노력에 의한 결과 등에 근거하여 칭찬하기

"넌 어쩜 그렇게 착하니." "넌 정말 최고야." "넌 정말 성격이 좋구나." "넌 정말 예뻐." 등과 같은 너무나 과장되고 애매모호한 칭찬이나 성격과 인격, 신체특징 등에 대한 부모의 칭찬 때문에 자녀들은 부모의 기대를 저버리지 않기 위해 긴장한다. 또한 불안해하여 자녀는 반대로 행동하기도 하는데 '나는 그렇게 칭찬을 받을 자격이 없다.'고 생각하여 오히려 나쁜 행동을 할 수도 있다.

칭찬을 할 때는 자녀의 노력, 노력을 통한 어떤 결과, 남에게 도움을 주거나 어떤 것을 해냈을 때 등 여러 상황에서 어떤 점이 명확하게 좋았는지 평가한다. 이때 칭찬은 부모가 자녀에게 말하는 것과 자녀들이 자기 자신에 대해 말하는 것으로 이루어진다.

풀장 물 빼는 것을 도와준 진규 칭찬하기

엄마: 진규는 양동이에 물을 담아 버리고 힘든 일을 잘 하네. 역시 힘이 세구나.

진규: 우리 집에서 아빠가 힘이 가장 힘이 세요.

그러나 다음과 같은 대화를 통해 진규가 자신의 힘에 대해 긍정적인 결론을 내렸다.

엄마가 풀장의 물을 빼고 있는데, 3살 된 진규가 작은 양동이를 가지고 와 물을 버린다.

진규: 엄마, 잠깐 쉬세요. 제가 양동이에 물을 담아 버릴게요.

엄마: 고마워. 진규야. 그럼 잠깐 엄마는 쉴게.

　　　(10분 정도 시간이 지난 뒤)

진규: 아휴 힘들다. 엄마 물이 많이 줄었지요.

엄마: 풀장 물이 많이 줄었네. 도와줘서 고마워. 힘들었지?

진규: 아니요. 진규는 힘이 세서 힘들지 않아요.

엄마: (풀장의 물이 줄어든 높이를 자로 잰다.) 물이 5cm나 줄었네.

진규: (얼굴에 미소를 가득 띠며)내가 어떻게 엄마를 도와주었지요?

엄마: 진규가 양동이에 물을 담아 버려서 풀장 물이 5cm나 줄었네. 고마워.

진규: 네. 엄마, 진규가 고맙지요. 다음에도 또 도와드릴게요.

　　　(저녁때 아빠가 퇴근하시자)

진규: 아빠, 힘센 진규가 엄마를 도와드렸어요.

　　　엄마, 진규가 엄마를 어떻게 도와드렸는지 다시 이야기해 주세요.

엄마: 진규가 양동이에 물을 담아 버려서 풀장 물이 5cm나 줄었어요. 진규야. 고마워.

진규: 네. (아주 자랑스러워한다.)

② 자녀의 잘못한 행동에 대해서만 말하기

어떤 사건이 생겼을 경우 부모는 자녀의 인격과 성격에 대해 비난하지 말고 사건과 가능한 해결책에 대해 언급하며, 자녀에 대해서는 언급하지 않는다. 다음의 경우는 유리잔을 깨뜨린 똑같은 상황에서 비난을 하는 부모와, 가능한 해결책을 제시하며 자녀에 대해 언급을 하지 않는 부모의 예다.

유리잔을 깬 미령이를 언급하며 비난

엄마: 유리잔을 깼네. 그럴 줄 알았어. 넌 어쩜 그렇게 조심성이 없니? 왜 그렇게 덤벙거려. 지난번에도 깨뜨리더니 또 깨뜨렸네. 다음부터는 유리잔에 손도 대지 마. 알았어?

유리잔을 깬 미령이에게 해결책을 제시

엄마: 유리잔을 깼구나. 걸레와 진공청소기를 가지고 올래?
　　(엄마는 자리에서 일어나 진공청소기로 청소를 한 후 걸레로 닦는다.)
엄마: 다른 컵을 가지고 와라. 우유 따라 줄게.
미령: 엄마 고마워요.

③ 부모는 예측된 잘못된 상황을 만들지 않기

　부모는 자녀의 행동을 보면서 '저렇게 하면 장난감이 망가질 텐데' '위험할 것 같은데' 등 마음속으로 생각하다가 막상 자신이 예상한 대로 일이 진행되면 "내가 그럴 줄 알았어."라고 큰소리로 화를 내고 자녀는 말대꾸를 한다. 부모는 다시 큰소리로 윽박지르고 심하면 때리기도 하는 등 자녀의 잘못은 일련의 과정을 거치며 마무리된다. 이때 중요한 것은 부모가 자녀의 잘못된 행동을 예측할 수 있다면 즉시 잘못될 상황을 만들지 않도록 하는 것과 만약 자녀의 잘못된 행동을 했을 경우에는 차분하게 반응하는 것이다.

④ 자녀가 가슴속에 담아둘 수 있는 속상한 말은 자제하기

　부모가 거침없이 하는 말들 중에는 자녀에게 평생 기억되는 상처로 남는 해롭

고 파괴적인 말들이 많지만 정작 사용하는 부모는 깊이 생각하지 않고 말한다. 자녀가 자신감 있는 자녀로 자라길 원한다면 다음과 같은 말을 사용하지 말고 자녀에 대한 긍정적인 말을 많이 하도록 한다.

자녀가 들으면 평생 힘들어할 말

- 내가 아들 낳으려고 얘 이름을 ○○라고 지었는데, 얘 동생도 딸이었어.
- 내가 쟤 낳은 후에 몸이 너무 안 좋아서 병원에 입원했었잖아. 지금까지도 출산 한 것 때문에 몸이 안 좋아.
- 쟤는 아빠 닮아서 머리가 크고 다리가 짧아.
- 쟤는 맨날 나만 보면 배고프대. 뱃속에 거지가 들었나.
- 너는 맨날 어디가 그렇게 아프니, 하루도 안 아픈 날이 없어.
- 얘는 우리 집 골칫덩이야.
- 쟤는 원래 멍청해.

---

(2) 분노 다스리기

① 인간의 감정인 분노와 화 인정하기

부모는 자녀가 다양한 감정을 느끼고 표현하도록 격려하지만 분노나 화를 낼 때는 제재를 하고 최대한 참아 그 감정 자체가 드러나지 않도록 한다. 그러나 분노와 화는 기쁨과 행복처럼 인간에게 있는 엄연한 감정의 한 부분이므로 이를 의식하고 적절히 표현할 때에만 감정이 균형을 이룬 건강한 자녀가 될 것이다.

② 부모도 분노와 화를 표현할 수 있다는 것 인정하기

부모는 자녀가 분노와 화를 표현하는 방법을 배울 수 있도록 부모가 화를 내거나 분노를 적절하게 표현하는 것을 보여 주어야 한다. 부모가 자녀에게 화를 넬 일도 있다는 사실을 인정하고, 부모가 자녀에게 화를 낼 때 죄의식이나 부끄러움을 느끼지 않고 화를 낼 수 있다는 것과 자녀를 보호하면서 자녀의 인격이나 성격을 비판하지 않는 범위 내에서 분노라는 감정을 표현할 자격이 있다.

> 민수: 내 축구공 어디 있어요? 축구공이 없어서 친구들과 축구를 할 수 없잖아요.
> 엄마: 엄마 정말 화나고 기분 나쁘다. 축구공을 3개나 사 줬잖아. 그런데 아무 데나 놓고 잃어버린 거야. 축구공은 공 넣는 곳에 넣어 두어야지. 필요하면, 네가 어디에 두었는지 찾아봐.

③ 분노를 표현하는 구체적인 방법

분노를 적절하게 표현하는 방법으로 다음의 3단계를 사용할 수 있다.

누구에게	• 행동을 고쳐 주고 싶은 자녀 • 사전에 주의를 주고 싶은 자녀		
	1단계	2단계	3단계
어떻게	• 구체적으로 감정을 명명하기	• 화를 좀 더 강하게 표현하기	• 화가 난 이유를 설명한 후 부모의 마음이 어떤지 이야기하기
말하기	• 나 기분 나빠. • 나 짜증났어.	• 나 화났어. • 나 무척 화났어. • 나 정말 많이 화났어.	• 자동차, 공룡, 기차 장난감이 거실에 흩어져 있으면 화가 너무 많이 나.

④ 분노의 상황에서 해결책 제시하기

자녀는 부모가 분노를 표현하는 방법을 보면서 분노는 사람의 힘으로 없앨 수 있는 것이 아니며 다른 사람을 위험에 빠뜨리지 않고도 충분히 안전하고 바르게 표현할 수 있다는 것을 배운다. 부모는 자녀가 우는 상황에서 의외로 간단히 문제를 말하고 해결책을 제시하여 평화롭게 사건을 해결할 수 있다. 3세인 톰과 짐은 장난감 실로폰을 가지고 놀고 있는데, 실로폰 망치가 실로폰 건반 사이에 끼자 짐과 톰이 울기 시작한다. 다음은 톰과 짐의 엄마가 자녀의 반응에 대처하는 내용이다.

톰의 엄마는 문제 상황에 대해 정의를 내리고 해결책을 제시

톰: 으앙.

엄마: 망치가 끼어서 우는구나. 고쳐야겠다.
      (톰은 울음을 그치고 망치가 실로폰 건반 사이에 끼면 울지 않고 엄마에게 고쳐 달라고 실로폰을 들고 온다.)

짐의 엄마는 자녀를 꾸짖고, 비난하고 위협함

짐: 으앙.

엄마: 그렇게 울고불고 할 일 아니야. 울음을 그치지 않으면 고쳐 주지 않는다. 뚝.
      (짐은 울음을 그치지 않았고, 엄마는 짐에게서 장난감을 빼앗아 짐은 계속해서 울고불고 떼를 쓴다.)

(3) 행동의 한계 정하기 및 책임감과 독립심

부모는 자녀의 감정과 생각에 대해서는 제재를 하면 안 되지만, 자녀가 모든 감정과 생각을 모두 행동으로 옮기려고 할 때에는 분명한 행동의 한계를 정해 주어야 한다.

- 자녀의 생각: 가게의 과자를 먹고 싶은데 돈이 없네. 그냥 가게에서 가지고 나와서 먹어야지.
- 부모의 한계 설정: 가게에서 먹고 싶은 과자가 있을 때에는 꼭 돈을 주고 사서 먹어야 한다.

① 3가지 행동 한계 영역

도덕적인 것, 예의범절, 심하게 거친 행동, 부모를 때리는 행동 등 행동의 한계를 3가지 영역으로 구분하여 정확하게 알 때 자녀는 편안한 마음을 느낄 수 있다.

3가지 행동 한계 영역

- 완전히 허락되는 행동: 바람직한 행동으로 책 보기, 공부하기 등
- 특별히 예외로 허락되는 행동: 예외적 상황의 행동으로 운전면허 시험을 위한 운전 연습, 재난을 당한 경우, 아픈 경우 등으로 ~행동은 좋아하지 않지만 특별한 상황이기 때문에 허락한다.
- 무조건 중단해야 하는 행동: 즉시 중단해야 하는 행동으로 건강, 행복, 사회적으로 용인될 수 없는 것, 법률이나 윤리적으로 금지된 행동 등

자녀의 행동을 통제하고 한계를 정하는 효과적인 4단계

1. 부모가 자녀가 원하는 바를 인정하고 간단하게 반복하여 말해 준다.
   "오늘 할머니 댁에 놀러 가고 싶구나."

2. 특별한 행동에 대한 한계를 명확하게 표현한다.
   "그런데 오늘은 유치원에 가는 날이어서 할머니 댁에 못 가겠다."

3. 부모는 소원이 최소한 일부분이라도 성취될 수 있는 방법을 가르쳐 준다.
"이번 주 토요일이나 일요일에 할머니 댁에 가자."

4. 제한을 받는 자녀는 화를 낼 수 있다. 부모는 그런 분노를 어느 정도 표현하도록
도와주어야 한다. 그런 다음에 공감을 표현해야 한다.
"넌 유치원에 가는 것이 싫을 거야."
"넌 평일이 아니었으면 좋겠다고 생각할 거야."
"매일 할머니 댁에 놀러 갔으면 좋겠지."
"네가 어른이 되면 원하는 요일에 할머니 댁에 놀러 갈 수 있을 거야."

② 책임감과 독립심
부모와 자녀는 일상생활에서 각자 책임져야 하는 부분을 정해 자녀가 스스로
선택할 기회를 주어 독립심과 책임감을 갖도록 한다.

자녀의 운동 선택

• 부모의 책임: 운동을 배우고 싶어 하는 자녀를 위해 운동을 배울 수 있도록 레슨
비를 마련하고, 자녀가 선택한 운동을 가르치는 학원을 선택하는 것
• 자녀의 책임: 여러 가지 운동 중에서 즐겁게 배울 수 있는 운동 한 가지를 선택
하는 것

3. 부모교육 프로그램

기노트의 부모교육 프로그램은 자녀의 연령을(취학 전 아동기, 아동기, 사춘기,
청년기 등) 발달 단계에 따라 구분하여 나누고, 10~20명의 부모 집단으로 구성
하여 1주일에 90분씩 15주 동안 떠들기 단계, 감수성 향상 단계, 개념형성 단계,

기술 배우기 단계 등 4단계의 과정을 통해 실제적인 올바른 양육기술을 훈련하도록 구성되어 있다(이재연, 김경희, 1993). 4단계의 과정을 살펴보면 다음과 같다(박성연 외, 2003; 이경화 외, 2008; 김숙자, 1992).

- 1단계(경험과 불평 늘어놓기 단계): 부모교육 프로그램 지도자는 부모가 자녀와 생활하면서 경험하는 여러 가지 문제를 마음껏 이야기할 수 있도록 한다. 지도자는 부모가 자녀에 대해 느끼는 죄책감, 분노, 복잡한 감정의 혼란스러움 등을 나타내면 적극적으로 이해하고 수용하는 태도를 보인다. 부모교육 프로그램에 참석한 부모들은 부모와 자녀 사이에서 겪게 되는 경험과 이에 따르는 불평을 하고 다른 부모의 이야기를 들으면서 '모두 마찬가지'라는 사실을 알게 되어 점차 안정감을 갖는다. 참석한 모든 부모들이 이야기를 한 후 문제를 해결하려는 노력을 보일 때 2단계를 진행한다.
- 2단계(감수성 증진 단계): 지도자는 부모가 자녀의 입장에서 문제를 생각하고 감정이입을 하도록 한다. 자녀가 문제행동을 할 때 어떤 감정과 느낌으로 표현했는지를 생각하고 이에 대한 인과 관계에 초점을 둔다. 2단계를 통해 부모는 비판 없이 들어 주고 받아들여 주는 것이 얼마나 중요한지를 알게 된다.
- 3단계(개념형성 단계): 부모가 자녀의 문제행동에 대한 감정과 느낌의 통찰력이 생겼다면 부모로서 자녀의 문제 행동을 다루는 데 실패한 원인을 파악하고 실제 상황에 적용하도록 한다. 지도자는 부모에게 특별한 경험에 도움이 되는 방법을 제안하고 문제에 대처할 새로운 방법을 찾을 수 있도록 새로운 기술을 적용해 보도록 도와준다.
- 4단계(기술 익히기 단계): 부모가 문제 상황을 해결할 적절한 양육 기술을 발견해 실제 생활에서 적용하도록 하는 단계다. 새로운 방법을 집에서 직접 적용해 본 후 그 방법의 효과에 대해 다시 토의하여 새로운 양육 기술을 익힌다. 이 단계를 통해 부모의 감정을 적절히 표현하여 자녀에게 감정 표현

의 모델이 되면서 자녀와의 의사소통 방법을 변화시킨다.

생각해 볼 문제

1. 다음과 같은 말을 들었던 상황과 그 말을 들었을 때 기분이 어떠했는지 설명해 보시오.

- 외면하는 말: 진심으로 하는 말이 아닐 거야. 사실, 넌 동생을 귀여워하잖아.
- 부인하는 말: 네가 그럴 리가 없지. 오늘은 운이 좋지 않아서 기분이 나쁜 거야.
- 억누르는 말: 한 번만 더 싫어한다고 말해 봐. 혼내 줄 거야. 착한 아이는 그런 생각하는 것 아니야.
- 숨기는 말: 동생이 미울 수도 있겠지만 진짜로 미워하지는 않을 거야. 그렇지? 형제끼리는 미워하면 안 돼. 사랑하기만 해야 해.

출처: 신홍민 역, 2008.

2. 부모가 어떻게 화를 내고 분노를 표현하는지 실제 상황을 예로 들어 설명한 후, 본인의 표현 방식과 비교해 보시오.
3. 부모님이 어떻게 표현할 때 가장 격려를 받는지 예를 들어 설명해 보시오.
4. 부모가 초등학교, 중학교, 대학교 때마다 정한 행동의 한계 중 가장 불만스러웠던 것과 이것을 대체할 적합한 행동의 한계에 대해 토의해 보시오.

제12장

부모효율성 훈련 프로그램(PET 프로그램)

　　부모효율성 훈련(Parent Effectiveness Training: PET)이란 좋은 부모가 되기 위한 훈련, 부모로서의 역할을 효과적으로 수행하기 위한 훈련을 의미한다. 본 장에서는 PET 프로그램의 목표와 배경 및 원리와 내용에 대하여 살펴보고자 한다.

1. 부모효율성 훈련 프로그램의 목표와 배경

부모효율성 훈련 프로그램은 고든(Gordon)이 1950년 초 Rogers가 창안한 인간 중심 치료 기법과 듀이(Dewey)의 문제해결을 위한 과학적 절차와 단계, 아이비(Ivey)의 의사소통기법, 칵후프(Carkhuff)의 조력 기술들을 토대로 하여 만든 부모교육 프로그램이다.

1) PET 프로그램의 목표

부모효율성 훈련 프로그램은 인간관계 이론에 기초를 두고 부모-자녀 간의 관계를 가장 바람직한 방향으로 발전시키려는 데 목표가 있다. 부모-자녀 간의 원만한 관계가 서로의 애정과 존경, 이해와 협력이 이루어질 수 있는 생산적이고 협동적인 관계로 발전되며 후에는 책임감 있는 시민을 양성할 수 있으므로 부모-자녀 간의 관계형성기법, 즉 효율적인 수용능력을 개발하는 것은 PET 프로그램의 가장 중요한 목표다. 부모-자녀 간의 수용능력은 수용을 나타내는 언어 사용 능력을 향상시킴으로써 개발될 수 있다.

PET 프로그램의 목적은, 첫째, 프로그램에 참여한 부모들에게 자녀를 양육하는 부모가 신이 아닌 한 인간임을 깨닫도록 돕고, 둘째, 부모는 자녀 행동의 의미를 파악해 이해하고, 자신의 감정을 솔직히 표현하는 기술을 습득할 수 있도록 한다. 셋째, 부모에게 자녀와의 관계에서 발생하는 문제에 대한 효과적 대응 방안으로서 의사소통 기술을 습득하게 하며, 넷째, 부모들에게 보다 효과적으로 자녀를 양육하는 데 필요한 기술을 교육하는 것을 목적으로 한다.

2) PET 프로그램의 배경

고든이 개발한 부모효율성 훈련 프로그램은 문제아동을 상담하는 과정에서 배경, 성격, 상황이 다른 아동일지라도 그들이 언급한 부모와의 갈등, 불공평하게 취급될 때의 느낌, 부모들의 대화방법, 훈육방법 등으로 인한 실망과 좌절, 분노 등과 관련된 가족생활에 대한 고백이 유사한 점에 주목하였다. 이를 통하여 서로 다른 아이들의 부모나 가족에 대한 경험이 서로 비슷함을 발견하고, 도움을 필요로 하는 사람은 어린이가 아니라 부모라는 확신을 갖게 되었다. 그러나 부모들을 확인해 본 결과 부모에게서 정서적, 심리적, 신경증적 문제는 나타나지 않았다. 단지 그들 자녀들처럼 가족 관계에서 오는 실망과 좌절감 그리고 자녀문제를 효율적으로 다루지 못하는 데서 오는 부적절성, 불만 등을 토로하는 것을 보고, 부모–자녀 문제는 정신의학적 문제로 접근하지 말고 일상생활에서 겪는 인간관계의 어려움을 해결할 수 있는 방법이 필요하다고 느끼게 되었다. 즉, 부모–자녀 간의 어려움은 부모 역할에 관한 기술이 부족하여 생기는 것이므로 이를 위한 부모 역할과 기술을 강조하는 PET를 개발하게 되었다.

1962년부터 1963년까지 예비 실험을 거쳐 PET 프로그램이 개발되어 미국 전역부터 세계적으로 확산되었다. 1989년에 부모훈련 한국지부(KETI)를 발족하여 부모교육 훈련을 하고 있다. 고든은 PET를 '민주적 인간관계 모형'으로 지칭한다.

다양한 효율성 훈련 프로그램

• 초기에는 캘리포니아 Pasadena에서 17명의 부모로 시작하여 1980년에는 60만 명의 부모 참여
• 부모효율성 훈련은 초기에는 주로 자녀와의 관계가 악화된 부모들이 참여
• 이후 점차 자녀 문제 예방에 도움이 되는 기술을 교육하는 프로그램으로 인식

- 교사 효율성 훈련(Teachers Effectiveness Training): 교사와 학생 간 효율적 상호
  작용
- 지도자 효율성 훈련(Leader Effectiveness Training): 직장의 상사와 부하 간의 효
  율적 상호작용
- 청소년 효율성 훈련(Youth Effectiveness Training): 청소년들이 민주적인 인간
  관계의 원리를 활용할 수 있으면 미래에 보다 나은 부모, 교사, 지도자들이 될
  것이라는 생각에서 개발

2. 부모효율성 훈련 프로그램의 원리와 내용

1) 프로그램의 원리

모든 인간관계에 적용되는 부모효율성 훈련은 비일관성 원리와 문제의 소유자 원리에 근거하고 있다.

비일관성 원리는 부모의 기분에 따라, 각 아동에 따라 그리고 상황에 따라 아동행동에 대한 수용 여부나 수용 정도가 달라지는 것이다. 문제 소유자 원리는 PET 모델의 중심개념으로 아동의 행동이 부모에게 불편함이 생겨 부모의 문제가 되는 행동, 아동 자신에게 불행함이나 불편함을 주어서 아동의 문제가 되는 행동, 아동이나 부모 누구에게도 불편함을 주지 않아 아무에게도 문제가 되는 않는 행동으로 구분한다.

2) 부모효율성 훈련의 내용

고든의 PET에서는 부모-자녀 간의 바람직한 관계를 증진시킬 수 있는 기법을 중요시하므로 부모가 역할을 효율적으로 수행하기 위해서는 안내자와 촉매

자 그리고 조력자와 상담자의 역할을 수행해야 한다. 이러한 관점에서 부모효율성 훈련에서는 부모가 훈련을 통하여 인간관계를 증진시킬 수 있는 기술을 터득하는 것에 중점을 두고 있다. 고든의 PET 훈련은 수용 수준 파악 단계, 문제의 소유자 파악 단계, 자녀를 돕는 기법의 사용 단계로 구분할 수 있으며, 자녀를 돕는 기법의 사용으로는 적극적 경청(active listening), 나-전달법(I-message), 무승부법(no-lose method) 3가지가 있다.

(1) 1단계-수용 수준 파악하기

부모들은 자녀들의 행동을 판단하는 데 차이점을 나타내는데 똑같은 행동도 어떤 부모는 문제가 있는 것으로 보고, 어떤 부모는 정상적인 행동으로 보게 된다. 이런 특성을 갖는 부모들을 위해 부모효율성 훈련 강좌를 통해 여러 상황에서 자신이 무엇을 느끼고 있는지, 무엇이 자신들로 하여금 그렇게 느끼도록 하는지 알아보고 부모들의 수용능력 영역이 어떻게 다르게 나타나는지를 살펴보도록 한다. 부모들이 자녀의 행동을 수용하는 수준은 부모들의 기분, 집안사정, 주위사정, 사회 분위기에 따라 다르고 항상 변화하게 마련이며 아들인가 딸인가 또는 자녀의 출생순위에 따라서도 영향을 받는다.

수용 여부와 수용 정도에 영향을 미치는 요인

첫째, 부모 자신의 행동이나 기분 또는 욕구에 따라 아동의 행동을 수용하는 정도가 달라짐
둘째, 자녀의 인성이나 발달적 특성, 또는 아동의 연령에 따라 부모의 수용여부나 그 정도가 달라짐
셋째, 시간이나 장소와 같은 환경적 조건에 따라 부모가 수용하는 아동 행동의 종류나 수용 정도가 달라짐

〈표 12-1〉 수용형 부모와 비수용형 부모의 특징

구분	특징
수용형 부모	• 정서적으로 안정되어 있다. • 개방적이고 허용 수준이 높고 자기 자신에 만족하는 성격이다. • 자신의 감정통제가 잘 된다. • 자신의 감정이 주위에 의해 쉽게 영향을 받지 않는다.
비수용형 부모	• 정서적으로 안정되어 있지 않다. • 폐쇄적이고 쉽게 많은 부분을 받아들이지 않는다. • 성격이 까다롭다. • 어떤 행동에 대해서 옳고 그르다는 고정관념이 강하다. • 대인관계가 원만하지 않다. • 자녀의 행동을 사사건건 간섭한다. • 사소한 일도 예사로 넘기지 않기 때문에 주변 사람들을 불편하게 한다.

PET 이론은 수용형 부모보다는 비수용형 부모의 인간관계 기술을 개선하는 데 관심을 두고 있으나 무조건 자녀의 행동을 수용해야 하는 것을 의미하지는 않는다. 부모가 자녀에게 솔직한 감정을 표현함으로써 자녀 스스로도 솔직한 감정표현을 배울 뿐만 아니라 좋은 부모-자녀 관계를 유지할 수 있도록 한다.

자녀의 행동에 대한 부모의 수용 정도는 차이가 있기 마련이다. 동일한 행동 일지라도 문제 행동으로 보는 부모가 있는가 하면 정상적인 행동으로 인식하는 부모도 있다. 아래 〈표 12-2〉에서 아동의 전체 행동이 같다고 가정할 때 비수용 적인 부모(B)가 자녀를 더욱 문제시하게 된다. 예를 들면, 장난감을 어지르면서 노는 자녀의 행동이 평소에는 문제가 없었는데 바쁜 날에는 수용하기가 어려운

〈표 12-2〉 자녀 행동 수용 수준 분류

수용 가능 행동		수용 가능 행동
수용 불가능 행동	유아 전체 행동	수용 불가능 행동
(A 부모-수용형)		(B 부모-비수용형)

것으로 변하는 것이다. 따라서 수용과 비수용의 범위를 나타내는 기준을 자주 이동하게 된다. 부모효율성 훈련의 첫 단계는 수용 수준을 파악하는 단계다.

(2) 2단계-문제의 소유자 파악하기

1단계에서 부모의 수용 정도를 파악한 후에는 자녀와 부모 중 문제의 소유자를 파악하여 그 문제를 해결하기 위한 기술을 설정하는 데 필요한 원인 분석을 한다. 부모-자녀 관계에서 문제를 가진 사람을 찾는 것이 문제해결을 위해 중요할 뿐 아니라 그에 따라 문제를 해결하기 위한 기술도 달라져야 하기 때문이다. 문제의 소유자를 파악하는 단계에서 고든은 문제 소유자에 따른 행동을 다음 〈표 12-3〉과 같이 분류하였다.

고든은 이러한 세 가지 형태의 행동 분류에도 불구하고 자녀의 행동은 부모의 태도나 생활과는 관계없이 자신들의 생각에서 비롯되기 때문에 인간관계를 개선하고 자기 스스로 문제를 해결하는 것이 바람직하다고 설명하였다. 아동들은 어른들이 생각하는 것 이상으로 자신의 문제를 현명하게 처리할 수 있는 능력이 있으며 또 장래에 부딪히게 될 모든 문제들을 해결할 수 있게 하려면 어려서부

〈표 12-3〉 문제 소유자에 따른 행동 특징

문제 소유자	특 징
부모	• 부모의 권리나 행동을 방해하거나 침해하는 행동으로 이런 때는 자녀의 행동으로 부모가 좌절·갈등을 느낌 예) 손님이 와 계신데 떼를 쓴다든지, 자녀가 칭얼대는 경우
자녀	• 자녀 자신의 문제 때문에 화를 낸다든지 좌절감을 느낀다든지 불행하다는 생각을 하거나 적응을 못하여 나타나는 행동의 경우로 부모에게는 문제가 없음 예) 친구들에게 따돌림을 받는다던가, 숙제가 어렵다거나, 선생님에 대해 화가 난다고 투덜거리거나, 너무 뚱뚱하다고 생각하는 경우
부모, 자녀 모두 아닌 경우	• 자녀는 자신의 욕구를 만족시키고 있고 자녀는 욕구 충족을 방해받지 않음 • 부모 또한 자녀의 행동 때문에 권리를 침해받거나 행동에 지장을 받지 않기 때문에 부모나 자녀 어느 쪽에도 문제가 없는 경우

터 문제를 해결해 보는 경험을 해야 한다고 보았다. 따라서 부모들은 성인 중심적 사고에서 탈피하고 아동 스스로 자신의 문제를 현명하게 처리할 수 있는 경험을 제공함으로써 보다 객관적인 태도를 갖고 효율적으로 도와줄 수 있다.

(3) 3단계-적합한 기법 사용하기

3단계에서는 2단계에서 알아낸 문제 소유자에 따라 이에 적합한 기법을 적용하여야 한다. 이 단계에서 부모와 자녀는 생산적인 대화를 나누므로 부모-자녀 간의 갈등을 해소해 주고 자녀가 자신의 문제를 스스로 해결하는 능력을 길러 주므로, 부모와 자녀 관계를 서로 존중하고 도움을 주고받는 관계로 발전시켜 나가는 것을 목표로 한다. 고든의 여러 가지 기법 중에서도 가장 대표적인 것은 적극적 경청(Active Listening), 나-전달법(I-Message), 무승부법(no-lose method)으로 세 가지다.

고든의 의사소통에 걸림돌이 되는 12가지 반응

- 명령, 지시: 부모는 자녀에게 어떻게 하라고 혹은 말라고 명령하고 지시함
- 경고, 협박: 자녀에게 어떤 행동이나 말을 하면 어떠한 결과가 일어날 것이라고 말함
- 훈계, 설교: 자녀에게 해야 할 일과 해서는 안 될 일을 말해 줌
- 충고, 해결책 제시: 어떻게 하면 문제가 해결될 것인가 해결책을 제시해 줌
- 강의, 가르침: 부모 자신의 의견을 제시하여 자녀에게 영향을 주고자 함
- 비판, 비난: 자녀에 대해 부정적인 시각으로 판단하고 평가를 내림
- 칭찬, 부추김: 자녀의 의견에 긍정적인 평가를 하고 동의함
- 욕설, 비웃기: 자녀에게 욕하거나 수치심을 줌
- 분석, 해석: 자녀의 행동의 원인에 대해 부모가 분석하고 진단하여 이를 자녀에게 이야기함
- 달래기, 동정: 자녀의 기분을 맞추려고 애쓰며, 자녀를 동정하고 현재의 기분을 풀어 주고자 함

- 심문, 질문: 부모가 자녀의 문제에 대해 원인이나 이유를 알려고 계속 질문함
- 전환, 회피: 문제를 회피하고 관심을 다른 곳으로 돌리려고 함(자녀와의 대화에서 부모가 흔히 사용하는 방법)

① 적극적 경청(Active Listening)

PET에서 강조하는 적극적 경청은 침묵이나 조용히 듣는 수동적 경청과는 달리 자녀들로부터 들은 내용을 이해하고 같은 뜻이 담긴 다른 말로 바꿔서 다시 되돌려 주는 의사소통 전략이다. 적극적 경청을 통해 부모는 말을 많이 하기보다는 자녀의 말을 경청함으로써 자녀가 마음의 문을 열고 더 많은 말을 하게 만드는 방법이다. 이를 통해 상대방의 감정을 진심으로 이해하려고 노력하는 태도를 가지고 자녀의 말을 경청해 줌으로써 자녀로 하여금 자신의 문제를 부모에게 말하게 할 수 있다.

적극적 경청을 위한 기술은 언어적으로나 비언어적인 반응을 보일 필요가 있으며, 개방적 질문을 통해 자신의 문제에 대해 더 구체적으로 말하도록 한다. 또한 적극적 경청은 자녀가 문제를 소지하고 그 문제에 관하여 부모에게 이야기할 때 부모가 사용하는 기술이다. 따라서 자녀가 말한 내용을 그대로 반영해 주거나 자녀의 말을 확인하는 종류의 언어적 반응이 뒤따라야 한다.

적극적 경청의 장점

- 문제가 되는 감정의 정화 작용을 촉진한다.
- 부정적인 감정을 두려워하지 않도록 해 준다.
- 부모와 자녀 사이의 온정적인 관계를 증진시킨다.
- 자녀도 부모의 생각과 견해를 더 잘 경청하게 된다.
- 자녀 스스로 자신의 문제를 분석하고 해결책을 찾도록 격려하여 독립심을 길러 준다.

적극적 경청의 실행 단계는 첫 번째, 자녀가 말이나 얼굴 표정, 신체적 표현을 통해 문제를 가지고 있다는 단서를 전달하는 단계이며, 두 번째, 부모는 관찰한 단서를 해독하여 자녀의 느낌이나 생각을 피드백 하는 단계이고, 세 번째, 자녀는 부모의 피드백을 긍정하여 계속 진행하거나, 좀 더 확실한 암호를 보내고자 하는 단계로 진행된다. 따라서 문제의 소유자가 아동일 때는 효과적이지만 언어이해 능력이 결여된 유아에게는 비언어적인 메시지를 사용하는 것이 효과적이다. 이러한 적극적 경청을 위해서 주의할 점은 부모는 먼저 자녀의 문제를 진심으로 이해하려는 태도를 가지고 자녀의 감정을 수용할 수 있어야 한다는 것이며, 자녀는 자신의 문제를 해결할 능력이 있다는 사실에 대한 확신이 필요하다는 것이다. 또한 언어적 혹은 비언어적 반응은 필요하나 지나친 반응은 오히려 역효과를 초래하거나 잘못된 행동 목표를 강화시키는 경우도 있으므로 적절히 조절하여야 한다.

〈표 12-4〉 자녀의 의사표현과 효과적인 경청

자녀의 의사표현	폐쇄적 반응	개방적 반응
그 애는 참 나쁜 애야. 다시는 놀지 않을래.	그럴 수도 있지. 잊어버려라.	그 애가 나쁜 짓을 했나 보구나. 기분이 상했겠구나.
색칠하기를 그만 두겠어요.	하던 것을 마쳐야지. 그러면 안 돼.	색칠하는 게 어렵지. 색칠하기가 어려울 때도 있어.
방학 때 동산에 갈 거야. 언니는 가고 싶은 데를 다 가는데 나는 왜 안돼요.	몇 번 말해야 알아듣니. 지난번에도 안 된다고 했잖아.	언니만 허락해 줘서 불공평하게 느낀 모양이구나.
이번 성적표 가져 왔어요. 모두 잘했어요.	알았어. 잘했구나.	성적이 모두 좋게 나와 기쁘겠구나. 나도 기쁘단다.
옆자리 친구가 싫어서 학교 가기 싫어요.	학교 가지 않겠다는 것은 안 돼. 학교는 가야 되는 거야.	옆자리 애가 귀찮게 굴어 싫은 모양이구나.
나 엄마 싫어요.	다신 그런 말하면 안 돼.	엄마 때문에 화가 난 모양이구나.

② 나-전달법(I-Message)

자녀의 부적절한 행동에 대해 부모가 어떻게 느끼는지를 객관적으로 표현하는 방법으로 나-전달법이 있다. 나-전달법(I-message)이란 바람직한 부모-자녀 관계 형성에 효과적인 방법으로, 부모에게 문제가 있을 때 자신의 생각과 감정을 아동에게 객관적·효과적으로 전달하는 기술이며 자녀의 행동에 대한 부모의 감정을 설명하는 방법이다. 일반적으로 대부분의 부모들은 자녀들에게 비효과적인 대화방법으로 해결 메시지(solution message)를 보내거나 무시하는 메시지(put-down message)를 의사소통 방법으로 사용한다.

나-전달법의 장점

- 자녀의 자아개념을 상실하게 하지 않으면서 자녀 스스로 문제해결의 책임을 지도록 유도할 수 있음
- 자녀에게 적극적인 경청을 경험하게 함으로써 개방적인 의사소통 기법을 터득하게 함
- 부모-자녀 간의 솔직한 감정이입을 가능하게 함으로써 서로를 신뢰하게 만듦

- 해결 메시지(solution message)를 보내는 부모

자녀의 생각을 고려하지 않고, 자녀가 갖고 있는 해결능력을 신뢰하지 않으며, 자녀의 욕구를 무시하는 메시지를 전달하므로 자녀들의 반항을 유도한다. 방어적이며 적대적인 태도를 갖게 하며 책임감을 배울 수 있는 기회를 박탈하는 의사소통 방법이다.

- 무시하는 메시지(put-down message)를 보내는 부모

자녀의 자아개념을 손상시켜 자녀로 하여금 자신을 무능력한 존재로 생각하게 하는 의사소통 방법이다.

• 너-전달법

부모 자신이 해결안을 자녀들에게 직접 제시 또는 투입시키게 되는 하강식의 의사전달 방법으로 부모가 경험하고 있는 감정이 자녀에게 전달되지 않는 의사소통 방법이다. 부모가 자녀에게 명령하거나 지시하기, 주의주기, 협박, 훈계, 설교, 충고 제시, 비난, 힐책, 조소 등이 이에 속한다.

〈표 12-5〉 나-전달법과 너-전달법의 비교

사례	나-전달법 (I-message)의 예	너-전달법 (You-message)의 예
• 장난감을 어지럽게 널어놓고 정리하지 않는다.	• 장난감을 치우면 좋겠구나. • 장난감이 흩어져 있어서 청소를 하기가 어렵단다.	• 치워라 치워. 왜 이 모양이냐!
• 손님이 오셨는데 인사를 하지 않는다.	• 인사를 바르게 하면 엄마는 네가 대견할 텐데…….	• 인사 좀 해라. 손님한테 인사도 못 하니?
• 동생을 때린다.	• 동생을 때리니 엄마 마음이 아프구나. 왜냐하면 엄마는 네가 동생을 잘 돌볼 것이라고 믿었거든.	• 동생을 잘 돌봐야지. 형이 때리면 되겠어?

하지만 부모-자녀 관계를 위한 효과적인 의사소통은 나-전달법을 통해 이뤄질 수 있으며 나-전달법의 단계와 예시는 다음과 같다.

• 나-전달법 세 단계

제1단계에서는 부모에게 방해되는 행동을 말하고 2단계에서는 행동의 결과 때문에 생긴 부모의 느낌을 말하며, 3단계에서는 결과를 말한다.

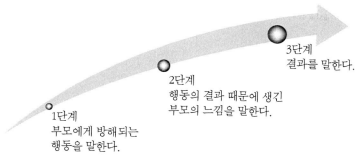

3단계
결과를 말한다.

2단계
행동의 결과 때문에 생긴
부모의 느낌을 말한다.

1단계
부모에게 방해되는
행동을 말한다.

[그림 12-1] 나-전달법 활용 3단계

• 긍정적인 메시지 전달
  - 네가 장난감을 깨끗이 정리해 주어서(자녀의 행동)
  - 엄마는 힘들게 청소하지 않고 편히 쉴 수가 있어(구체적인 영향)
  - 정말 고맙다.(감정)

• 자녀가 수용할 수 없는 행동을 하지 않기를 바라는 메시지
  - 오후 한 시부터 두 시까지는 엄마가 낮잠을 잘 수 있도록 집이 조용했으면 좋
    겠다.
  - 오늘 3시에 손님이 오시는데 거실이 어지럽혀지지 않고 깨끗하게 유지되었으
    면 좋겠다.

③ 무승부법(no-lose method)

고든의 효율적인 대화기법에는 적극적 경청(Active Listening), 나-전달법(I-Message) 이외에 무승부법(no-lose method)이 있다. 무승부법이란 적극적 경청이나 나-전달법을 활용하고도 문제가 해결되지 않고 자녀가 자신의 방식대로 행동하려고 할 때 활용할 수 있는 방법이다. 무승부법을 활용한 의사소통 방법은 부부간, 사회생활에서의 대인관계, 경영인들 사이에서 등 다양하게 사용할 수 있는 갈등 해소 방법으로 힘이 비슷한 사람들 사이의 갈등 해결에 사용할 수 있

다. 무승부법은 비권위적 방법이라도고 하며, 부모와 자녀 양쪽의 문제 및 갈등
이 모두 해결되는 것을 의미하는 것으로서 부모의 요구 및 감정이 자녀의 요구
및 감정과 더불어 만족하게 되는 것을 말한다.

- 갈등해결을 위한 1, 2, 3의 방법
  - 제1의 방법: 부모-자녀 간에 문제가 생겼을 때, 자녀가 순종하지 않으면
    힘과 권력으로 위협하여 부모는 이기고 자녀는 지게 되는 경우
  - 제2의 방법: 부모는 자녀가 하고 싶은 대로 허용하고 더 이상 통제하기를
    포기함으로써 자녀는 이기고 부모가 지게 되는 경우
  - 제3의 방법: 부모와 자녀의 욕구를 동시에 만족하게 하는 해결책을 찾는
    민주적 방법

- **6단계 무승부법 과정**
  무승부법을 사용하는 첫 단계는 갈등 확인 단계로써 부모와 자녀 간의 갈등
요인이 무엇인지를 함께 확인하고 분명하게 밝힌다. 두 번째 단계는 해결책을
탐색하는 단계다. 즉, 부모-자녀 관계에서 확인된 문제를 어떻게 해결할 것인지
를 여러 각도에서 검토하는 단계로 자녀가 먼저 해결책을 제시하도록 하며, 가
능한 모든 해결책을 모아 정리한다. 세 번째 단계는 가능한 해결책에 대해 평가
하는 단계다. 즉, 해결 가능성이 있는 여러 형태의 방법이 합리적이고 적절한지
를 평가하는 것이다. 네 번째는 최상의 해결책을 결정하는 단계다. 부모-자녀
가 합의하여 갈등을 해결하는 최상의 방법을 선택하여 결정하는 것이다. 하지
만 부모가 자녀에게 해결 방안을 강요하거나 설득해서는 안 된다. 다섯째 단계
에서는 결정된 해결책 수행 방법 결정 단계로써 합의된 해결 방안을 어떻게 수
행할 것인가의 구체적인 방법을 결정하고, 직접 실행에 옮기게 된다. 이때 부모
는 자녀의 수행 능력에 대하여 믿음을 가지고 자녀가 결정된 사항을 충실히 수
행할 것을 믿는다. 이 단계에서 자녀가 약속한 것을 철저히 수행하지 못하는 경

평가	해결방안과 수행 방법이 최선의 것이었는지 평가
해결책 수행 방법 결정	해결방안을 어떻게 수행할 것인지 구체적인 방법을 결정하고 실행
최상의 해결책 결정	부모-자녀가 갈등 해결 방법 선택
가능한 해결책 평가	가능성이 있는 해결 방법이 합리적이고 적절한 것인지 평가
가능한 해결책 탐색	문제를 어떻게 해결할 것인지를 여러 각도에서 검토
갈등 확인 및 정의	부모-자녀 간 갈등 요인이 무엇인지 확인

[그림 12-2] 무승부법 과정 6단계

우에는 나-전달법을 사용하여 의사소통을 할 수 있다. 마지막 단계는 평가의 단계다. 평가 단계에서는 문제해결을 위해 결정된 방법을 수행한 후, 결정한 해결 방안과 해결 방안에 대한 수행 방법이 최선의 것이었는지를 평가하는 것이다. 갈등 상황에 대한 해결 방안과 결정된 해결 방안에 대한 수행 방법이 최선의 것이 아닌 것으로 평가되었다면 다시 합의하여 결정하는 과정을 되풀이 하게 된다.

부모-자녀 간의 효과적인 의사소통을 위해서 무승부법의 활용은 반영적 경청이나 나-전달법의 기술이 이미 습득된 경우를 전제로 한다. 무승부법을 관계에 적용하는 것은 누구도 이기거나 지는 일이 없고 감정상의 상처를 받아서는 안 된다는 점을 전제로 한다. 무승부법의 활용은 하나 이상의 해결책을 제시해 주고, 무리하게 결정 사항에 집착하지 않을 때 보다 효과적인 관계 형성을 도울 수 있다.

고든의 무승부법이 효과적인 이유

- 아동들은 본인이 직접 갈등 문제 해소에 참여하게 되면, 책임을 느끼게 되고 호의적인 반응을 보인다.
- 갈등을 해결하기 위한 차원 높은 해결책을 통해 창의적, 효과적인 방법으로 모두 만족하게 된다.
- 아동들이 생각하여 갈등을 해결하도록 격려함으로써 합리적 사고의 훈련이 된다.
- 부모-자녀 간의 갈등이 있을 때는 적대감도 있게 되지만, 서로 만족감을 주는 해결책을 모색하게 되면 사랑과 존경의 느낌으로 더 돈독한 부모-자녀 관계가 된다.
- 서로 합의점을 찾게 되므로 강요를 적게 하여 위협이나 간섭 등이 없어지게 된다.
- 일상생활에서 부모-자녀의 갈등을 해소할 수 있는 가장 적절한 방법으로서 갈등 해소에 대한 치료적인 효과를 볼 수 있다.
- 아동의 욕구도 어른만큼 중요하다고 가정하므로, 부모는 자녀를 성인처럼 존중하는 마음을 갖고 대하게 된다.

3) 자녀를 돕는 기법의 활용

고든은 문제 소유자를 알아낸 후에는 이에 적합한 기술을 적용하여야 한다고 하였다. 자녀에게 문제가 있는 경우에는 경청 관련 조력기술(helping skills)을 사용하여 해결하도록 하며, 부모에게 문제가 있는 경우에는 솔직하고 차분한 태도로써 나-메시지를 사용한다. 자녀에게 문제가 있을 때 사용하는 기법으로는 수동적 경청이나 침묵, 비언어적 메시지 전달 방법이 있다.

(1) 수동적 경청이나 침묵(passive listening or silence)

부모-자녀 간의 대화 시에 부모가 말을 많이 하게 되면, 자녀들이 괴로워하고 있는 문제를 부모에게 말하기가 어렵게 되므로 다음과 같은 태도로 대화에 임하는 것이 좋다.

- "네가 어떻게 느끼는지 듣고 싶다."
- "너의 감정을 받아들일 수 있을 것 같다."
- "네가 책임지고 해결할 수 있을 걸로 믿는다."

(2) 인식반응 보이기(acknowledgement responses)

침묵은 언어소통의 걸림돌을 피할 수 있는 반면에 유아에게 메시지가 받아들여지지 않았다고 전달되기도 한다. 대화 중 고개를 끄덕거린다든지, 앞으로 상체를 기울이며 듣는다든지, 미소를 짓거나 이마를 찡그리는 등 몸으로 표현되는 모든 것이 비언어적 표현이며, '오~' '그랬구나.' '그래서' 등의 언어적 표현을 할 수 있다.

(3) 계속 말하도록 격려하기(door openers or invitations)

자녀들이 자신의 감정과 문제에 대해 이야기하려 할 때 더 계속해서 말하게끔 격려해 줄 수 있다. "그 문제에 대해 무언가 느끼고 있는 것 같은데", "그 문제에 대해 더 말하기를 원하니?" 등과 같은 언어적인 상호작용을 통해 자녀가 더 많은 이야기를 하도록 격려할 수 있다.

(4) 적극적 경청(active listening)

수동적 경청이나 침묵이 그냥 들어주는 태도인 것에 비하여 적극적 경청은 자녀들에게 들은 것을 이해하고 송환효과(feedback)를 보내면서 들어주는 것을 의미한다.

적극적 경청의 장점

- 문제가 되는 감정의 정화작용(catharsis)을 촉진한다.
- 부정적인 감정을 두려워하지 않도록 도와준다.
- 부모와 자녀 사이의 온정적인 관계를 증진시킨다.
- 자녀 스스로가 문제를 해결할 수 있도록 격려한다.
- 자녀가 부모와 생각과 견해를 더 잘 경청하도록 한다.
- 자녀가 자신의 문제를 분석하고 해결책을 찾도록 격려하여 독립심을 길러 준다.
- 자녀 자신도 다른 사람의 말을 경청하는 태도를 기른다.

3. 부모효율성 훈련 프로그램의 적용과 평가

PET 프로그램은 프로그램을 실시할 부모 교육자를 위한 강사 교육과 일반 부모들을 대상으로 한 일반 교육으로 나누어 실시되며 부모 대상의 일반 교육은 10명 정도의 부모를 한 집단으로 실시한다.

부모효율성 훈련 프로그램의 효과

- 부모로서의 자아존중감과 자신감이 증가하였고 걱정거리가 감소하였다.
- 자녀를 신뢰하고 자녀의 권리를 존중하게 되었다.
- 부모의 태도와 자녀 양육방법이 개선되었다.
- 자녀에 대하여 공감하고 이해하게 되었다.
- 부모-자녀 간 긍정적인 사고를 가지고 수용하고자 노력하게 되었다.
- 부모-자녀 간의 갈등 상태 발생 빈도가 줄었다.
- 권위적 양육 태도가 감소하였고 민주적 양육 태도가 증가하였다.
- 자녀들의 분열적 행동이 감소하였다.

- 자녀들의 자아존중감과 수용 능력이 증가하였다.
- 자녀들의 성취도가 증가하였다.
- 콜버그의 도덕적 추론 검사의 점수가 향상되었다.

1) 프로그램의 적용

첫째, 가족을 대상으로 아동의 현재 상태에 대한 설문지를 작성하며, 설문 내용에는 다음과 같은 것을 포함할 수 있다.

- 귀하의 자녀에 대해 행동적 문제점을 경험한 적 있나요?
- 경험이 있다면 어떤 행동적 문제점입니까?
- 앞서와 같은 행동의 빈도 수는 어느 정도입니까?
- 문제 상황에 대한 대화 장면을 묘사해 주십시오.
- 앞서 제시된 내용 외에 기타 의견이 있으면 기술해 주십시오.

둘째, 설문 내용을 바탕으로 부모 면담을 통해 아동의 현재 상황과 부모-자녀 간의 관계에 대한 정보를 수집한다.

셋째, 설문지와 면담을 통해 수집된 내용을 토대로 자료를 분석하여 부모-자녀 관계의 현재 상황에 대해 인지한 다음, 마지막으로 적용해 본다.

〈표 12-6〉 적용 방법

내용	목표	활동내용	시간
적용 사례 나누기	변화 및 친밀감 형성 하기	• 지난 회기 이후 자녀와의 관계에서 달라진 점이 있는지에 대해 3인 1조로 토론을 참고 하여 상황 연습해 보기	20분
실습 및 강의	제3의 방법에 대해 이해하기	• 제3의 방법의 개용 • 욕구 찾기 연습 • 제3의 방법으로 역할 연습 • 제3의 방법 설명과 갈등 해결 사례 시연	30분
집단 작업	서로의 욕구를 충족 시키는 방법 익히기	• 집단별로 역할을 맡아 사례를 설정하고 그 사 례를 제3의 방법으로 갈등을 해결하고 발표	35분
	제3의 방법의 효과 이해하기	• 제3의 방법의 효과를 찾아 발표	10분
마무리	배운 내용 정리하기	• 강의 소감문을 작성하며 배운 내용 정리 • 숙제(적용 사례 적어 오기)	10분

2) 부모효율성 훈련 연습

상황의 예시

① 유치원에 가야 할 시간인데 "나 유치원이 너무 싫어! 안가!"라며 가기 싫다고
   떼를 쓴다면?
② 밖에서 놀다가 들어와 더러운 손으로 식탁에 앉아 "배고파. 얼른 밥 줘"라고
   한다면?
③ 빨래를 하려고 아이의 옷 호주머니를 보니 사 준 적 없는 장난감이 들어 있다면?
④ 아빠가 놀이공원에 데려가기로 약속하고 지키지 않자 "아빠 저리가, 싫어. 미
   워!"라고 한다면?
⑤ 엄마와 자녀가 함께 놀고 있는데 갑자기 급한 연락이 와 외출하게 되자, 자녀가
   "엄마 나 혼자 놀면 심심해. 나도 갈래"라고 한다면?
⑥ 당신의 자녀가 자주 거짓말을 한다는 사실을 알았다면?

앞의 6가지 상황에 대한 효과적인 기법

① → (적극적 경청, 나 전달법)

네가 유치원을 가지 않겠다고 떼를 쓰면 엄마는 속상해. 왜냐하면 엄마 출근
시간이 늦어지잖니.

② → (나 전달법)

네가 손을 씻지 않고 음식을 먹으면 병균이 몸에 들어 올까 봐 엄마는 걱정돼.

③ → (나−전달법, 적극적 경청)

엄마가 못 보던 장난감인데 어디서 난 건지 이야기해 줄 수 있겠니?

④ → (적극적 경청)

아빠가 약속을 지키지 않아 화가 났구나. 무척 속상하겠구나.

⑤ → (무승부법)

엄마가 지금 너무 급한 일이 있단다. ○○이네 집에 전화해서 ○○이랑 같이
놀아도 되는지 물어봐 줄게. ○○이랑 같이 놀고 있는 건 어떨까?

⑥ → (나 전달법)

윤주가 거짓말을 한다는 걸 알게 되어 엄마는 온몸이 터질 것 같이 화나는구
나. 거짓말을 하면 다른 사람이 널 믿지 않을지도 몰라.

3) 평 가

부모효율성훈련 프로그램은 PET협회 주관으로 운영되며, 강사교육과 일반교
육으로 나뉘어져 있다. 강사들은 이론교육과 실습교육을 받으며, 부모를 대상으
로 실습하는 과정을 거친다. PET 프로그램의 적용에 대한 평가는 다음과 같다.

(1) PET 기법 활용 후 부모의 변화

PET 프로그램에 참가한 부모들은 부모 역할에 자신감을 갖고 자아존중감이
향상되었으며, 자녀를 수용하고 신뢰하며, 자녀의 행동에 대한 이해심이 증가하

여 부모-자녀 관계에서 갈등이 적게 발생하였다.

(2) PET 기법 활용 후 자녀에게 나타난 효과

PET 프로그램에 참가한 가정의 자녀들은 분열적 행동이 있었던 경우 분열적 행동이 감소하고 자녀들의 자아존중감, 수용 능력이 증가되었다. 또한 지진아로 인식되던 유아들이 중간 정도의 성적을 얻었으며 콜버그의 도덕적 추론 검사에서 실험집단 유아가 비교집단보다 높은 점수를 얻었다.

(3) PET 프로그램에 대한 비판

- PET는 부모훈련 프로그램을 다른 직업훈련 프로그램과 비교하여 제시하는 등 부모-자녀 관계를 기술적인 것으로 설명하는 경향이 있다.
- PET는 부모-자녀 문제를 조정하는 데 아주 단순한 공식을 제시하고 있다. 자녀의 연령, 특징 등을 고려하지 않는다.
- PET는 부모-자녀 간의 문제발생의 원인을 부모에게 둠으로써 부모를 비난하고 부정적으로 보는 입장을 취하고 있다.
- 프로그램에 너무 의존하고 자신의 능력에 대해 잘못된 신념을 가진다.

생각해 볼 문제

1. 다음의 상황을 효과적인 의사소통 방법을 사용한 역할극으로 꾸며 보시오.

   - 자녀가 장난감을 방에 가득 어질러 놓고 정리하지 않은 채 "나 밖에 나가서 놀거야."라고 할 때
   - 자야 할 시간이 지났는데 텔레비전 앞에서 계속 텔레비전을 본다고 할 때
   - 자녀가 집에서 형, 누나, 동생과 함께 놀다가 싸우는 모습을 발견했을 때
   - 집에 손님이 와서 접대하고 있는데 그 앞에서 심심하다며 장난감을 가지고 놀며 소리 지를 때

2. 고든이 말한 의사소통 걸림돌 12가지 반응 중 대화할 때 걸림돌이 되는 것이 무엇인지 예를 들어 설명해 보시오.

3. 무승부법 6단계 과정에 대해 설명해 보시오.

4. 부모와 대화할 때 문제점에 대해 토의해 보시오.

제13장

효율적 부모 역할을 위한 체계적 훈련 프로그램(STEP)

아들러(Adler)와 드라이커스(Dreikurs)의 이론을 배경으로 한 멕케이(Mckay)와 딩크마이어(Dinkmeyer)의 효율적 부모 역할을 위한 체계적 훈련 프로그램(STEP, Systematic Training for Effective Parenting)은 부모와 자녀의 관계 개선을 위한 교육 프로그램이다. 부모가 민주적 양육 태도를 갖게 함으로써 원만한 관계로 회복할 수 있도록 하는 데 목적을 둔다. 또한 문제 행동을 일으키는 자녀들에 대한 이해를 도우며 부모의 적극적인 협조 및 사후관리를 위해 부모들의 모임을 주선하여 상호 협력할 수 있는 기회를 제공한다.

1. STEP 프로그램의 구성

STEP은 총 9장으로 이루어진 프로그램으로 부모의 능력 향상과 영유아의 행동발달을 위한 내용으로 구분되어 있다. 부모에게는 양육 원리와 기술을 습득하도록 도와주며, 영유아에게는 긍정적인 행동을 하도록 도와준다. 이 프로그램의 목적은, 첫째, 민주적 자녀 양육에 대한 신념과 기술 습득, 둘째, 긍정적 자녀 양육을 통한 부모 자신의 자아정체감 회복, 셋째, 중년기 위기극복으로, STEP 프로그램의 교육내용은 다음과 같다.

제1장	어린이 행동의 이해
제2장	자녀 이해와 부모 자신의 이해
제3장	자신감과 가치감 길러 주기
제4장	의사소통: 반영적 경청
제5장	의사소통: 대안 찾기, 부모의 생각과 느낌의 표현
제6장	책임감 훈육 방법
제7장	자연적 · 논리적 결과의 활용
제8장	가족모임
제9장	자신감 개발 및 잠재력 발휘

1) 자녀와 부모 자신의 이해

자녀의 생활방식과 행동양식은 가족 분위기와 가치관, 성역할, 가족 간의 위치, 부모의 훈육방법 등 환경적 요소의 영향을 받는다. 부모는 자녀를 이해하기 위해서 자녀의 잘못된 행동뿐만 아니라 자녀의 내면적 · 정서적 측면, 생활방식을 살펴보아야 하며 동시에 부모 자신의 부모로서의 태도에 대해서도 돌아볼 수 있어야 한다. 즉, 자신이 완벽한 부모인지 아니면 책임 있는 부모인지 살펴보고 완벽한 부모보다는 책임 있는 부모가 되도록 노력한다.

다음 3가지 주제는 부모-자녀관계를 이해하는 데 도움이 되는 것이다.

- **정서**

슬픔, 갈등, 기쁨, 친밀감, 사랑 등의 정서는 우리의 성격에 필수불가결한 측면이다. 정서 없는 인생은 무미건조할 것이다. 이처럼 사람에게 있어서 정서는 아주 중요한 부분이어서 부모는 무의식적 또는 의식적으로 어린이에게 많은 영향을 끼친다. 따라서 부모는 자신의 감정에 대해 책임지는 것이 중요하다는 것을 깨달아야 한다.

- **생활 방식**

부모는 자녀의 생활 방식을 형성하는 요소를 이해함으로써 자녀를 이해하게 된다. 자녀의 생활 방식에 영향을 미치는 요소로는 가정 분위기와 가치관, 부모가 수행하는 성역할, 가정에서의 어린이의 위치, 부모의 훈육방법 등이 있다.

- **완벽한 부모**

'완벽한 부모' 밑에서 양육되는 자녀는 부모의 생각과는 달리 매우 고통스럽다. 그만큼 자녀는 완벽한 부모 밑에서 자신감, 독립심, 자율성 등을 박탈당할 수 있다는 것이다. 자녀를 보호하려 하고 끊임없이 가르치기 때문에 결국 어린이 스스로 배울 수 있는 기회를 막아 버리기 때문이다. 완벽한 부모는 자녀가 행하는 모든 것을 감시하고, 대신 행해 주기도 한다.

부모교육 프로그램에서는 완벽한 부모가 아닌 책임 있는 부모가 되는 것을 목표로 한다. 책임 있는 부모는 자녀에게 선택의 여지를 주며, 어린이의 결정에 대한 결과에 대해서 경험하도록 한다.

2) 자신감과 가치감 길러 주기

격려는 부모−자녀 관계를 개선하기 위한 가장 중요한 기술 중의 하나다. 부모가 격려를 함으로써 자녀는 자기 자신을 믿게 되고 자신의 능력에 대한 신뢰를 통해 자신감이 상승하고, 자아존중감을 형성하게 된다. 이에 부모는 자녀에게 용기를 줄 수 있는 특별한 언어의 사용을 강조한다. 다음은 부모−자녀 관계를 저해하는 요소와 개선시킬 수 있는 요소다.

(1) 바람직하지 않은 방법

- 부정적인 기대: 어린이들은 부모의 기대를 자기 자신의 것으로 받아들인다. 즉, 부모의 기대를 내면화하는 경향이 있다.
- 비합리적인 높은 기준: 부모들은 흔히 자녀들이 도달하기 불가능한 기준을 정한다. 이처럼 부모들이 어린이의 나이나 능력에 비해 그 이상의 것을 요구하는 것은 비합리적인 것으로 적절한 태도가 아니다.
- 형제 간에 경쟁시키기: 부모는 무의식중에 자녀들 사이에 경쟁을 시킨다. 이러한 형제 간의 경쟁은 개인의 결함뿐 아니라 장점에도 악영향을 미칠 수 있다. 따라서 형제 간의 경쟁시키기는 결코 올바른 태도라 할 수 없다.

(2) 격려하는 태도

- 자녀를 있는 그대로 수용: 만일 부모가 자녀들 스스로 자기를 가치 있는 존재로 여기기를 원한다면 불완전한 상태의 어린이를 그대로 받아들여야 한다.
- 고자질을 무시: 어린이의 고자질에 부모가 관심을 보이는 것은 좋지 않은 효과를 가져 온다. 고자질에 계속적인 반응을 보인다면 결국은 부모를 희생물로 이용하는 결과까지 초래하게 된다.
- 긍정적 태도: 자녀를 격려하는 부모의 태도로는 부정적인 언어를 사용하지 않는 것이다.

- 자녀를 믿으면 그들도 자신감을 갖게 됨: 부모가 어린이를 신뢰하지 않는데 스스로 자신을 신뢰할 줄 아는 어린이는 거의 없다. 따라서 부모는 자녀를 신뢰하는 태도를 가져야 한다.
- 장점, 잘 하는 것, 공헌한 것에 관심을 보임: 어린이는 자기도 도울 수 있고 공헌할 수 있다는 것을 알면 근사하다고 느낀다. 어린이의 재능을 인정해 주고 그들이 이러한 재능으로 가족에게 공헌할 수 있는 방법을 제안해 줌으로써 어린이에게 스스로 유익한 인간임을 느낄 수 있도록 도와주어야 한다.
- 노력과 성취 인정: 격려는 한 번에 한 단계씩 나아가는 합리적인 기대와, 자녀의 성공뿐만 아니라 노력과 실패도 받아들이게 한다.
- 칭찬보다 격려: 사실상 부모들은 자녀를 칭찬하면서 자녀를 격려하고 있다고 생각하는 경우가 많다. 얼핏 보면 같은 듯하지만 목적과 효과에는 차이가 있다. 칭찬은 일종의 보상으로, 자녀는 부모가 가치 있다고 생각하는 것을 했기 때문에 보상으로 칭찬을 받는 것이다. 그러나 격려는 언제, 어디서, 어떤 이유로도 할 수 있다.

2. STEP 프로그램의 이론적 배경

맥케이와 딩크마이어의 효율적 부모 역할을 위한 체계적 훈련 프로그램은 민주적 부모교육 이론의 영향을 받았고, 민주적 부모교육 이론은 아들러의 심리학 이론에 영향을 받았다. 아들러의 심리학 이론은 부모교육에 적용하여 발전시킨 이론으로 인간관계의 평등성을 강조한다. 드라이커스가 중심이 되어 아들러의 이론을 부모교육에 적용하였으며, 민주적 양육의 원리와 개념을 소개하고 더욱 발전시켰다.

드라이커스는 아들러의 제자이면서 비엔나에 있는 아동지도센터에 참여한 동료로서 아들러 학파의 이론을 정립하고 그 실천방법을 발전시켜 아들러 심리

학을 실용화한 학자다(Terner & Pew, 1978). 드라이커스는 아들러의 개방주의 상
담, 그룹상담을 개선, 발전시켰을 뿐 아니라 인간 간의 상호작용에 필요한 민주적
인 갈등 해결방법 체계를 발전시켰다. 1939년 미국에 도착하여 시카고에 있는 에
이브러햄 링컨센터에 아들러 식 부모상담 센터를 처음 설립한 이래 1972년 죽음
을 맞기까지 미국뿐만 아니라 전 세계적으로 부모교육, 결혼과 가족상담, 교육,
정신요법의 실시 등에 상당한 영향을 미쳤다. 드라이커스의 상담센터는 심리치
료보다는 부모교육과 가족교육을 강조한 프로그램으로 운영되었다. 이와 함께
『결혼생활의 도전』을 출간하여 부부생활의 질적인 향상에 기여하기도 하였다.

　드라이커스는 아동과 성인은 인간이라는 가치 면에서 동등하기 때문에 상호
존중해야 한다는 아들러의 평등주의이론을 강조하였다. 상호 존중해야 한다는
의미는 지나치게 허용한다는 의미는 아니며 자녀들이 자율적으로 행동하게 함
으로써 책임감 있고 사회생활에서 다른 사람을 인격체로 대할 수 있도록 양육해
야 한다는 뜻이다.

　민주적 양육이론은 자녀들을 이해하고 격려하며 자녀들 스스로 행동할 수 있
도록 동기를 유발시켜야 한다고 했고, 자녀의 인격을 존중하고 부모와의 상호
존중을 중요시하여 자녀들을 자기통제 및 독립적인 사람으로 양성시키는 데 목
적을 두고 있다.

　드라이커스는 부모들은 어린이가 부모를 존중하지 않는 것으로 생각하기 쉬
우나 존중받는 자녀는 자신을 존중하는 것을 배우며 이렇게 존중하는 태도를 통
해 결국 다른 사람이나 부모를 존중하게 된다고 말한다.

　드라이커스는 아동의 잘못된 행동을 관심 끌기, 권력 행사하기, 보복하기, 무
능함 보이기 등의 4가지 범주로 나누어 설명하고 있다. 아동은 인정받거나 소속
감을 얻기 위해서 여러 가지 행동을 하게 되는데, 좋은 방법으로는 인정받을 수
없다고 느낄 때 잘못된 행동을 통해서라도 이를 성취하려고 하는 특성을 보인다
고 하였다. 이러한 의미에서 이를 잘못된 행동목표라고 하여 제시한 4가지 범주
는 다음과 같다(Dinkmeyer & Mckay, 1976).

1) 관심 끌기

관심 끌기는 거의 모든 아동들의 행동에서 일반적으로 나타나는 행동이다. 유아기의 아동은 가족 관계를 통해서 자신이 아무것도 할 수 없고 무가치한 존재라는 심리적 열등감에 사로잡혀 가정에 소속되지 못한다고 생각한다. 만일 아동이 바람직한 방법으로 가족 구성원의 관심을 얻을 수 없다고 생각하게 되면 바람직하지 않은 파괴적인 방법으로 관심을 얻으려 할 것이다. 특히 관심을 얻어야만 소속감을 느끼는 아동의 경우에 더 파괴적인 행동이 나타난다. 자녀의 잘못된 행동이 지속되는 것은 부모가 무의식적으로 강화하였기 때문인 것이다. 즉, 아동의 잘못된 행동을 수정하기 위해서는 어떠한 태도로든 관심을 보이지 말아야 하는데 그러기 위해서는 많은 노력과 인내가 필요하다.

〈표 13-1〉 관심 끌기 행동

아동의 생각	• 자기가 관심의 초점이 될 때만 자신이 중요하다고 생각한다.
아동의 행동	• 관심 끌기 기술을 점점 더 교묘하게 사용하고, 성가실 정도로 관심 끌기 행동을 나타내기 시작하며 자신이 원할 때는 언제든지 관심을 끌고자 한다.
부모의 일상적 반응	• 아동이 지나친 관심을 끌려고 하기 때문에 귀찮다고 느끼지만, 우선 충동적으로 아동이 요구한 관심을 주게 된다. • 결과적으로 부적절한 관심 끌기 행동을 들어줌으로써 부모는 집단에 대한 소속감을 얻는 방법에 대한 아동의 잘못된 생각을 강화해 주게 된다. • 경우에 따라서는 아이를 꾸짖거나 큰소리로 야단을 치기도 하는데 이것은 일시적으로 그러한 행동을 멈추게 하는 효과가 있는 것처럼 보이나 역시 아동에게는 또 다른 관심 끌기 욕구를 충족시켜 주게 되어 관심 끌기 행동은 계속된다. • 결국 부모의 일상적인 반응양식은 아동의 관심 끌기 행동을 강화시킨다.
대처 방안	• 부모는 지나친 관심 끌기 행동에 관한 일상적인 반응방식을 변화시킴으로써 관심의 초점이 되려고 애쓰지 않아도 소중한 구성원이 될 수 있다는 것을 스스로 알도록 해 주어야 한다. • 관심 끌기 행동에 반응하려는 즉각적인 충동을 누르고 아동의 요구를 알아주되 스스로 그 요구를 충족시킬 수 있도록 배려하고 격려해 준다.

관심 끌기 행동의 예

- 상황: 엄마가 바쁘게 저녁 준비를 하고 있는데 아이가 바퀴가 빠진 장난감 자동차를 가지고 와서 '지금 당장' 고쳐 달라고 졸라 댄다.

- 엄마의 바람직하지 않은 반응과 그에 따른 결과
  - 반응1: 귀찮다고 느끼며 얼른 고쳐 줌 → 다음번에도 그런 식으로 자기 요구를 충족시키도록 강화시킴
  - 반응2: 귀찮다고 느끼며 바쁜데 그런다고 야단침 → 다음번에도 그런 식으로 자기 요구를 충족시키도록 강화시킴

- 엄마의 바람직한 반응의 예
  - 일단 아이에게 눈을 돌려 관심을 보이고 "엄마가 지금 바쁘니까 혼자 고치고 있으면 곧 도와주마."라고 말하며 아이가 스스로 해결할 수 있도록 격려해 준다.

2) 권력 행사하기(힘겨루기, 반항하기)

아동이 다른 사람에 비해 신체적으로 작고 많은 것을 혼자서 할 수 없다는 것을 인식하면 수치심과 열등감을 갖는다. 반면에 다른 사람의 도움이나 방해, 혹은 강요 없이 혼자 힘으로 새로운 것을 수행하게 되면 자신의 역량에 대해 자신감이 생기고 점점 자율성이 발달하게 된다.

자녀들이 많은 것을 스스로 할 수 있게 되고 자신이 할 수 있는 것을 부모가 못하게 한다는 것을 인식하면 자신이 하고자 하는 것을 해야만 가정에서 확고한 위치를 차지한다고 판단하여 자신의 힘과 능력을 시험해 보고 싶어 한다. 이러한 동기에서 부모의 요구에 "싫어"라는 말을 자주 사용하는 것이다.

〈표 13-2〉 힘겨루기 행동

아동의 생각	• 부모에게 고집을 꺾이면 자기의 존재 가치는 없다고 생각한다.
아동의 행동	• 부모를 화나게 해서 힘겨루기에 끌어들이고 이에 필요한 여러 가지 기술을 발달시킨다.
부모의 일상적 반응	• 자신의 권위가 위협당한다고 느껴져서 화가 나고 당황해서 고함을 치거나 때리는 등 충동적인 반격을 가한다. • 이러한 싸움을 통해 결과적으로 어른은 아동의 힘겨루기 행동을 강화시켜 주고 힘겨루기에 필요한 여러 가지 기술을 연마시켜 주는 결과를 낳는다.
대처 방안	• 부모는 일상적인 반응 방식을 변화시켜 아동에게 집단 구성원이 될 수 있는 보다 긍정적인 방법을 가르쳐 주어야 한다. • 반격을 가하려는 충동을 누르고, 아동이 하려는 행동이 힘겨루기라는 것을 일러 줌으로써 직접적인 갈등을 피하는 것도 방법이다.

힘겨루기 행동의 예

• 상황: 아이는 자전거를 한번만 더 타겠다고 약속해 놓고 계속 빙빙 돌며 그만 타고 들어오라는 엄마 말은 들은 체도 하지 않는다.

• 엄마의 바람직하지 않은 반응과 그에 따른 결과
  - 반응1: 계속 잔소리를 한다. → 계속 못 들은 체하며 힘겨루기를 한다.
  - 반응2: 잔소리에 지쳐서 화가 난 엄마는 "들어오지 못하겠니?"라고 야단치며 아이의 팔을 잡아당긴다. → "싫어요." 하며 아이는 피해 다니며 힘겨루기를 더욱 교묘하게 사용한다.

• 엄마의 바람직한 반응의 예
  - 담담한 어조로 "엄마랑 너랑 누가 이기나 해보려는 거지? 엄마는 들어가서…… 와 함께…… 해야겠다."라며 더 이상 관심을 보이지 않는다.

3) 보복하기(앙갚음, 복수)

보복은 자신이 상처받은 만큼 다른 사람도 상처받아야 한다고 느낄 때 추구하는 목적이다. 상대방에 대한 보복은 적개심, 증오심 등의 나쁜 감정을 갖고 상대방에게 상처를 주려고 하기 때문에 상대방의 미움을 받게 되어 자녀의 인성에 상당히 나쁜 영향을 끼치게 된다.

〈표 13-3〉 보복하기

아동의 생각	• 지금까지의 관계에서 상당한 좌절을 경험한 아동은 자기가 집단 내에서 아무 힘이 없고 가치도 없다고 믿으며, 다른 사람들이 자기를 좋아하지 않는다고 생각한다. • 이러한 아동들은 다른 사람들을 괴롭힐 때만 자신이 가치 있는 존재가 된다는 잘못된 생각을 하게 된다.
아동의 행동	• 아동은 마치 자기가 나쁜 아이라는 것을 보여 주려는 것처럼 다른 사람들에게 해를 입히는 행동을 한다.
부모의 일상적 반응	• 아동에게 공격을 받은 부모는 마음의 상처를 입고 아이로부터 멀어지거나 아동에게 보복적인 행동을 한다. • 이러한 행동은 아동의 보복적인 행동을 더욱 강화시키게 된다.
대처 방안	• 아동의 보복 행동에 대해 설교하거나 맞서서 보복하려는 충동을 누르고 아동의 낮은 자아존중감을 높여 줄 수 있는 방법을 모색하여야 한다. • 다른 사람이 자신을 가치 있는 존재로 인정해 줄 때, 아동 역시 다른 사람을 존중하게 되고 파괴적인 행동을 삼가게 된다.

보복하기 행동의 예

• 상황: 아이는 조용히 놀고 있는 동생에게 자꾸 싸움을 걸거나 때린다.
  이러한 행동을 말리는 엄마에게 "엄마는 나만 야단치구……. 엄마 미워요!"라고 말한다.

- 엄마의 바람직하지 않은 반응과 그에 따른 결과
  - 반응1: 넌 늘 못된 짓만 하는구나! 엄마에게 그게 무슨 말버릇이니?
  - 반응2: 그래! 엄마가 미우면 어디 너 이제 엄마 없이 살아 봐라! 엄마도 몰라!

- 엄마의 바람직한 반응의 예
  - "엄마가 너만 야단치고 미워한다고 생각하는구나."라며 껴안아 준다.

4) 무능함 보이기(부족함 보이기, 부적절성 보이기)

모든 노력에도 불구하고 성공하거나 만족할 만한 행동목표에 아동이 도달하지 못했다고 예상될 때, 실패를 예상하고 타인과 함께하는 것을 피하려 할 때 추구하는 행동목표다.

아이가 수동적 반응을 보이거나 전혀 아무런 반응도 나타내지 않는다면 아동을 절대로 비판해서는 안 되며 오히려 장점을 찾아 칭찬해 주어야 한다. 또한 나아지려는 노력을 했을 경우 격려해 주어야 한다. 잘못된 행동목표는 10세 이하의 아동에게서 쉽게 관찰되는데 아동은 부모가 자신을 사랑한다고 느끼고 가정에서 소속감과 안정감을 느끼게 되면, 잘못된 행동목표를 세우지도 않고 환경에 잘 적응하게 된다.

〈표 13-4〉 무능함 보이기

아동의 생각	• 아동은 자기가 속한 집단을 위해 자신이 할 수 있는 일은 아무것도 없다고 믿고 어떠한 노력도 하지 않으려 한다.
아동의 행동	• 아동은 부모에게 자기가 얼마나 무능한지를 알려 줌으로써 부모가 자기에게 아무런 기대를 갖지 않게 한다.
부모의 일상적 반응	• 속이 상하고 당황하게 된다.
대처 방안	• "혼자 할 수 있도록 가르쳐 줄게. 엄마가 하는 것을 잘 봐." 하며 차근차근 정확히 단계적으로 가르쳐 주고 스스로 해 보게 하며 격려해 준다.

무능함 보이기 행동의 예

- 상황: 아이와 외출하려는데 신발을 신겨 달라며 가만히 서 있자 엄마는 혼자 신으라고 하고 아이는 자기 혼자는 못한다고 말하며 그냥 서 있다.

- 엄마의 바람직하지 않은 반응과 그에 따른 결과
 - 반응1: 아이를 딱하게 생각하고 답답한 마음에 아무 말 없이 신겨 준다.
 - 반응2: "그것도 혼자 못 신니?"라고 화가 나서 야단치지만 결국 신겨 준다.

- 엄마의 바람직한 반응의 예
 - 스스로 하도록 가르쳐 주고 서두르지 않고 기다려 줌으로써 아이의 노력을 격려해 준다.

3. STEP 프로그램의 구체적 목표

STEP 프로그램은 총 9장으로 구성되어 있다. 총 9장의 내용은 크게 부모로서의 능력향상을 위한 내용과 유아의 행동발달을 위한 내용으로 나뉜다. 전자는 부모에게 요구되는 양육의 원리와 기술을 포함하고 있으며, 후자는 유아의 긍정적인 행동목표가 초점이 되어 있다. STEP 프로그램은 부모들로 하여금 자신을 정확하게 통찰하여 자신의 문제를 파악하고 이를 해결할 능력을 가질 수 있게 한다. 그리하여 STEP 프로그램에 참석한 부모들은 자녀를 보다 잘 이해하고 동등한 인격체로 취급하며, 자녀가 긍정적이고 책임감 있는 행동을 하도록 도와줄 수 있게 된다. STEP에서 강조하고 있는 개념과 기술을 정리하면 다음과 같다.

1) 어린이 행동의 이해

부모와 어린이의 사회적 평등과 부모의 민주적인 양육 태도를 강조한다. 여기서 사회적 평등이란 어린이가 인간의 존엄성과 가치에 있어서 성인과 동등하다는 것을 뜻한다. 이러한 평등의 원리에 입각해서 부모는 자녀에게 책임이 따르는 자유로운 선택 및 결정의 기회를 준다.

어린이는 성인과 마찬가지로 사회적 승인을 얻으려는 욕구에 따라서 행동을 선택한다. 사회적 존재로서 자기를 정립하려는 어린이의 욕구가 계속해서 좌절될 경우에는 잘못된 행동이 나타난다. 어린이의 잘못된 행동으로는 관심 끌기, 힘 행사하기, 보복하기, 부적절성 나타내기의 4가지가 있는데 이들은 주의 깊은 관찰을 통해서 발견할 수 있다.

부모와 자녀 간의 긍정적인 관계가 강조된다. 이 긍정적인 관계를 형성하는 기본 요소로는 상호 존중, 즐거운 시간 갖기(taking time for fun), 격려, 사랑의 표시(communicating love)의 4가지를 들 수 있다.

2) 자녀 이해와 부모 자신의 이해

정서는 인간의 신념과 목적에 바탕을 둔다. 부모는 어린이들이 잘못된 행동목표에 도달하기 위해 그들의 정서를 사용한다는 점에 유의해야 한다. 부모는 화를 내거나 야단을 쳐서 어린이를 통제하려고 애쓸 필요가 없다. 단지 일정한 한계점을 설정하여 어린이가 스스로 결정해서 행동하고 그 결과로부터 배우도록 배려한다면 그것으로 충분하다.

인간의 생활방식은 가족분위기와 가치관, 성역할, 가족 간의 위치, 훈육방법의 4가지 사항으로부터 영향을 받는다. 완벽한 부모가 되려고 노력하기보다는 책임 있는 부모가 되려고 해야 한다(이경우, 1995).

3) 자신감과 자아존중감 길러 주기

칭찬은 일종의 보상으로써 어린이의 행동이 외적으로 동기화되게 만들기 때문에 바람직하지 않다. 이와 달리 격려는 어린이의 긍정적인 행동을 인정해 주고 어린이의 실수 역시 인정함으로써 자아존중감을 갖게 해 준다. 격려란, 첫째, 어린이를 있는 그대로 수용하는 것이고, 둘째, 어린이가 스스로를 옳다고 믿도록 하기 위해 옳다고 믿어 주는 것이며, 셋째, 어린이가 자존심을 보다 증진시킬 수 있는 대화 기술의 개발을 도와주는 것이다. 이러한 격려를 통해서 어린이는 자기 자신을 더욱 신뢰할 수 있게 되는 것이다.

4) 의사소통 1: 반영적 경청

부모의 인습화된 역할 수행은 효과적인 의사소통을 방해하는 요인임을 알아야 한다. 효과적인 의사소통은 다음 사항을 실천함으로써 이루어진다.

- 상호 존중
- 눈의 접촉 (eye contact)
- 반영적 경청 (reflective listening)
- 관심(caring)과 개방성을 전달하는 비언어적 행동 (non-verbal behavior)
- 상대방을 받아들이고 허용하기

반영적 경청(reflective listening)이란 어린이의 감정과 생각을 반영하는 개방적인 반응 형태다. 부모는 자녀가 하는 말을 들으며 자녀가 감정적으로 전하는 메시지를 파악하여 그것을 말로 표현해 주어야 한다. 표현적인 의사소통을 통해 부모와 자녀는 갈등적인 상황에서도 온화한 분위기에서 다정한 대화를 나눌 수 있게 된다. 따라서 아동의 잘못된 행동에 대해 비난하거나 꾸짖기보다는 대화로써 아동의 인식을 일깨워 주는 것이 좋다.

반영적 경청 방법의 예는 다음과 같다.

- 관심을 기울여서 진심으로 잘 들어 주기
- 질문이나 설교 대신 "응?" "음……." "아하!" 등의 한마디 말로 자녀의 말이나 감정을 진정으로 이해해 주기
- 아이의 감정을 부정하는 대신 말로 표현해 주기

부모-자녀 관계를 만족스럽게 유지하려면 효과적인 의사소통이 중요하다. 부모들은 자녀들의 비언어적인 메시지에 반응하는 것이 중요하며 다음과 같은 반응을 요구한다. 효과적인 경청 기술로 침묵, 인정하는 반응, 마음의 문을 여는 대화, 상상표현, 반영적 경청 등을 사용할 수 있다.

부모-자녀 관계는 서로 상호 존중에 기초를 둔 상태에서 의사소통이 이루어져야 한다. 부모는 자녀의 의견에 대해 동의하지 않을 때에도 자녀의 감정을 받아들인다는 태도를 보여 주어야 한다. 효과적인 경청을 위해서는 집중하여 듣고 있다는 자세를 보이고 시선을 마주치며, 때로는 침묵 등의 반응을 보여 주어야 한다. 자녀의 이야기를 들은 후, 부모는 자녀로 하여금 자기가 이야기한 것과, 이야기하지 않은 이면에 숨은 감정을 다 안다는 것을 주지하도록 하여야 한다. 부모는 자녀가 문제를 해결하도록 돕기 위하여 그들의 감정을 정리하고 반영하게 해 줄 수 있다.

인간의 의사소통은 폐쇄적 반응과 개방적 반응의 관점에서 기술될 수 있다. 폐쇄적 반응이란 청자가 잘 듣지 않고 들은 말에 대해서 이해도 못하는 것을 의미하며 개방적 반응은 청자가 다른 사람이 말한 것을 잘 듣는 것을 의미한다.

다음의 예를 보고 예시된 문장을 자녀와 부모 입장에서 말해 보시오.

> • 형이 동생의 장난감을 뺏어 가 동생이 화가 나 있다.
> → 자녀: 형이 내 장난감을 뺏어 갔어요.
>　부모: 형이 장난감을 뺏어 가서 화가 났구나.

- 친구들이 놀아 주지 않는다고 풀이 죽어서 들어온다.
- 하루 종일 애써서 로봇 조립을 완성했는데 동생이 밟아서 망가졌다고 운다.
- 어린이집에 가기 싫다고 떼를 쓴다.
- "언니는 늘 새 옷을 사 주면서 나는 언제나 언니 옷만 물려 입어."
- 소풍가는 날을 기다려왔는데 비가 온다.
- 가장 친하게 지내던 친구가 이사를 간다.
- "엄마 미워요!"
- "옆자리 짝이 싫어서 학교가기 싫어요."

5) 의사소통 2: 대안 찾기와 나-메시지

자녀가 말썽을 부리고 방해하며 부모를 화나게 할 때 부모는 불쾌한 감정을 경험하게 된다. 이럴 때 부모가 이성을 잃으면 마치 원수에게 하듯 행동과 말을 퍼붓거나 소리 지르고 모욕을 주고 때로는 때리기도 한다. 그러나 표현하지 않고 참으려고 무한정 애쓰는 것 또한 불가능하며 부모의 정서에 나쁜 영향을 준다. 이는 마치 불에다 기름을 붓는 것과 같은 결과를 초래한다.

이러한 상황에서 부모는 분노를 처리하기 위하여 자녀의 이름을 큰 소리로 부르거나 문제점 진술, 정보 제공, 한마디 규칙, 메모하기, 나-메시지 등을 사용할 수 있다.

(1) 대안 찾기

대안에 대해 탐색하도록 도와주는 것은 자녀로 하여금 문제를 인식하고 해결하는 데 적절한 방안을 선택하도록 도와주는 것이다. 이는 또한 자기행동의 결과에 대해 평가하도록 하는 것이다. 단지 대안을 탐색하는 과정으로 급히 유도하지 말아야 한다. 만일 서두른다면 자녀는 부모가 시키는 대로 하는 것으로 생각할지 모른다. 효과적인 대안 찾기를 위해 개방적인 의사소통은 중요하다.

(2) 문제를 가진 사람

문제의 소유권에 관한 것에 대해 짚고 넘어가야 할 것이다. 누구에게 문제가 있는지(문제의 소유) 결정하기 위해 "그것이 누구의 문제인가?"라고 질문해 볼 수 있다. 문제가 누구의 것이냐가 결정되면 해결해야 할 단계에 이르게 된다. 자녀의 문제일 경우, 부모는 대안을 탐색하거나 혹은 자녀 스스로 결과에 직면하도록 내버려 둘 수 있다.

(3) 나-메시지(I-message)

자녀에게 영향을 미치려면 부모는 자녀에게 부모의 느낌, 의사 및 의도가 이해되도록 의견을 교환할 수 있어야 한다. 이럴 때 부모 자신의 생각과 감정을 표현할 수 있는 나-메시지를 사용해야 한다. 나-메시지는 네가 ~을 하면(행동), 나는 ~라고 느낀다(느낌). 왜냐하면~(영향)의 공식으로 표현한다.

효과적인 의사소통 방법

- 목적적인 대화
- 자녀의 느낌을 이해한다고 표현하는 반영적 경청
- 나-메시지
- 자녀를 존중하고 비판하지 않는 태도

- 적절한 시기
- 가능한 한 친절하게 요점만 말하기
- 억압, 비난 및 조롱하지 않기
- 단정 짓지 않기
- 자녀에게 신뢰와 믿음 표시하기

다음의 예를 읽고 예시된 문장들을 나-메시지로 말해 보시오.

- 안방에 장난감을 어지럽게 늘어놓는다.
  → (나-메시지) 갖고 논 장난감을 치우지 않고 방바닥에 그냥 두니 걸어 다
    닐 수가 없어서 엄마가 화가 난다.

- 젖은 수건을 침대 위에 놓아두었다.
- 손을 씻고 난 후 물을 잠그지 않는다.
- 벽에다 낙서하고 있다.
- 잠옷을 갈아입어야 하는데 옷을 입은 채로 잠자리에 들어가려 한다.
- 서랍에서 꺼내 온 가위를 사용하고는 그 자리에 그냥 두고 일어난다.

6) 책임감 훈련 방법

　　보상과 처벌은 바람직한 훈육방법이 아니다. 보상과 처벌은 권위를 바탕으로
하기 때문에 부모와 자녀 간의 상호존중의 관계를 파괴하며 자녀의 책임감 형성
을 저해한다. 자녀 스스로 행동에 책임을 지도록 하는 방법으로는 자연적, 논리
적 결과를 경험하게 하는 것이 효과적이다. 자연적 결과(natural consequence)의
사용은 어린이가 다른 사람의 개입 없이 자연적 사건의 질서로부터 행동 목표를
터득하게 한다. 예를 들면, 어린이는 '먹지 않으면 배가 고프다.'는 것을 자연적

결과의 경험을 통해 배운다. 어린이에게 자연적 결과를 사용할 수 없는 상황에서는 논리적 결과(logical consequence)를 사용한다. 논리적 결과의 사용은 어린이가 사회적 질서로부터 행동목표를 터득하게 한다. 예를 들어, 어린이는 '빨간불에 길을 건너는 것은 위험하다.'는 것을 논리적 결과의 경험을 통해 배운다. 자연적·논리적 결과를 사용하는 데에는 다음과 같이 12가지 원칙이 있다.

자연적·논리적 결과 사용을 위한 12가지 원칙

- 어린이의 목표행동과 감정을 이해할 것
- 엄격하면서 친절할 것
- 완벽한 부모가 되려고 애쓰지 말 것
- 부모의 행동을 보다 일관성 있게 할 것
- 행위자와 행위를 분리할 것
- 독립심을 북돋아 줄 것
- 동정심을 남용하지 말 것
- 다른 사람의 생각에 지나친 관심을 두지 말 것
- 누구에게 문제가 있는지를 파악할 것
- 말을 적게 하고 행동을 많이 할 것
- 싸우거나 포기하지 말 것
- 어린이 스스로 책임을 지도록 권장할 것

---

7) 자연적·논리적 결과의 활용

자녀에게 선택권을 준다. 자녀에게 어떤 행동을 할 수 있는지 선택권을 주어 그 행동의 대가를 경험하게 하는 것이 매우 중요하다. 아동에게 자신의 행동 결과로 치르는 대가를 설정하도록 요청한다. 부모가 의사결정 과정에 자녀를 참여시키면 훨씬 더 많은 협조를 받을 수 있다. 게다가 행동의 선택권이나 해결책에 대하여 자녀로부터 풍부한 아이디어를 제공받을 수 있다. 부모 쪽에서 실제로 실천할 수 있는 선택권만 주도록 하고, 결과는 논리적인 타당성이 있어야 한다. 자녀 스스로의 행동에 책임을 지는 것을 가르치는 과정의 대화는 단호하고 조용한 태도로 임하는 것이 중요하다. 화난 어조나 횡설수설한 투로 말하지 않도록 한다. 일단 자녀에게 선택권을 주고 나서는 반드시 그대로 실천한다. 부모 쪽에서 일관성 있게 자녀가 취한 행동의 결과를 경험하도록 실행해 본다면 이제 자녀는 부모를 이리저리 요령껏 시험해 보았자 효과가 없다는 것을 알고 자신의 행동을 변화시키게 된다. 자녀에게 자신의 행동 결과를 경험한 후에 다시 한 번 기회를 준다.

다음의 예시를 읽고 예시된 문장들에 자연적 결과 또는 논리적 결과를 적용해 보시오.

> • 추운 날 두꺼운 옷을 입지 않고 그냥 가려 한다.
>   → (자연적 결과) 그대로 두어 추워서 떨게 한다.

- 읽던 동화책, 갖고 놀던 장난감 등이 거실에 널려 있다.
- 신발은 신장에 넣고 신는 것만 현관에 두기로 했는데 3켤레가 나와 있다.
- 빨아야 할 옷은 빨래 통에 넣기로 했는데 바지며 티며 옷들이 방에 여기저기 널려 있다.
- 횡단보도 신호등이 빨간불인데 아이가 건너려 한다.
- 페트병 오렌지 주스가 반 이상 남았는데 아이가 입을 대고 마신다.

8) 가족회의

민주적 가족 관계는 가족 구성원 모두가 의사결정 과정에 참여할 기회를 가질 때 가장 효과적으로 발달한다. 가족회의는 모든 가족 구성원이 정규적으로 갖는 모임으로 가족 내에서 일어나는 문제에 대해 각자가 생각하는 바를 함께 나누고 조율할 수 있는 기회를 제공하며 즐거운 시간이 되기도 한다. 또 이 시간을 통해 좋은 경험도 나누고 서로 긍정적인 감정도 교환하며 가족 간 화합을 증진한다.

- 가족 간 서로의 생활 얘기하고 듣기
- 긍정적 감정의 표현과 격려하기
- 가족 간에 공평하게 일 분담하기
- 관심, 느낌, 불만 표현하기
- 갈등해소 및 가족 간에 발생하는 문제 다루기
- 가족 간 즐거운 일 계획(생일, 여행, 추석 등)하기

가족회의를 위한 지침

- 일정한 시간에 만나도록 한다.
- 의장직을 돌아가면서 맡는다.
- 문제, 계획 및 결정 사항을 기록한다.
- 가족 모임의 시간도 함께 정한다.
- 모든 가족 구성원은 논제에 대해 제안할 기회를 가져야 한다.
- 모임이 불평하는 시간이 되지 않도록 주의해야 한다.
- 집안일을 분담할 때에는 부모와 자녀가 함께 필요한 일에 목록을 작성하고 일하는 방법을 정한다.
- 가족 모임에서 일단 결의된 사항은 다음 모임까지 효력을 발생하게 한다.
- 모임에서 결정된 것에 대한 불평은 모두 다음 모임까지 연기되어야 한다.
- 가족 구성원은 중요하다고 생각되는 문제를 제기할 기회를 가져야 한다.
- 가족 모임은 집안일의 분담과 문제 해결 과정 이상이라는 것을 확신시켜야 한다.

9) 자신감 양양 및 잠재력 발휘

어린이의 행동에 대한 이해와 부모-자녀 관계의 개선을 위한 방법에 대해 살펴보았다. 여기서 살펴보았던 것처럼 부모-자녀 간의 문제는 극복할 수 있는 사실로 받아들이면 낙관적인 상태를 유지할 수 있다. 부모가 친한 친구에게 보여주는 것과 같은 존경심을 갖고 부모-자녀 관계를 맺는다면 서로 존중하게 되며 난관을 무난히 뚫고 나아갈 것이다. 한 인간으로서 강한 주체성을 가진 부모라면 자녀를 자기의 분신으로 여길 필요성을 전혀 느끼지 않는다. 그러한 부모는 생의 도전에 용감하게 직면할 수 있다.

부모는 자녀를 훌륭하게 양육할 잠재력을 약화시키고 양육에 대한 자신감을 위축시키는 자기 패배적(self-defeating) 태도를 경계해야 한다.

4. STEP 프로그램의 원리 및 기술

1) 효율적 부모-자녀 관계

아무리 좋은 자녀 양육법일지라도 부모가 기꺼이 시간을 할애하여 자녀와의 긍정적인 관계를 맺으려는 노력을 하지 않는다면 효과를 볼 수 없다. 다음에 소개하는 4가지는 부모-자녀 관계를 효과적으로 맺기 위한 필수적인 요소라고 하겠다.

인간관계에서 대부분의 문제는 연령에 관계없이 서로 존중을 나타내지 못하기 때문에 일어난다. 흔히 부모는 자녀들이 부모를 존경하지 않는다고 불평한다. 그런 부모는 존경이란 스스로의 행동에 의해 얻어지는 것이라는 사실, 즉, 부모 자신이 다른 사람을 존경할 때 어린이들이 배운다는 사실을 미처 깨닫지 못하는 것 같다. 잔소리하고, 소리 지르며, 때리고, 엄포를 놓고, 혼자 할 수 있는 일도 부모가 해 주고, 일관성 없는 자녀 교육 방침으로 대하는 등은 사실 자녀를 존중할 줄 모르는 증거다. 부모는 자녀들이 부모의 침실에 들어올 때 반드시 노크하라고 시키면서 자녀들의 방은 당연한 것처럼 마음대로 드나들곤 한다. 서로 존중하기 위해서는 먼저 부모가 자녀를 존중하는 태도를 보여야 한다. 이것을 시작하는 좋은 방법은 부정적인 말을 삼가는 것이다. 자녀들과는 친숙한 분위기에서 이야기를 나누어야 한다.

즐거운 시간을 가지려면 계획이 필요하다. 부모도 즐기고 자녀도 즐길 수 있는 즐거운 시간을 잠깐 동안이라도 함께 보내도록 한다.

부모는 자녀를 신뢰해야 한다. 스스로 '나는 능력 있다.'고 느낄 수 있게 해 주려면 자녀를 끊임없이 격려해야 한다. 협동적인 관계는 자녀들이 자기 자신에 대해 어떻게 느끼며 또 부모에 대해 어떻게 느끼는지에 따라 좌우된다.

격려의 사용

- 아무런 전제조건 없이 자녀를 있는 그대로 수용하고 믿는다.
- 고자질과 같은 부정적 행동은 무시한다.
- 긍정적인 태도나 언어를 사용한다.
- 자녀가 과제를 수행하거나 어려운 문제를 수행하고자 할 때 간섭하지 않는다.
- 장점이나 잘한 점 등에 초점을 맞춘다.
- 아동의 노력을 알아주고, 성취를 인정해 준다.
- 아동에게 칭찬을 해 주기보다는 격려한다.

격려는 자녀의 장점과 성취에 초점을 맞춤으로써 자녀에게 자신감과 자아존중감을 북돋아 준다.

어떤 부모든지 모두 자녀를 사랑한다. 그러나 부모들이 말로는 자녀를 사랑한다고 자주 표현하지만 실제 행동으로는 어떻게 나타내는가? 자녀들이 안정감을 느끼기 위해서는 자기가 사랑하고, 또 사랑받는 사람이 적어도 한 명은 있어야 한다. "엄마는 너를 사랑해!"라고 자녀에게 말로 표현하는 것은 무척 중요하다. 특히 자녀들이 그러한 반응을 기대하고 있지 않을 때 토닥거려 주고, 껴안아 주고, 뽀뽀하며, 머리를 쓰다듬어 주는 것은 매우 중요하다. 사랑은 또한 자녀를 존중하고, 책임감과 독립성을 길러 주려는 부모의 태도를 통해서도 전달된다는 것을 알아야 한다.

2) STEP의 구체적 훈련 내용

STEP에서 다루어질 수 있는 내용은 대화의 기법, 환경을 계획하는 기술, 자신을 변화시키는 기술, 아동을 변화시키는 기술, 가족의 변화를 통해 문제를 해결하는 기술 등이다.

(1) 대화의 기법(communication skills)

부모 역할의 문제 중 하나가 아동이 세계를 어떻게 경험하는가, 부모는 아동의 경험을 어떻게 느끼고 아동의 행동이 부모에게 어떻게 영향을 미치는가에 대해 아동과 함께 이야기를 나누는 것이다. 부모 역할에서의 이러한 면은 듣기 기법과 말하기 기법으로 실시되고 있다. 듣기 기법은 감정이입(empathy), 반영적 경청(reflective listening), 적극적 경청(active listening), 감정이입적 반응(empathic responding), 공감(shared meaning), 반영시키기(mirror-ing) 등이다.

말하기 기법에는 나를 표현해 주는 대화(I-message), 동등수준의 대화(leveling) 및 부모 메시지 등이 있으며 이것은 자녀의 행동에 대해 부모의 느낌을 정직하게 표현하는 기술을 말한다. 이때 단지 행동을 묘사하는 것이지 그 행동을 평가하거나 판단하지 않도록 한다.

(2) 환경을 계획하는 기술(skills in planning the environment)

부모-자녀 관계를 개선시키는 방법으로 검토되고 있는 분야가 환경을 계획하는 일이다. 가족 구성원들은 그들이 보낼 시간, 공간 및 활동 등을 계획하는데 힘을 기울여야 한다. 자녀가 무료해하는 생활을 예방하기 위해 환경을 풍부하게 해 주거나, 지루해하는 시간이 되기 전에 자극상황을 만들거나 자녀의 안정성을 위해 집에 적응하게 하거나 사건과 변화가 일어나기 전에 계획하는 것과 같은 기술에 의해 가족생활에서의 많은 갈등은 적어질 수 있다.

(3) 부모 자신을 변화시키는 기술(parent self-change)

갈등과 문제를 해결하기 위해 자녀들이 행동 변화와 아울러 가능한 부모 자신의 변화도 있어야 한다는 관점이다. 부모들로 하여금 갖도록 하는 것으로 부모 자신의 변화에는 아동발달 단계에 대한 이해 및 이러한 단계와 부모기대와의 관계에 대한 이해를 포함한다. 부모들로 하여금 다른 부모들과 특징 등을 비교하도록 도와줌으로써 자녀들이 할 수 있는 것과 할 수 없는 것에 관한 현실적인 태도가 더욱 발달될 수 있도록 이끌어 주는 것이다.

(4) 어린이를 변화시키는 기술(changing the child)

STEP에서 행동수정으로 행동관리 기술을 다루었으나 이와 같은 행동수정 입장에서의 기법보다는 한계를 설정하고 그 한계를 지키지 못했을 때 사용하는 자연적·논리적 보상체계(natural and logical consequences)의 훈육방법이 부모에게 더욱 매력적이고 효과 있는 자녀 변화 절차다.

(5) 가족의 변화-문제 해결 기술(changing the family-problem solving skills)

문제해결하기란 변화책략을 수행하기 전에 한 문제를 통해 사고하는 체계적인 과정으로써 민주적인 가족문제 해결책으로 고든의 민주적 방법(no-lose method)이나 드라이커스의 가족상담(family counsel)이 사용되고 있다. 가족문제를 해결하는 과정은 몇 단계로 구성되어 있다. 문제에 대한 세심하고 주의 깊은 묘사로 시작해서 여러 가지 대안제시(brainstorming)가 나오게 된다. 그중 가장 적절한 해결책이 선택, 실행되고 평가된다. 만약 문제가 해결되지 않는다면 그 해결책에 대해 재정의해 보거나 다른 해결책이 선택되거나 한다. 문제의 해결은 가족 중 특정의 한 사람만을 문제를 일으키는 사람으로 보지 않도록 주의해야 한다.

5. STEP 프로그램의 효과

1) 연구 결과

STEP 프로그램은 여러 가지 조사연구를 통해 부모의 양육 태도 개선에 효과가 있는 것으로 밝혀졌다. Kozlowski(1978)는 실험집단의 부모 11명을 대상으로 STEP 프로그램을 실시한 결과 부모들이 자녀를 이해하고 신뢰하는 태도를 가지게 되었다고 보고하였다. 또한 Moline(1979)은 Salt Lake County Court System으로부터 소환된 학대부모들에게 STEP 프로그램을 실시함으로써 그들의 독재적인 태도를 민주적인 태도로 변화시킬 수 있었다고 보고하였다.

부모의 양육 태도는 변화시키기 어려운 것임에도 불구하고 STEP 프로그램에 참여한 부모들은 긍정적인 양육 태도 변화를 경험한 것으로 나타나 있다. 이러한 결과의 주된 원인은 STEP 프로그램이 종합적이며, 조직화·체계화되어 있을 뿐만 아니라 그 실시과정이 단계적이어서 부모들의 점진적인 향상에 도움을 주기 때문이라고 할 수 있다. 예를 들면, STEP은 총 9주간의 프로그램을 실시하는 과정에서 부모들이 매주 학습한 결과를 스스로 주간평가란에 기록하게 한다. 그리하여 부모들은 자녀에 대한 자신의 태도를 매주 스스로 평가하고, 프로그램 지도자나 참여자와의 토론을 통해서 자신의 문제점을 파악하게 된다. 이러한 과정을 거치면서 STEP에 참여한 부모들은 점진적으로 자신의 잘못된 태도를 수정하고 민주적인 양육 태도에 접근하여 가는 것이다.

STEP 프로그램의 효과를 검증한 많은 연구들을 살펴보면, 프로그램에 참여한 부모들은 자녀의 행동을 긍정적으로 지각함으로써 자녀의 행동에 긍정적인 변화가 일어났음을 시사하고 있다. STEP 프로그램의 효과를 밝혀낸 연구 성과를 구체적으로 예시하면 다음과 같다.

Mckay(1976)는 4~13세 어린이의 어머니 26명을 통제집단 12명, STEP 집단 14명으로 무선 배정한 후 이들을 대상으로 자녀의 행동에 대한 지각을 조사한 결과, STEP 집단의 어머니 등은 자신들이 목표로 한 긍정적인 변화가 자녀 행동에서 나타났다고 보고하였다.

Bauer(1978)는 STEP 집단과 드라이커스 집단의 부모 75명을 대상으로 조사한 결과, 자녀 행동에 대한 지각이 두 집단에서 모두 긍정적으로 변화되었다.

Villegas(1978)는 4~14세 어린이의 어머니 28명을 통제집단 14명, STEP 집단 14명으로 양분하고 자녀 행동에 대한 지각을 비교한 결과, STEP 집단의 어머니들이 자녀의 행동을 긍정적으로 지각하였다.

Sellick(1979)은 초등학교 어린이의 어머니 64명을 네 집단으로 분류하여 세 집단에서는 STEP교육을 실시하고 한 집단을 통제집단으로 설정하였다. 첫째 집단에는 두 시간의 교육을 실시하고, 둘째 집단에서는 한 시간의 교육을 실시하며, 셋째 집단에서는 독서요법만을 실시하였다. 그 결과 STEP 집단 중에서는 첫째 집단에 속한 어머니들이 나머지 집단에 속한 어머니들보다 자녀의 행동을 긍정적으로 지각하였다.

Larrivee(1982)는 3~5세 유아의 어머니 18명을 STEP 집단 6명, PAT 집단 7명, EP 집단 5명에 배정한 후 이들을 대상으로 자녀 행동에 대한 지각을 조사하였다. 그 결과 STEP 집단의 어머니들은 EP 집단의 어머니들보다 자녀의 행동변화를 더욱 긍정적으로 지각하였다.

Wantz(1984)는 4~5세의 유아의 어머니 11명이 STEP 프로그램에 참여한 후 유아의 행동이 의미 있게 향상되었음을 보고하고 있다.

또한 양영희(1986)는 유치원에 취원하고 있는 유아 30명의 어머니를 대상으로 STEP 프로그램을 실시한 후 9주 동안 빠짐없이 참석한 어머니 15명을 대상으로 어머니의 유아에 대한 전체적인 변화 반응을 알아본 결과, 자녀와의 긍정적 관계 수립, 책임 있는 부모로서의 행동, 자신감과 가치관 길러 주기, 의사소통, 훈육 시 논리적 결과 사용하기 등은 높은 효과의 변화를 나타냈으며, 부모 자신에 대한 긍정적 신념도 가지게 되고, 가족 모임도 규칙적으로 가지게 되는 비율이 높아졌다고 보고하였다.

이상의 결과를 종합해 보면, STEP 프로그램에 참여한 어머니들은 유아의 행동을 더욱 긍정적으로 지각한다고 밝혀졌다. 이는 STEP이 주장하는 어린이의 행동이해에 부응하는 결과이며 동시에 유아의 긍정적인 행동변화를 암시해 주고 있다. 결과적으로 STEP 프로그램은 유아행동에 대한 어머니의 지각과 유아의 행동변화 모두에 효과가 있음을 시사해 주었다.

2) STEP 훈련 후 부모의 소감

예시: 저널쓰기-가족 모임

유아 이름: 고소영

마지막 장 '가족 모임' 교육을 하면서 자꾸만 지난 일들이 생각났다. 내가 고등학생 시절 비록 규정이나 회칙은 없어도 우리 가족은 모임을 한 달에 한 번 정도는 한 것 같다. 바쁘신 부모님은 물론 직장인 큰언니에서부터 중학생 막내까지 그날은 약속을 잡지 않고 모두 모이는 날이다. 친구를 만나다가도 일찍 집에 들어가 봐야 한다고 하면 친구들은 가족회의하는 우리 집을 의아하게 생각하기도 했다. 또 가족 일기를 돌아가면서 썼는데 아버지의 위엄 있는 필체에서 가족을 생각하는 마음을 읽을 수 있었고 아직은 어린 막내라도 나름대로 고민이 있었으며 언니들은 같이 해결해 주려고 했다. 이런 우리 가족의 다른 가정과 차별화된 모습을 은근히 즐기기도 했다.

아버지께서는 집안의 알려야 할 일이나 중대한 결정이 필요하다고 생각되시면 꼭 딸들과 상의하셨고 우리들의 진로나 고민도 그 자리에서 방향을 잡아 갔다. 지금 생각하면 아버지께서는 딸이 넷이나 됐지만 모두의 성격을 알고 계셨고 단점을 고치기 위해 많이 도와주셨다.

우리 가족 모임은 교재에 있는 가족 모임의 지침과는 많이 달랐지만, 모든 가족 구성원이 한 자리에 모여 주제를 가지고 의견을 나누고 이야기를 하는 것이 얼마나 큰 결속력을 다지게 하는지 알 것 같다.

그래서 나도 이것만큼은 꼭 하리라 생각했다. 지금은 건희가 아직 어려 이해할 수는 없겠지만 조금 더 크면 가족 모임과 가족 일기 쓰기를 같이 해 볼 생각이다.

가족 모두가 얼굴을 맞대고 모이는 소중한 시간을 민숭민숭 무의미하게 보내기보다 뜻 깊은 무언가를 남기고 아이에게는 책임감을 갖게 하며 가족애를 발전시키는 시간으로 만들어야겠다.

지오맘: 우와, 정말 부러운 가족입니다. 가족 모임의 소중함과 가능성을 바로 이웃집에서 느낄 수 있는 저널이네요. 건희 엄마가 따뜻하게 느껴지는 건 그런 가족 모임의 힘인 것 같네요. 우리 집도 결혼하면서 남편과 둘이서 가족 모임 시간을 가지려고 노력했는데, 3~6개월에 한 번씩 하게 되는 것 같아요. 지오와 선오가 조금 더 크면 저희도 꼭 해 보려고 합니다. 주마다 한 번씩이면 부담스럽지만, 한 달에 한번이면 해 볼 만할 것 같아요.

예시: 유아 일화기록

소집단 부모교육에서의 일화기록

- 한 주간 유아들의 행동을 관찰, 기록하기, 기록 후 저널쓰기(카페)
  - 원장, 교사, 어머님들의 피드백
- 교육 내용(상호작용) 적용해 보기
- 일화기록 중 함께 나눌 내용 선정하여 역할극 하기

STEP 일화기록 사례

- 유아명: 이태웅   • 생년월일: 2006. 7. 20.(남)   • 관찰일: 2010. 5. 14.
- 장면: 문구점에서 장난감 총을 사달라고 조른다.

이태웅 엄마의 상황 기록: 집 근처 문구점에 들렀다. 태웅이가 많이 가지고 있는 장난감 총을 또 사달라고 조른다. 엄마는 총을 너무 많이 가지고 있어서 더 이상 사 줄 수 없다고 얘기한다. 태웅이는 그래도 집에 없는 총이기 때문에 또 사고 싶다고 말한다. 지난번 총을 사 줄 때 엄마와 더 이상 총은 살 수 없다고 약속했던 것을 떠올려 주지만 태웅이는 모른다고 얘기한다. 태웅이가 징징대자 엄마 문구점 출입문으로 향했고 태웅이는 따라온다. 엄마가 뒤돌아보자 다시 한 번 징징대 본다. 엄마가 이때다 싶어 "태웅아, 이리와 봐. 엄마랑 나와서 잠깐 얘기해 보자. 태웅이는 총을 좋아해서 또 사고 싶은 거지?" "네, 저는 총이 좋아서 또 사고 싶어요." "그런데 태웅이는 집에 총이 아주 많잖아. 여기 있는 총은 집에 있는 것들이랑 같은 것도 있고 비슷한 것들도 많아. 그리고 지난번에 엄마랑 총 살 때 약속했잖아! 장난감 총 사는 것은 그때가 마지막이라고." "아니야, 나 총 사고 싶다고." "엄마는 절대 안 사줄 거야. 너무 많단 말이야. 집에 있는 것들 하나씩 꺼내서 몇 개인지 세어 보자. 엄청 많을 거야." 태웅이는 그래도 가지고 싶다고 말한다. 엄마가 먼저 발길을 돌리자 약간 울먹이며 따라온다. 아이를 안아 주며 태웅이가 총 좋아해서 갖고 싶은 건 알지만 자꾸 똑같은 장난감을 많이 사면 모두 가지고 놀 수도 없고 낭비가 된다고 설명해 준다. 안아 주며 자신이 총을 좋아하는 것을 엄마도 알고 있다고 함께 공감해 주고 다시 한 번 일깨워 주자 기분이 풀린 듯하다. 오는 길에 아이스크림을 사 달라고 해서 가게에 들러 사 주자 태웅이는 기분 좋게 집으로 향한다.

관찰내용: 가지고 있는 물건 또 사지 않기, 약속 지키기

일화기록으로 나-메시지 적용해 보기

태웅이가 총이 좋아서 총을 너무 많이 가지고 놀게 되면, 엄마는 태웅이가 영화에서처럼 무서운 사람이 될까 걱정이 돼. 왜냐하면, 가짜 장난감 총이라도 사람을 실수로 다치게 할 수도 있고, 5살이 가지고 놀아야 할 다른 재미있는 장난감을 태웅이가 경험해 보지 못할까 봐 걱정이 되기 때문이야.

이태웅 엄마의 STEP 적용 소감

'내가 만약 STEP교육을 모르고 지나쳤었다면 어땠을까?'라는 생각을 해 본다. 나는 아직도 아이의 문제행동을 이해하지 못하고 떼쓰는 아이를 부모의 권위를 무너뜨리려는 못된 심보를 가지고 있는 아이로 여기고 매를 들며 화를 내고, 혼란스러운 그 상황을 아이 탓으로 돌렸을 것이다.

아이를 바꿔 보겠다는 막연한 생각에 교육에 참석했고 교육 첫 시간에 한 개념도 작성에서 갈피를 잡기가 힘들었지만 시간이 지날수록 엄마인 나 자신이 변하고 있다는 생각이 들었다. 정말 이 교육은 나를 변화시키는 것이기도 했다.

처음 일화기록을 하면서 똑같이 반복되는 생활이라 어떤 상황을 다뤄야 하는지 혼란스러웠지만 이제는 아이가 보이는 행동에는 의미가 있으며 그럴 땐 내가 어떻게 대처하며 어떤 방법을 써서 아이와 해결해야 하는지, 지난 일화기록들을 보면서 후회하기도 하고 개선하려 노력도 해 보게 된다. TV나 책을 통해 알고 있었던 얄팍했던 나의 육아와 훈육이 STEP교육을 함으로써 체계가 잡히고 아이를 더 많이 이해하고 존중하게 되었다. 이것이 자연스레 아이와의 갈등을 없애고 아이와 나 사이의 신뢰를 하나씩 쌓아 가게 했다. 그럼으로써 애정표현이 전보다 훨씬 많아진 것도 사실이다.

교육은 나 자신을 다시 되돌아보게 하는 기회를 가져다주었고 아이와의 갈등을 굳이 화를 내지 않고서도 행복하게 해결할 수 있다는 교훈도 주었다.

유능한 부모가 될 수 있도록 밑거름이 되어 준 STEP교육을 잘 받았으니 앞으로 내가 할 일은 그동안 쌓아 왔던 아이와의 친밀한 관계가 지속될 수 있도록 일관성을 가지고 꾸준히 교육 내용을 활용하는 것이다. 또한 나 혼자만 알고 있을 것이 아니라 남편과 함께한다면 더 효과적이지 않을까 생각해 본다.

마지막으로 교육의 시간을 마련해 주고 함께 동참해 주신 선생님, 뜻을 같이한 어머니들께 감사의 마음을 보낸다.

생각해 볼 문제

1. 다음의 예시된 문장들을 나-메시지로 말해 보시오.

> - 사이다를 마신 후 뚜껑을 닫지 않고 그대로 두었다.
> - 너무 피곤하여 쉬려고 하는데 자꾸 흔들어 깨우며 이것저것 묻는다.
> - 유아교육기관에서 받은 가정통신문을 엄마에게 전달하지 않아 가방에 3개나 들어 있다.

2. 자연적 · 논리적 결과를 사용하는 12가지 원칙에 대해 예를 들어 설명해 보시오.
3. 가족회의를 해 보고, 가족회의 후 느낀 점에 대해 토의해 보시오.
4. 부모는 자녀의 연령에 따라 사랑의 표시를 어떻게 하는지 토의해 보시오.

제14장

현장의 부모교육 프로그램

학습목표

1. 연간부모교육 계획안을 작성할 수 있다.
2. 다양한 부모교육 방법의 특징을 안다.
3. 상담의 목적에 따라 적절한 상담을 할 수 있다.
4. 지역과 부모, 아동의 특성에 맞는 효율적인 부모교육 전략을 세울 수 있다.

현장에서 효율적으로 할 수 있는 부모교육 방법에 대해 알아보고, 효과적인 연간부모교육에 대해 생각해 보고자 한다.

1. 연간부모교육 계획

1) 연간부모교육 계획 시 고려사항 및 실례

부모와 유아교육기관이 유아에게 최적의 교육을 하기 위한 의사소통이 부모교육이다. 이러한 부모교육 프로그램으로는 가정통신, 메모, 전화통화, 면담, 수업참관, 수업참여, 현장 보조교사, 강연 듣기, 부모회 참석, 워크숍, 토론회 등이 있다(이재연, 김경희, 1993). 유아교육기관과 지역사회, 부모와 유아 등의 특성을 고려하여 부모교육을 계획할 때 다음의 사항을 고려하여 유익한 연간부모교육 계획안을 수립한다(김희진, 2006).

- 유아교육기관의 교육 프로그램과 부모교육 프로그램 간에 일관성이 있도록 계획한다.
- 부모교육 프로그램을 체계적이고 일관성 있게 계획한다.
- 부모와 직접 관계된 특성, 예를 들어 가족 구성원, 부모의 고민, 교육과 소득 수준, 성격과 교육적 가치관 등을 고려하면서 부모의 요구를 최대한 반영하여 계획한다.
- 부모와 간접적으로 관계된 특성, 지역사회의 문화적, 경제적인 특징, 교육적 분위기 등을 고려하여 계획한다.
- 부모와 유아교육기관 모두 부담을 느끼지 않는 실천가능성이 높은 것으로 계획하여 부모의 꾸준한 관심과 높은 참여율을 유지할 수 있도록 계획한다.

〈표 14-1〉 유치원 연간부모교육 계획안

시기	부모교육 내용	
2월	신학기 부모 오리엔테이션	• 교육이념 및 목표 • 교육 프로그램 • 교직원 소개 • 유치원 시설 견학
3월	집단면담	• 면담의 취지 및 목적 • 어린이의 성장 배경 등에 대해 부모들로부터 듣는 시간 • 공지사항 안내
	강연	• 미래를 위한 자녀교육
4월	2000학년을 위한 총회	• 회장 및 임원 선출
	부모 참관 안내	• 행동발달 관찰 기록지를 근거로 관찰하는 방법 안내
	수업참관 및 관찰기록	• 사회 · 정서발달 영역
	아버지 참여 수업	• 자녀와 함께 놀이시간 참여 • 이화유치원 소개 • 자녀와 함께 작업
5월	강연	• 우리 아이들의 영양과 식생활 관리 어떻게 할까?
	수업참관 및 관찰기록	• 신체 · 언어 · 인지 발달 영역
6월	강연	• 유아는 스트레스를 언제 받는가?
7월	워크숍	• 여름방학 동안 유아와 함께할 수 있는 놀이
9월	강연	• 우리 아이의 문자 언어교육은 어떻게 해야 할까?
10월	알뜰 바자회	
11월	강연	• 사회의 변화와 부모의 역할
	수업참관 및 관찰기록	• 사회 · 정서 · 신체 · 언어 · 인지 발달 영역
	개인면담	• 1년 동안 생활한 것을 토대로 유아에 대해 교사가 부모와 개별적으로 면담하는 시간
12월	어머니 참여 수업	• 활동실에서 유아와 함께 수업에 참여하는 시간
	부모성탄축하회	• 성탄을 축하하고 부모들과의 친목 도모를 위한 모임
2월	강연	• 초등학교 갈 준비

출처: 이화여자대학교 사범대학 부속이화유치원, 2002.

〈표 14-2〉 부모교육의 종류

부모 통신과 운영 안내 소책자	부모통신	• 학사 일정 및 교육행사에 관한 내용이 가정으로 배부
	운영안내	• 교육프로그램과 운영방침에 대한 이해를 돕기 위해 오리엔테이션 기간에 배부
	부모게시판	• 프로그램 전달사항, 간식 식단, 양육에 도움이 되는 자료 게시
	소책자	• 부모 관심 분야를 중심으로 내용을 다룬 간행물
	소식지	• 연구원의 다양한 소식을 부모와 함께 나누기 위해 계절별로 발간
부모의 아동 관찰		• 관찰실 또는 놀이실 참여를 통해 주 1회 관찰 또는 필요에 따라 수시 관찰이 가능함
부모 교육	부모 오리엔테이션 및 운영안내	• 매년 1학기가 시작되기 전에 전체 부모를 대상으로 오리엔테이션을 함 • 교직원 소개 및 연구원의 설립 목적과 연혁, 연세 개방주의, 유아교육 프로그램의 철학 및 교육 과정, 그리고 부모 참여 프로그램에 대한 설명과 한 해의 행사 계획을 소개
	강연회	• 한 학기에 1~2회 정도 부모들의 관심 주제를 수렴하여 전문 강사를 초빙하고 강연회를 함
	부모 워크숍	• 놀이감 제작과 활용 워크숍을 통해 부모는 자녀의 담당 교사와 함께 자녀의 연령에 적합한 놀이감을 제작한 후, 이 놀이감을 활용하여 놀이하는 방법을 배움 예) 막대인형, 밀가루반죽, 뚜껑뒤집기게임, 주사위게임, 수 카드, 동물카드 뒤집기, 리듬악기 등 • 부모 효율성 훈련(Parent Effectiveness Training: PET) 소집단의 어머니들이 전문 강사로부터 부모−자녀 간의 효과적인 의사소통을 위한 교육과 그에 필요한 기술을 배움 질문지를 통해 참여 인원을 파악하여 적절한 집단을 구성한 후, 주 1회로 2~3개월 동안 워크숍을 실시
부모 면담	부모 개별 면담	• 한 학기에 1~2회 아동의 발달과 놀이 전반에 대한 부모 개별 면담을 실시
	부모 간담회	• 부모가 대집단 또는 소집단으로 나뉘어 담당 교사와 한자리에서 갖는 간담회로 한 학기에 1~2회 마련되는데, 경우에 따라서는 강연회나 워크숍이 끝난 후 참석한 부모들을 중심으로 이루어지기도 함
부모 자원 봉사	특별자원 봉사	• 부모의 특별자원 활용을 통해 아동이 교육적인 도움을 받는 활동 예) 행사 때 성악이나 악기연주, 실내 장식하기, 특별 간식 준비, 치아 검진, 소아과 의료검진 등
	어린이 도서실 사서	• 교육운영 시간 중 연구원 내 마련되어 있는 어린이도서실에서 아동에게 책을 읽어 주거나 도서 정리 및 보수 등을 해 주는 사서 역할
	인형제작 및 인형극 공연	• 인형극 공연을 목적으로 지원한 어머니들과 교사가 정기적으로 만나 동화 선정에서부터 인형 제작 및 공연에 이르기까지 전체적인 활동을 계획하고 실행하고 방학식 때 아이 앞에서 공연

부모 자원 봉사	부모 직장 개방	• 특정 주제에 관련되거나 교육적인 효과를 극대화할 수 있는 부모의 직장 환경과 업무를 아동들에게 개방하여 교실 밖의 다양한 자원을 경험하도록 함 예) 방송국, 소방서, 자동차 정비소, 사진 작업실, 공방, 화실 등
	교실 내 활동 보조	• 부모의 재능이나 직업을 소개하고 아이들과 함께 활동해 보는 역할을 함
부모 참여 수업	가족 참여 수업	• 공휴일 중 하루를 선택하여 아버지와 아동의 자유놀이, 부부에게 유익한 내용의 강연을 통해 가족 구성원 모두에게 교육적인 경험을 제공하여 가족 간 상호작용과 원만한 관계를 도모함
	아버지 참여 수업	• 아버지와 아동이 정규 프로그램에 함께 참여하는 것으로 아버지의 자녀에 대한 관심을 증가시키고 자녀와의 상호작용의 기회를 확립하고자 함
	어머니 참여 수업	• 자녀와의 상호작용의 기회를 확대하고 함께 놀이하는 경험을 통해 어머니-자녀 관계를 원만하게 하는 데 도움을 줌

출처: 연세대학교 어린이생활지도연구원(http://cdri.x-y.net/v2).

〈표 14-3〉 유치원 연간부모교육 계획안

신학기를 위한 부모 모임		목적	• 부모들에게 본원의 전반적인 교육방침에 대해 알려 유아교육기관과 가정의 일관성 있는 교육으로 교육의 효과를 극대화하기 위함이다.
		대상	• 신입학부모
		장소	• 강당, 각 반 활동실, 마당
		활동내용	• 본원의 교육이념 및 목표, 기능, 교육 프로그램(PPT 자료) 실내 · 외 환경 구성, 연중 행사 및 공지 사항
부모 참여 일	아버지 참여일	목적	• 아버지가 자녀와 함께 유치원 교육활동을 경험해 봄으로써 자녀가 다니는 유아교육기관의 교육목표와 내용에 대한 관심과 이해를 증진시키기 위함이다. 자녀와의 대화와 상호작용을 원활하게 할 수 있다.
		대상	• 전체 유아와 아버지
		일시/장소	• 4월 중 토요일 오후 15:00~17:00 예정. 각 반 활동실, 마당, 유희실
		활동내용	• 수업 참여(실내 · 외 자유선택활동, 자녀와 함께 채소 모종이나 씨앗심기, 동화, 게임, 율동, 간식 등) • 신입 원아 아버지의 유치원 돌아보기
	조부모 초청일	목적	• 가정의 달을 맞이하여 유아로 하여금 부모님을 낳고 길러 주셨던 할아버지와 할머니의 관계를 이해하고 감사하며 즐겁게 지내기 위함이다.
		대상	• 전체 유아와 조부모님
		일시/장소	• 5월 중 평일 오전 9:30~11:30 예정. 각 반 활동실
		활동내용	• 선물 만들어 드리기, 감사 표현하기, 간식 대접해 드리기, 장기자랑, 할아버지 혹은 할머니께 좋은 말씀듣기 등

부모면담일	집단면담	목적	• 개인기록서 등 서류를 통해서는 자세히 알 수 없는 유아의 특징에 대한 이야기를 부모로부터 직접 듣는다. 이는 보다 효과적인 교육을 하기 위함이다. 같은 반 부모들이 함께 모여 인사를 나눈 후 유아교육기관과 교사에게 기대하는 바나 자녀교육에 대한 의견과 경험을 나눔으로써 정보를 공유할 수 있다.
		대상	• 전체 학부모
		일시/장소	• 각 반 활동실
		활동내용	• 건강문제, 유아의 특성이나 장점, 좋지 못한 습관, 유치원 또는 담임교사에게 기대하는 사항 등 • 부모회 임원 선출
	개인면담	목적	• 교사가 과학적이고 누가적으로 관찰, 수집한 각 유아에 대한 자료와 기록을 바탕으로 부모와의 의견 교환을 통하여 현재의 유아 상태를 분명히 파악하고 앞으로 유아가 더욱 바람직한 면으로 성장할 수 있도록 돕기 위함이다.
		대상	• 전체 학부모
		일시/장소	• 각 반 활동실
		활동내용	• 유아가 유아교육기관에 와서 변화하고 발달한 것을 중심으로 유아의 현재 상태를 알리고 특별히 앞으로 교사와 부모가 역점을 두고 지도해야 할 부분과 대책, 방법을 함께 상의함
가정통신문		목적	• 유아교육기관과 부모 간의 정보교류 및 의사소통을 간편히 할 수 있기 위함이다.
		내용/ 방법	• 유아교육기관의 교육활동이나 행사일정 뿐 아니라 부모교육에 관한 좋은 내용이나 일상적인 정보 등을 부모를 위해 작성하며, 거의 대부분은 유아를 통해 각 가정으로 전달된다.
자원봉사		시기/ 내용/ 방법	• 유치원에서 운영되는 연중교육행사 중 도움을 많이 필요로 하는 때(예, 민속의 날, 신체운동의 날, 김장 등) 또는 특별한 활동(예, 현장학습, 견학, 물놀이, 특별 간식, 바느질, 도서정리, 환경구성 등)을 진행할 때에는 일정한 훈련을 통해 부모 보조자 또는 자원봉사자로 도움을 받는다. • 이때, 간단한 사항은 전화로 알려드릴 수도 있으나 필요에 따라 행사 전날 모여서 각자의 역할 분담과 주의사항을 전달하는 것이 좋다. • 이외에도 학기 초 3~4월은 유아들의 기본생활습관을 철저히 해야 하는 시기이므로 소그룹으로 오리엔테이션을 해야 할 필요가 많아 일시적으로 부모 보조자를 활용하기도 한다. 또한 특정한 생활 주제나 교육 상황에서 부모들이 갖고 있는 특기 (예, 소아과 · 치과의사, 악기 연주자, 운동선수 등)를 도움 받음으로써 교육적인 효과를 높이기도 한다.

부모회	시기/ 내용	• 부모회 모임의 날짜와 시간은 학기 초에 의논하여 정해진 날로 미리 확정지어 놓는 것이 학부모들의 사전 계획을 도울 수 있어서 좋으며, 매월 부모회 프로그램의 내용은 강연, 토의, 워크숍, 역할극, 레크리에이션 등으로 다양하게 진행할 수 있다. • 한 학기에 한 번 정도는 유치원의 운영이나 환경개선, 부모의 요구 사항 등에 대해 부모와 교사가 자유롭게 의견을 나누는 모임을 갖는 것이 바람직하다. • 수렴된 의견들은 어느 정도의 부모가 원하는지, 유치원의 운영방침에 적합한지를 고려하여 다음 학기에 직접 반영함으로써 부모가 유치원 운영 및 교육활동에 의사결정자로서 참여할 수 있도록 한다.
	부모회의 일반적인 시간운영	• 9:30~10:30 수업참관(행동발달기록)/다과 및 친교 • 10:30~11:00 유치원 생활 안내 • 11:00~12:30 강의, 토의, 워크숍, 레크리에이션 등

출처: 아이코리아 부속 새세대 유치원(http://kidspia.or.kr).

2. 여러 가지 부모교육 프로그램

유아교육기관과 지역사회, 부모와 유아 등의 특성을 고려하여 다양한 부모교육 프로그램을 계획하여 실시한다.

2012년 보육실태조사결과 보육시설과 보호자와의 의사소통방식은 대화수첩이나 연락장(89.7%)을 통한 의사소통이 가장 높은 비율을 차지했고, 그다음으로 전화(79.5%), 직접 대면(69.3%), 소셜네트워크서비스(SNS)(40.7%) 순으로 나타났다. 부모교육 중 오리엔테이션, 교육설명회를 89.3%가 실시한 반면, 강연회, 워크숍 실시는 32.2%로 나타나 차이를 보였다. 프로그램화된 부모교육을 실시하는 곳은 40.6%였고, 부모교육 자료를 배부하는 곳은 81.8%로 높게 나타났다(보건복지부, 육아정책연구소, 2012). 부모와 교사 간의 여러 가지 의사소통 방법 중 가장 많이 사용되는 가정통신문과 상담, 강의, 워크숍, 토론, 부모참여수업, 부모회 등에 대해 살펴보면 다음과 같다.

1) 가정통신문

맞벌이 부부의 증가와 유아교육기관 이용 시 버스를 이용하는 유아가 많아지면서 유아의 등·하원 시 교사와 부모가 충분히 이야기 나누기 어렵고, 친밀감 형성도 쉽지 않다. 유아교육기관이 마련한 부모교육 참여 또한 낮다. 따라서 유아교육기관과 부모가 시간과 장소, 인원에 관계없이 편하게 의사소통할 수 있는 가정통신문이 가장 많이 사용되고 있다. 가정통신문을 작성할 때에는 유아교육기관에서 전달하고자 하는 내용을 부모가 쉽게 이해할 수 있도록 간결하고 정확하게 쓰도록 한다.

〈표 14-4〉 내용에 따른 가정통신문

구분	내용		세부 내용
개별적	알림장, 메모		보육수첩, 아동관찰
공식적	영유아	교육계획안	주간, 월간, 연간 교육계획안, 생일잔치
		나들이 관련 안내문	소풍, 견학, 체험학습, 졸업여행, 캠프
		방학 및 개학, 명절 관련 안내문	방학, 개학, 연휴, 명절
		영유아의 안전과 건강	교통·실내안전, 전염병, 질병, 예방접종, 식단표
	부모	부모교육 내용	주간 또는 월간 부모교육 통신문
		부모회 안내	유아교육기관 운영
		면담 안내	면담 일정
		참여 수업 안내	아버지·어머니·조부모 참여 수업
		행사 안내	운동회, 민속의 날, 오리엔테이션 행사 일정 및 부모 자원봉사

3세 유아 보육수첩

2010년 7월 21일 —교사—	2010년 7월 22일 —부모—
1. 소방안전 교육을 하고 대피 훈련을 하는데 진규가 울었습니다. 대피하면서 울고 있어서 "왜 울어?" 하고 물어보니까, "무서워서"라고 대답했어요. 무서운 것 아니고 불이 났을 때 빨리 대피하기 위해 연습하는 것이라고 알려 주었어요.	1. 진규는 큰소리를 무서워하는데, 평소 사이렌 소리가 나면 민방위 훈련을 하는 것으로 생각해 "엄마" 하고 울면서 달려옵니다.
2. 체육시간에도 활동을 잘 안 해서 같이 하자고 했더니 힘들다고 안하고 싶다고 했어요. 진규가 힘들다고 참여를 안 하려고 할 때가 있는데 그럴 때는 지켜보게 해도 될까요? 의사표현이 분명해서 안하고 싶을 때 시킬 수가 없습니다.	2. 동물들 집 찾아 주기 놀이보다는 체육시간에 야구나 농구를 하고 싶다고 합니다. 진규가 다른 활동에서도 참여하는 것을 힘들어할 때는 될 수 있으면 해 보자고 권유해 주세요.
3. 2시에 친구들이 누울 때 "진규도 누워 볼래?" 하고 물으니 싫다고 했지만, 요 위에서 뒹굴뒹굴 누워 있기도 했습니다.	3. 낮잠은 좀 더 적응한 후에 자도록 해도 좋을 것 같습니다. 오늘은 몇 시에 하원할 지 오후에 전화 드리겠습니다. 선생님 고맙습니다. *◡*

3세 견학 가정통신문

가정통신문

날씨가 무척 춥지만 우리 아이들은 친구들과 신나게 생활하고 있습니다. 더욱 건강한 생활을 할 수 있도록 등·하원 시 모자, 목도리, 장갑 등으로 체온을 유지시켜 주시기 바랍니다.

이번 주에는 색깔 놀이터 체험전에 갑니다.
• 일시: 2011년 1월 19일 수요일
• 장소: 안산 문화 예술회관
• 복장: 체육복, 운동화(부츠는 활동하기에 불편합니다.)

- 준비물: 엄마표 도시락, 물이나 음료 중 한 가지, 조금의 간식(먹을 양 만큼)
  양팔에 끼우는 토시(이름을 써서 지퍼 백에 넣어 보내 주세요.)
  *토시는 퍼포먼스 활동에 꼭 필요합니다.

  금바위 어린이집 식구들 모두 건강하고 따뜻한 한 주 보내세요. *ᵕ*

유치원 부모교육 가정 통신문

좋은 부모를 위한 방   화랑초등학교병설유치원 부모교육 09-08

특별한 아빠가 되는 7가지 방법

아빠의 사랑에는 엄마의 사랑과는 사뭇 다른 특별한 뭔가가 있어요. 바쁜 일상에
파묻혀 그 특별한 것을 종종 놓쳐 버리지는 않으세요? 약간의 여유, 아이디어만
있다면 자녀들에게 특별한 아빠가 됩니다.

1. 목말을 태워 주세요
   아빠의 커다란 어깨 위에 올라가면 아이는 세상을 모두 얻은 것 같은 기분이 된
   답니다. 엄마보다 아빠보다 키가 커진다는 건 정말 신나는 일이니까요. 아빠 눈
   을 가리며 장난치는 우리 아이, 정말 사랑스럽지 않으세요?

2. 사진으로 남기세요.
   아이가 처음으로 걷기 시작한 날, 두발자전거를 처음 탄 날 같이 기념되는 날이
   나 일상의 모습들을 사진으로 남겨 주세요. 하품하는 모습, 우는 모습, 동생과
   싸우는 모습같이 일상을 담은 사진을 아이는 재미있어 한답니다.

3. 오늘은 아빠와 설거지하는 날
   아이와 함께 설거지를 해 보세요. 먼저 해야 할 일은 아빠와 키 높이를 맞추는
   것, 의자 위에서 아빠와 어깨를 나란히 하고 열심히 설거지를 하는 아이의 뒷모
   습은 참 정겨워 보입니다. 간혹 접시를 깨뜨려도 야단치지 않으실 거죠?

4. 여기는 아빠의 미용실!

아이의 머리를 빗기고 묶어 주는 게 엄마의 몫이라고 생각하시는 건 아니겠죠?
서툰 솜씨지만 아이의 머리를 빗겨 주세요.

5. 음악에 맞춰 춤을 춰 보세요.

아이를 발등에 올려놓고 음악에 맞춰 신나게 춤을 춰 보세요. 빙글빙글 돌아도
보고, 껑충껑충 뛰기도 하고……. 까르르 고개를 젖히며 웃는 아이의 모습이 정
말 신나 보여요.

6. 놀이터에서 놀아 주세요.

동심으로 돌아가 아이와 놀이터에서 신나게 놀아 보세요. 모래장난도 치고, 맨
발로 돌아다니기도 하고……. 옷이 흙투성이가 되어도 아빠와 함께라면 아이도
엄마의 야단이 무섭지 않겠죠?

7. 둘만의 비밀을 비밀장소에 남기세요.

엄마는 모르는 둘만의 비밀 얘기를 쪽지에 적어 아무도 모르는 장소에 살짝 숨
겨 두세요. 아빠는 너를 무지무지 사랑한다는 얘기예요.

출처: 화랑초등학교 병설유치원(http://www.kbgjed.go.kr).

2) 상담

(1) 상담의 목표와 준비

상담은 부모와 교사가 영유아에 대해 직접 대화로 의사소통하여 효율적인 교
육방법을 찾는 것이다.

〈표 14-5〉 여러 가지 상담

		내용	고려할 사항
집단 상담	정기적 상담	오리엔테이션 부모의 시설운영 평가활동	
	집단상담	시설장, 교사, 부모들이 함께 모여 자녀교육에 대해 이야기 나누는 것	각 부모가 이야기할 시간을 적절히 배분함
개인 상담	정기적 상담	부모와 교사가 1:1로 이야기하여 집중적이고 심도 깊은 의견을 교환함	부모와 교사 모두 영유아 교육에 대한 정보와 관심을 갖고 있어야 상담이 효과적으로 이루어짐
	비정기적 상담	등원과 하원 시, 전화통화	수업시간 외 정해진 시간에 간결하고 정확하게 이야기함

교사는 부모와의 면담 준비를 위해 유아 관찰기록과 유아가 한 작품들, 활동 사진 등을 종합하여 빠짐없이 정리한다. 이러한 준비가 끝나면 유아에 대해 부모가 관심을 가져야 할 사항과 교사가 부모에게 유아의 가정생활, 부모의 양육 태도 등에 대한 질문을 요약하여 메모한다. 교사 회의를 통해 면담 일정과 장소가 정해지면 2주 전 부모에게 면담 사항에 대해 알린다. 유아교육기관 내 장소 중 소음이 없고 조용하고 깨끗하게 정리된 곳에 면담 장소와 면담에 미리 오신 부모를 위한 대기 장소, 만약 부모가 자녀를 돌볼 사람이 없어 데리고 왔을 때 아이들을 돌보아 줄 선생님과 이들이 있을 안전한 장소도 정해 놓는다. 편안한 면담을 위해 간단한 음료를 준비하고 책상과 의자 2개 또는 낮은 책상을 준비한다. 부모와 교사의 면담 시 고려해야 할 사항은 다음과 같다.

부모와 상담 시 고려해야 할 사항

• 부모와 유아에 대해 객관적인 감정을 갖고 면담을 한다.

• 부모와 교사 간에 라포를 형성한다.

• 부모의 개인적 경험과 생활양식, 가치 등을 인정한다.

• 유아에 대해 이야기할 때 긍정적인 말부터 시작한다.

• 교사는 필요한 말만 하도록 노력하고 부모가 편하게 이야기할 수 있도록 격려한다.

• 부모의 언어적, 비언어적인 것 모두를 관찰하여 부모의 감정과 말뜻을 잘 파악한다.

• 교사는 부모에게 직접적인 충고보다는 여러 가지 해결책을 서로 이야기하되 부모가 의사결정을 하도록 한다.

• 교사가 모든 문제에 대한 자료를 가지고 있을 수 없다는 것을 부모에게 인정한다.

• 부모에게 주어진 시간 5분 전이 되면 면담의 마무리를 하되 교사가 면담을 서둘러 마치려고 한다는 인상을 주지 않도록 하며 면담의 마지막까지 부모와 교사의 관심사가 제일 중요하다는 느낌을 충분히 갖도록 한다.

• 교사는 면담이 끝나고 다음 면담까지 5~10분의 휴식 시간을 두어 부모와의 상담 중 중요한 내용에 대해 간략하게 기록한다.

• 부모가 상담에 관심이 없어 보여도 긍정적인 태도로 면담을 한다.

출처: 이재연, 김경희, 1993.

상담에 관한 가정통신문 1

박아름 부모님께

교사가 유아들과 1학기 동안 유치원 생활을 하면서 성장한 모습을 관찰한 자료를 가지고 담임교사와 부모님의 개별면담 시간을 마련하려고 합니다.

바쁘시더라도 부모님의 면담 가능하신 날짜와 시간을 알려 주시면 다음 주에 부모님의 면담일정을 알려 드리겠습니다.

6월 12일(월)~6월 16일(금) 오후 3시~7시 중 가능하신 날짜와 시간을 1, 2 순위로 써서 보내 주시기 바랍니다.

　　1순위: ___월___일___시___분
　　2순위: ___월___일___시___분

* 부모님 중 바쁘셔서 면담하기 어려운 경우에는 전화 상담으로 대체합니다.
* 학부모님들이 원하시는 일정이 겹칠 경우 따로 전화를 드려 일정을 조정합니다.

상담에 관한 가정통신문 2

박아름 부모님께

다음 주에 있을 부모님의 면담시간을 알려 드립니다. 바쁘시더라도 정해진 날짜와 시간에 꼭 오시기 바랍니다.

면담장소: 달빛반
날　　짜: 2010. 6. 12(월)
시　　간: 15:00~15:20

개인면담은 한 학기 동안 교사가 유아들과 함께 생활하면서 관찰 기록했던 발달영역별 내용을 중심으로 면담이 이루어집니다.

- 면담시간은 개인당 20분이며 다음 부모님을 위해 시간을 지켜 주시기 바랍니다.
- 부모님께서 부득이한 사정으로 정해진 일정에 면담을 못할 경우에는 미리 연락을 주시기 바랍니다.
- 부모님께서 유아에 대해 평소 관심 있었던 내용에 대해 미리 생각하신 후 메모하여 오시면 효율적인 상담에 도움이 됩니다.

해다미 유치원

3) 강연회 및 워크숍

강연회는 매달 1회 또는 1년에 1~2번 정도 정해진 주제에 따라 전문 강사를 초빙한다. 강연회는 준비 과정이 간소하고, 많은 부모에게 한 번에 지식을 전달하는 데 효과적이다. 그러나 맞벌이 부모가 많아지면서 정해진 시간에 모이는 것이 어렵고, 부모가 원하는 정보를 다양한 매체를 통해 쉽게 접할 수 있게 되면서 부모가 원하는 강연회가 준비 되어야 부모의 호응을 얻을 수 있다. 강연회 준비 과정을 살펴보면, 첫째, 학기 초에 학부모가 원하는 주제를 정하거나 유아교육기관에서 부모에게 전달하고 싶은 주제를 선정한다. 강연의 내용은 아동발달, 부모 역할, 성교육, 경제교육 등 부모의 관심사를 반영한 것이 많다. 강연주제는 시기적으로 적절하고 유아교육기관의 교육철학과 내용 등에 적합해야 한다. 둘째, 강사는 전문가, 기관장, 교사 또는 학부모가 될 수 있으며, 강연주제를 정확히 알고 학부모의 수준에 맞추어 설명할 수 있어야 한다. 셋째, 강연시간은 1시간부터 1시간 30분 정도로 하고 강연시간이 지루하지 않도록 한다. 넷째, 강연이 끝나면 학부모와 교사에게 강사와 강연 내용에 대해 평가하게 하고 평가의 결과를 정리하여 다음 번 강연 준비 과정에 반영한다.

워크숍은 유아교육기관에서 소집단의 부모를 대상으로 준비하는 것과 부모들이 소모임을 준비하는 것으로 나눌 수 있다. 유아교육기관에서 소집단을 대상으

〈표 14-6〉 강의, 워크숍의 부모교육 계획

목표	프로그램	프로그램의 내용	강의 및 활동자료
부모-자녀 간 친밀감 유지	자녀 교육관 정립, 친밀감 유지	강의: 교육의 목표와 프로그램 소개	
		활동: 놀이를 통한 부모-자녀의 친밀감 확보	액세서리 만들기
부모의 자아존중감 형성	자신을 발산하기	활동: 놀이를 통해 자신의 감정표출	내 마음 표현하기
	부모의 자아정립	강의: 자신감에 대한 이해	
		활동: 어머니 역할의 중요함을 알도록 하기	샌드위치 만들기
	존중받는 어머니	강의: 자녀에게 존중받는 어머니	
		활동: 부모 얼굴 그리기	부모 얼굴 그리기, 칭찬 전화가기
자녀 양육에 필요한 지식 습득	올바른 훈육방법	강의: 훈육의 원리 이해하기	
		활동: 부모-자녀의 둘만의 이야기 만들기	소품 만들기
	형제 간 싸움 훈육	강의: 형제 간 싸움 훈육 방법	
		활동: 단합 기회 만들기	둘이서 서로 목욕시키기
	자녀의 인성개발	강의: EQ의 기본원리 이해	
		활동: 부모-자녀 간 마음 읽기	정서 인식하기
	기본생활습관 기르기	강의: 질서를 지키기	질서를 지키는 아이들
		활동: 공공장소 함께 가기	극장에 가요
	자녀의 성교육	강의: 아동의 성적 호기심 대응	
		활동: 비디오 감상, 인형을 통한 신체의 중요성 인식	비디오: 자녀의 성교육 인형
	성폭력에 대한 이해	강의: 성폭력에 대한 인식	
		활동: 비디오 감상, 토론	비디오: 성폭력 없는 세상 만들기
	아동학대에 대한 이해	강의: 아동학대에 대한 이해	
		활동: 비디오 감상, 토론	비디오: 가정폭력 더 이상 안 된다.
	자녀의 안전교육	강의: 안전에 대한 인식	
		활동: 지역시설 방문	지역 소방서 방문
	절제를 가르치기	강의: 절제에 대한 인식	
		활동: 절제 실천하기	절제의 실천

가족 간 의사소통 향상	분노 다루기	강의: 분노란 무엇인가?	
		활동: 스트레스 조절하기	나를 화나게 하는 것들
	부부간의 대화	강의: 부부의 대화법	
		토론	
	부모-자녀 간 대화	강의: 부모-자녀 간 대화	
		토론	꾸중과 칭찬
총정리		총정리 및 평가	서로에게 감사하기

출처: 삼성복지재단, 2001.

로 준비하는 경우 자녀와 함께 책읽기를 경험하게 하거나 유아교육기관에서 자녀들이 필요한 자료나 교구, 간식, 가정에서 활용할 수 있는 놀이 자료 등을 부모가 직접 만드는 것이다. 이러한 워크숍은 실제 경험을 위해 유아교육기관에서 준비할 것이 많을 수 있지만 직접적인 참여로 참여자의 호응도가 높을 수 있다. 부모는 워크숍을 통해 습득한 내용을 실생활에서 응용하도록 한다. 워크숍 후에 워크숍에 대한 평가를 하여 다음번의 워크숍 과정에 반영한다.

4) 수업참관 및 참여 수업

수업참관은 부모가 유아교육기관에서의 자녀의 생활을 관찰하는 것으로 자녀를 이해하는 데 도움이 된다. 수업을 참관할 때는 다음과 같은 사항을 유의하여야 한다(정갑순, 2006). 첫째, 유아들의 활동에 방해가 되지 않도록 참관한다. 둘째, 메모할 것이 있는 경우 유아가 보지 않도록 빨리 기록한다. 셋째, 참관하는 다른 부모들과 이야기 나누지 않는다.

참여 수업은 유아교육기관이 실시하는 활동에 부모가 자녀와 함께 직접 상호작용하는 것이다. 참여 수업을 할 때 다음과 같은 사항을 고려하여야 한다(정갑순, 2006; 김진영 외, 2009). 첫째, 부모는 유아가 주체가 되어 활동할 수 있도록 격려한다. 둘째, 부모는 교사의 지시에 따라 적극적으로 자녀와 함께 활동에 참여

〈표 14-7〉 워크숍의 실례

제목	요리 활동			
목표	1. 어머니 자신이 중요한 존재임을 인식시키도록 한다. 2. 부모–자녀 간 대화법을 익힌다. 3. 요리를 통하여 어머니가 아동에게 정서적으로 만족시키는 기회를 제공한다. 4. 전통음식을 아동들에게 선보일 수 있는 기회를 갖는다.			
교육 내용	시간	세부 사항	실행 주체	교안/준비물
요리 활동을 하는 목적 설명	13:30 ≀ 13:50	요리활동이 단순한 흥미 위주가 아닌 어머니와 자녀 간의 대화법을 익히고, 자녀가 어머니의 애정을 느낄 수 있는 계기를 만들기 위한 것이다.	교사	음식을 만들며 어머니가 자랑스럽다는 사실을 알도록 하기
요리 활동	13:50 ≀ 15:00	〈화전 만들기〉 1. 찹쌀가루를 뜨거운 물로 반죽 2. 쑥갓은 짧게 잎을 떼고 대추는 씨를 발라 채 썰기 3. 찹쌀 반죽을 직경 5cm, 두께는 4mm 정도로 둥글고 납작하게 빚는다. 그리고 대추와 쑥갓으로 모양을 내고 지지기 4. 시럽을 물과 설탕을 동량으로 넣고 중간 불에서 서서히 끓여 반쯤 될 때까지 졸이기 5. 화전에 시럽 뿌리기	조리사 선생님	재료: 찹쌀가루, 소금, 대추, 쑥갓, 식용유, 설탕
요리 활동 후 그릇에 담아 각자 느낌 나누기	15:00 ≀ 15:20	1. 교사가 준비한 그릇에 담기 2. 요리 활동을 하면서 느낀 점에 대해 이야기하기 3. 시식하기		
	14:40 ≀ 15:00	1. 실생활에서의 질서 지키기에 대해 생각하고 말하기 2. 지난 주 강의한 것 상기시키기 3. 오늘 교육한 내용 상기시키기 4. 다음 주 교육 내용 예고	사회 복지사	재료: 보온병, 녹차 및 커피, 과자

참고사항: 음식 만들기는 일정한 시간이 필요하고 기관의 사정에 따라 음식 메뉴를 정하도록 한다. 또한 애정을 갖고 음식을 만드는 부모님께 감사하는 마음을 자녀가 표현할 수 있도록 한다.

출처: 삼성복지재단, 2001.

[그림 14-1] 참여 수업

한다. 유아교육기관에서 가장 많이 하는 참여 수업은 부모 참여 수업, 부모 일일 교사, 가족 소풍, 가족 등반대회, 가족 운동회 등이 있다.

　다음의 프로그램은 생명과학교실의 자연체험 활동에 참여한 취학 전 자녀의 부모들이 참여 관찰과 저널 분석을 통해 자연과의 관계와 자녀와의 관계를 돈독히 하는 활동 프로그램이다.

〈표 14-8〉 생명과학교실 자연체험활동의 부모 참여 내용

횟수	활동 내용	활동 내용	
		유아와 부모	부모 참여 내용과 자료 수집
1	누에 기르기	• 누에의 생김새, 움직임, 먹이 • 산뽕나무 • 가정에서 누에 기르기	• 생명과학교실의 목적과 교육 내용에 대한 오리엔테이션 • 부모 면담 • 저널쓰기와 예시 안내
2	풀밭 위의 곤충 만나기	• 곤충의 종류와 생김새 • 곤충이 내는 소리와 움직임 • 곤충의 먹이	• 부모 평가회 • 저널쓰기 • 누에 기르기, 관찰일지

3	물 속 친구 만나기	• 수서생물의 종류 • 수서생물의 먹이 • 날도래집 관찰	• 부모 평가회 • 저널쓰기 • 누에 기르기, 관찰일지
4	곤충과 식물	• 곤충이 좋아하는 식물 • 벌레 먹은 나뭇잎의 종류 • 나뭇잎 카메라	• 부모 평가회 • 저널쓰기 • 누에 기르기, 관찰일지
5	대벌레와 거미	• 거미의 종류와 생김새 • 거미지도 만들기 • 거미와 거미줄 • 대벌레의 생김새와 움직임	• 부모 평가회 • 저널쓰기 • 누에 기르기, 관찰일지
6	가을 풀꽃 찾기	• 풀꽃의 종류 • 꽃잎과 색 • 풀꽃 액자 만들기 • 비누방울 속 풀꽃	• 부모 평가회 • 저널쓰기
7	나무 느끼기	• 나무의 줄기 • 나이테 관찰 • 나무 방향 게임	• 부모 평가회 • 저널쓰기
8	자연물로 염색하기	• 자색 양배추의 색변화 • 천에 염색하기	• 부모 평가회 • 저널쓰기
9	나뭇잎 관찰하기	• 다른 눈으로 나뭇잎 느끼기 • 나뭇잎의 색	• 부모 평가회 • 저널쓰기
10	열매 발견하기	• 열매의 종류 • 도토리와 아기 참나무 • 잣방울과 솔방울 • 어치와 다람쥐	• 부모 평가회 • 저널쓰기
11	씨앗 관찰하기	• 씨앗의 종류, 감촉 • 씨앗 분류하기 • 씨앗 날리기 • 씨앗 싹 틔우기	• 부모 평가회 • 저널쓰기 • 씨앗 틔우기, 관찰일지
12	자연 속의 나 느끼기	• 사람과 동, 식물과의 관계	• 총평가회

출처: 서동미 외, 2006.

생각해 볼 문제

1. 유아교육기관의 특성과 지역 특성, 원아의 특성, 부모의 특성 등을 가상으로 설정한 후 이에 적합한 연간부모교육계획안을 작성해 보시오.

2. 유아교육기관의 교사가 되어 특별한 목적의 가정통신문을 작성해 보시오.

3. 유아교육 현장의 교사에게 부모 면담 중 가장 힘들었거나, 의미 있었던 면담의 실례를 듣고 토의해 보시오.

참·고·문·헌

간경애(1999). 초등학생의 음주 및 흡연 경험 실태조사. 부산대학교 대학원 석사학위논문.

경기도가족여성연구원(2009). 경기침체기에 유형별 가족 지원을 위한 기초연구.

_____(2011). 경기도 국제결혼 이민자가족의 자조모임 실태 및 활성화
　　방안.

경북여성정책개발원(2006). 국제결혼외국인 여성현황.

공인숙, 권영옥, 김영주, 문무경, 이강이, 이경화, 이완정, 한미현 역(2000). 부모교육(M.
　　Jaffe의 *Understanding parenting*). 서울: 창지사.

곽금주(2008). 한국사회의 교육적 성취: 성취의 그늘, 한국 청소년의 일탈행동: 왕따와
　　예방 프로그램. 한국심리학회, 14(1)(특집호). 255-272.

광주광역시여성발전센터(2001). 시정백서. 광주광역시.

권영례 역(1997). 아이의 성장 부모의 발달(E. Galinsky의 *The Six Stages of Parenthood*).
　　서울: 창지사.

권인수, 이수연, 백경선, 양영옥, 이지원, 정향미, 박정희, 신상춘(2006). 모유수유의 성
　　장발달 상태와 어머니의 양육 경험. 아동간호학회지, 12(4). 495-505.

권진숙, 신혜령, 김정진, 김성경, 박지영(2006). 가족복지론. 경기: 공동체.

김갑성(2006). 한국 내 다문화 가정의 자녀교육 실태조사 연구. 서울교육대학교 교육대
　　학원 석사학위논문.

김경숙, 공진희, 이민경(2007). 교사를 통해 본 다문화 가정 유아 부모의 특성과 유치원
　　교육 참여에 대한 질적 연구. 특수아동교육연구, 9(4). 311-335.

김경화(2003). 상호교류분석이론에 기초한 부모교육이 어머니의 심리적 자세, 자아개념
　　및 유아의 자아개념에 미치는 영향. 중앙대학교 대학원 박사학위논문.

김관진, 이광수(2011). 야외교육론. 서울: 대경북스.

김금주, 유윤영(2005). 부모, 가정, 지역사회와의 연계를 위한 부모참여. 서울: 창지사.

김기숙, 김경희(2009). 초등학생의 인터넷게임중독에 영향을 미치는 부모관련 변인. 아동 간호학회지. 15(1), 24-33.

김명순, 신유림(2000). 영유아의 문해 발달 및 교육. 서울: 학지사.

김명희(2003). 현대사회와 부모교육. 서울: 교육아카데미.

김수영, 김향자, 이현옥, 허선자 편역(1995). 유아의 사회성 발달. 서울: 학지사.

김숙자(1992). 부모참여 교육론. 서울: 교육과학사.

김승옥, 이경옥(2007). 아동의 인터넷 게임 중독 및 과몰입의 개념적 이해. 어린이미디어연구, 6(2) 63-83.

김연옥(1999). 재혼가정 내 모의 역할기능에 관한 연구. 한국가족복지학, 3. 41-62

김영주(2006). 충남 국제결혼가족 실태 및 지원 정책 방안에 관한 연구. 충청남도여성정책개발원.

김정민 역(2006). 피아제의 인지발달이론(H. P. Ginsburg, & S. Opper의 *Piaget's theory of intellectual development*). 서울: 학지사.

김정은(2002). 손자녀를 양육하는 빈곤지역 조부모의 심리, 정서적 안녕과 영향 미치는 요인. 충남대학교 대학원 석사학위청구논문.

김정주(2009). 자연체험활동이 유아의 호기심과 자연친화적 태도에 미치는 영향. 어린이미디어연구, 8(2). 259-278.

김주희 역(2007). 자연에서 멀어진 아이들(R. Louv의 *Last child in the woods*). 서울: 즐거운 상상.

김진영, 김정원, 전선옥(2009). 영유아를 위한 부모교육. 서울: 창지사.

김찬진(2002). 사설학원 없는 교육환경 조성. 경영교육연구, 8. 33-49.

김현경, 신동주(2009). 필리핀 결혼이주여성의 한국 결혼생활 현상에 관한 연구. 한국지역사회생활과학회지, 19(4).

김현수 역(2000). 교류분석(스기다 미데야스의 *Transactionl Analysis*). 서울: 민지사.

김현주, 김미옥(2005). 초등학생들의 식생활 습관이 비만에 미치는 영향에 관한 연구. 한국실과교육학회지, 18(1). 51-64.

김혜경 , 도미향 , 문혜숙 , 박충선 , 손홍숙(2011). 가족복지론. 경기: 공동체

김혜경(2010). 부모의 양육태도와 아동의 자아존중감, 생활만족도 및 학업성취도와의 관계 연구. 한신대학교 교육대학원 석사학위논문.

김희경, 이현주(2006). 비만아동에 대한 비만관리프로그램의 효과. 아동간호학회지, 12(4). 451-461

김희진(2006). 유아교육기관에서의 부모교육과 지원. 서울: 파란마음.

남명자(1995). 어린이와 텔레비전 환경. 서울: 나남출판.

남순현 전영주, 황연훈 공역(2005). 보웬의 가족치료이론(M. F. Kerr, & M. Bowen의 *Child Development*). 서울: 학지사.

노하나 (2007). 중국 국제결혼이주여성의 문화적응스트레스에 관한 연구: 문화적응유형과 이주여성이 인지한 사회적 지지를 중심으로. 이화여자대학교 대학원 석사학위논문.

대학카운슬러연구협의회(1986). 상담의 이론과 실제. 서울: 중앙적성출판사.

도미향, 남연희,이무영, 변미희(2005). 가족복지론. 경기: 공동체.

동아일보(2001. 5. 2.). 자녀와 함께 알아보는 외톨이 판별법, 왕따 예방을 위한 부모 행동 지침.

문득현(2003). 교회의 가족교육프로그램 개발: 가족주기를 중심으로. 협성대학교 신학대학원 석사학위논문.

문재우, 박재산(2009). 초등학교 학생의 비만스트레스, 사회성 및 학업성적간의 관령성 연구. 보건과 사회과학, 25집. 79-97.

문정순(2004). 흡연교육에 따른 초등학생의 흡연에 대한 지식 태도 및 행위 비교. 아동간호학회지, 10(1). 59-65.

문혁준, 김진이, 양성은, 이은주, 천희영, 황옥경(2010). 가족복지. 서울: 창지사.

미래창조과학부, NIE, 한국정보화진흥원(2014). 2013년 인터넷 중독 실태조사. 미래창조과학부, 한국정보진흥원.

박경덕(2010.12.19.). 아빠가 피우는 담배에 우리 아이 17만 명이 매년 숨을 거둡니다. 중앙SUNDAY.

박경자, 김송이, 권연희 역(2005). 유아를 위한 사회정서지도(M. J. Kostelnik, A. Whiren,

A. Soderman, L. Stein, K. Gregory의 *Guiding Children's Social Development: Theory to Practice*). 서울: 교문사.

박미라(2002). 초등학교 6학년 아동의 흡연에 관한 연구, 충남대학교 교육대학원 석사학위논문.

박성연, 김상희, 김지신, 박응임, 전춘애, 임희수(2003). 부모교육. 서울: 창지사.

박우연(2007). 초등학생의 흡연 실태와 흡연태도에 영향을 미치는 요인. 학국교원대학교 대학원 석사학위논문.

박은선(2010). 다문화가정 어머니의 정서표현 수용태도와 아동의 또래관계 및 자아존중감과의 관계 : 일반가정과의 비교 연구. 서울여자대학교 대학원 석사학위논문.

박은애 (2007). 다문화가정 자녀의 교육 실태조사 연구, 창원대학교 교육대학원 석사학위논문.

박정경(2011.6.2.). 잇속만 챙기는 결혼브로커… 결혼이주여성들 "한국에 속았다." 문화일보.

박종효(2007). 집단따돌림(왕따)에 대한 이해 : 발달경향과 정신건강의 관련성. 한국청소년연구, 18(1). 247-272.

박태영(2003). 가족생활주기와 가족치료. 서울: 학지사.

박현주 역(2009). 에릭번: 교류분석의 창시자(I. Stewart의 *Eric berne*). 서울: 학지사.

법제처(2011). 입양의 구성요소 및 충족기준.

베스트베이비(2010). 어른 흉내 내는 '어덜키드' 문화.

보건복지부(2007). 입양 추이.

_____(2008). 가족정책관련 통계자료.

_____(2011). 보호아동 발생 시 업무 처리도.

_____(2014). 국민건강영양조사 2013년도 결과 발표 보도자료.

보건복지부, 유아정책연구소(2012). 2012년 전국 보육실태조사.

보건복지부, 한국보건사회연구원(2009). 맞벌이 부부의 자녀 돌보기 분담 정도.

삼성복지재단(2001). 제 9회 국제학슬대회 보육시설에서의 포괄적 보육서비스. 75-97.

서동미, 김명애, 이광자(2006). 자연체험활동에 참여한 부모들의 경험이 갖는 의미. 열린유아교육연구. 11(3). 327-355.

서봉연 역(1980). 발달의 이론(W. C. Crain의 *Theories of development : concepts and applications*). 서울: 중앙적성출판사

서울대학교 학부모정책연구센터, 교육과학기술부, 인천광역시교육철(2012). 밥상머리교육 학부모용 길라잡이. 경기: 인천광역시교육청.

서현, 이승은(2007). 농촌지역의 국제결혼 가정 자녀가 경험하는 어려움에 관한 연구. 열린유아교육연구, 12(4). 25-47.

설동훈(2005). 선진외국의 다인종 다문화정책 사례. 월간지방의 국제화, 6.

설동훈, 김윤태, 김현미, 윤홍식, 이혜경, 임경택, 정기선, 주영수, 한건수(2005). 국제결혼이주여성 실태조사 및 보건복지 지원 정책 방안. 보건복지부.

송미경, 서정선, 변희선, 김태희, 김진영, 고시환(2009). 임신 출산 육아 대백과: 술술 잘 읽히는 첫아기 잘 키우는 법. 서울: 삼성출판사.

신낙균(2010). 저출산 시대, 미혼모 자녀양육 및 입양정책의 방향. 국회세미나자료

신윤진 (2010). 다문화가정 아동의 이중문화 적응과 또래관계. 대구대학교재활과학 대학원 석사학위논문.

신의진(2007). 아이심리백과. 경기: 웅진씽크빅.

신혜정 (2007). 다문화가정 자녀의 자아정체성에 영향을 주는 요인에 관한 연구. 이화여자대학교 대학원 석사학위논문.

신홍민 역(2003). 부모와 아이 사이(H. G. Ginott, & W. Goddard의 *Between parent and child*). 서울: 양철북.

안전행정부(2010a). 외국인과의 혼인 및 이혼 추이.

_____ (2010b) 부처별 다문화가족 정책 소관 분야.

_____ (2011a). 결혼이민자 국적현황.

_____ (2011b). 외국인 주민 증가추이.

_____ (2013a). 다문화가족 관련 연도별 통계.

_____ (2013b). 다문화가정 자녀의 연령별 현황.

_____ (2013c). 1, 2차 다문화가족지원정책 기본계획 세부내용.

양세원, 문형로, 조병규, 황용승(1988). 대한내분비학회지, 3(2). 195-207

양영희(1986). STEP 부모교육 프로그램의 효과에 관한 연구. 이화여자대학교 석사학위

청구논문

양정화(2005). 이주여성의 차별과 폭력 경험에 관한 실태조사 연구. 경남대학교 대학원
　　　석사학위논문.

양희조(2010). 스마트폰 이용자의 이용과 충족에 관한 연구. 성균관대학교 언론정보대학
　　　원 석사학위논문.

여성가족부(2006a). 결혼이주여성의 한국생활의 어려움.

　　　　　　 (2006b). 한부모가족 지원 정책.

　　　　　　 (2007). 조손가족 실태조사 및 지원방안 연구.

　　　　　　 (2008a). 조손가족 지원정책 보도자료.

　　　　　　 (2008b). 한부모가족 발생 원인별 현황.

　　　　　　 (2010a). 조부모의 손자녀 양육에 따른 애로사항.

　　　　　　 (2010b). 조부모의 손자녀 양육 이유.

　　　　　　 (2010c). 조손가족의 월평균 가구 소득.

　　　　　　 (2012). 한부모 복지시설 현황.

오수정, 한유진(2008). 아동이 지각한 어머니의 심리통제가 비만아동의 비만 스트레스에
　　　미치는 영향에 대한 비만지각의 매개효과. 한국가정관리학회지, 26(4). 119-133

오형희, 박창옥, 강영식, 김현정(2010). 가족복지. 서울: 동문사.

유영선(2011.8.12.). 보육시설로 내몰리는 다문화가정 아이들. 천지일보.

유효순, 지성애(2004). 부모교육. 서울: 정민사.

윤형숙(2005). 외국인 출신 농촌 주부들의 갈등과 적응: 필리핀 여성을 중심으로. 지방사
　　　화 지방문화, 8(2). 299-339.

이경국(2008). 인적자원의 고령화와 고용촉진 정책방안, 경영교육저널, 14. 129-151.

이경화, 김연진, 고진영(2008). 결혼과 가족관계를 위한 부모교육. 서울: 학지사.

이금연(2003). 외국인 여성노동자의 인권보장. 젠더리뷰, 2. 16-20.

이동원(2001). 변화하는 사회 다양한 가족. 경기: 양서원

이상태(2011). 하천과 우리의 삶. 서울: 청문각.

이소희, 이송이(2009). 영유아복지론. 서울: 학현사.

이숙, 우희정, 최진아, 이춘아(2010). 훈련 중심 부모교육. 서울: 학지사.

이숙희, 이승희(2010). 여중생의 초경과 정서, 행동특성의 관계. 한국정서. 행동장애연구, 26(1). 163-180.

이순형, 민하영, 권혜진, 정윤주, 한유진, 최윤경, 권기남(2010). 부모교육. 서울: 학지사.

이승연, 김은영, 강재희, 문혜련, 이성희 역(2011). 영아발달과 반응적 교육–관계 중심 접근법(D. Wittmer, & S. Petersen의 *Infant and Toddler Development and responsive program planning: A relationship-Based Approach*). 서울: 학지사.

이영(1992). 인간발달 생태학(U. Bronfenbrenner의 *The ecology of human development*). 서울: 교육과학사.

이영숙, 박경란, 전귀연(2004). 가족 문제와 복지. 서울: 신정.

이영자, 이종숙, 신은수 (2004). 그림책 이야기를 활용한 집단 게임놀이 프로그램. 서울: 창지사.

이영주(1990) 부모의 온정, 통제 및 형제자매환경에 따른 아동의 친사회적 행동. 대한가정학회지, 107-118.

이윤주(2008.5. 8.). 아이들은 사라지고 어덜키드만 있다? 데일리한국.

이인숙(2004) 군 지역 초등학생들의 흡연실태에 관한 연구. 아동간호학회지, 10(3). 272-281.

이재연, 김경희(1993). 부모교육. 서울: 양서원.

이지현, 마송희, 김수영, 정정희(2009). 영유아를 위한 언어교육. 경기: 공동체.

이혜경(2005). 혼인 이주와 혼인 이주 가정의 문제와 대응. 한국인구학, 28(1), 73-106.

이화여자대학교 사범대학 부속이화유치원(2002). 이화유치원 교육과정. 서울: 교문사.

임부연, 장영숙, 최미숙, 최윤정, 최일선, 황윤세 공역(2008). 발달에 적합한 실제: 유아교육과정과 발달(C. Gestwicki의 *Developmentally appropriate practice*). 서울: 정민사.

임춘희, 정옥분(1997). 초혼계모의 재혼가족 생활 스트레스와 적응에 관한 경험적 연구. 대한가정학회지, 35(5). 73-102.

장영희(2007). 생애초기저소득층 및 다문화가정 자녀 발달지원프로그램. 교육인적자원부.

장은화(2012). 아동의 자아개념 및 다문화 경험과 다문화 수용성 간의 관계. 연세대학교 생활환경대학원 석사논문.

장현숙, 황인정(2006). 초등학교 고학년 아동의 비만도에 따른 영양소 섭취량 및 신체활동 자기효능감. 한국가정과교육학회지, 18(4). 67-84.

전예화, 최미현, 천희영, 서현아, 황해익(2008). 유아사회교육. 경기: 양서원.

정갑순(2006). 부모교육론. 서울: 창지사.

정기원, 김만지(1993). 우리나라 입양의 실태와 분석. 서울: 한국보건사회연구원.

정영숙, 김영희, 박범현(2005). 아동발달과 부모교육. 서울: 시그마프레스.

정옥분, 정선화(2008). 부모교육. 서울 : 학지사.

정은(2006). 가족 치료 이론과 실제. 서울: 창지사.

정일선(2006). 국제결혼 가족 및 아동 실태조사. 경북여성정책개발원

정현숙, 유계숙, 최연실(2003). 결혼학. 서울: 신정.

제석봉, 최외선, 김갑숙, 윤대영 역(2011). 현대의 교류분석(I. Stewart., V. Joines의 *TA today: a new introduction to transactional analysis*). 서울: 학지사.

제일병원 모유수유 교육팀(2008). 모유수유 육아백과. 서울: 비전코리아.

조복희, 정옥분, 유가효(1991). 인간발달. 서울: 교문사.

조성남(2006). 노인부모부양에 관한 기혼자녀세대의 인식:초점집단토론(FGD)자료분석을 중심으로, 한국인구학, 29(3). 139-157.

조순옥, 이경화, 배인자, 이정숙, 김정원, 민혜영(2002). 유아사회교육. 서울: 창지사.

조영달 (2006). 다문화가정의 자녀 교육 실태 조사. 교육인적자원부.

조인숙, 김미원, 박인혜, 류현숙, 강서영(2009). 초등학교 정상체중아동과 비만아동의 건강증진 생활양식. 아동간호학회지, 15(1). 61-70.

조흥식, 김인숙, 김혜란, 김혜련, 신은주(2010) 가족복지학. 서울: 학지사.

주영희(1992). 유아를 위한 언어교육. 서울: 교문사.

차경수, 정문성, 구정화(2008). 유아사회교육의 이해와 실천. 서울: 동문사.

채성진, 정지성, 이인묵, 변희원, 허나윤(2009.8.14.). 다문화가정의 미래, 아빠 손에 달렸다. 조선일보.

채종원(2012. 3. 4.). 뜨는 어덜키드 상품… 틈새시장? 상술? 매일경제.

최경숙, 박영아(2005). 아동발달. 서울: 창지사.

최길순, 정영(2008). 학령기 아동의 비만수준과 비만관련요인. 한국비즈니스리뷰, 1(1). 1-20.

최미경, 배윤정, 승정자(2005). 충남지역 미취학 아동의 골밀도, 발달과 손톱의 칼슘과 마그네슘 함량 및 영양 섭취와의 상관성. 한국영양학회지, 38(7). 544-552.

최순영 역(1989). 인간의 사회적 발달(G. P. David, & B. Kay의 *Social Development*). 서

울: 성영사.

최순영, 김수정 편(1998). 인간의 사회적·성격적 발달. 서울: 학지사.

최정혜, 구명숙(2010). 결혼과 가족 탐구. 경상대학교 출판부.

최혜영(2000). 초등학생의 흡연지식·흡연태도와 흡연행동에 관한 연구. 이화여자대학교 대학원 석사학위논문.

통계청(2003). 한국의 사회지표.

_____(2005). 조손가구 증가추이.

_____(2006). 주요 국가별 인구고령화 현황 비교.

_____(2008a). 혼인통계결과.

_____(2008b). 혼인 형태별 혼인 구성 추이.

_____(2011a). 다문화 가족 현황.

_____(2011b). 장래인구추계.

_____(2011c). 저소득 한부모가족 현황.

_____(2011d). 전체가구 대비 저소득 한부모가구 현황.

_____(2012a). 다문화가족 이혼 현황.

_____(2012b). 한부모가족 현황.

_____(2013a). 사교육비 조사결과 보도자료.

_____(2013b). 생명표 보도자료.

_____(2013c). 출생 통계(확정) 보도자료.

_____(2013d). 혼인 통계 보도자료.

_____(2014a). 사회조사 결과.

_____(2014b). 고령자 통계 보도자료.

표준영, 이성숙(2006). 초등학교 학생의 소비자교육에 대한 부모와 교사의 인식 및 요구 분석. 한국실과교육학회지, 19(3). 156-174.

하정훈(2007). 삐뽀삐뽀 119. 서울: 그린비.

한건수(2009). 다문화가정 자녀의 문화적 적응과 갈등: 다민족 사회에서 적응의 주체는 누구인가? 학술대회 다문화가정 자녀의 건강한 성장, 2009년 다문화가족 지원 네트워크대회, 7-24.

한국가정법률상담소(1996). 재혼 그 또 다른 시작. 창립40주년기념 심포지엄 자료집. 서울: 한국가정법률상담소.

한국가족상담 교육연구소(2010). 변화하는 사회의 가족학. 경기: 교문사.

한국보건사회연구원(2011). 보건복지 ISSUE & FOCUS, 우리나라 입양실태와 정책과제.

한국유아교육연구회 편(1991). 유아질문 응답법 10가지 법칙. 서울: 어문각.

현정환(2003). 아동문제행동의 이해와 지도. 서울: 창지사.

홍영숙(2007). 다문화가정이 봉착하는 자녀교육 문제와 시사점. 광주교육대학교 교육대학원 석사학위논문.

황혜정, 김경회, 이혜경, 어주경, 나유미(2003). 아동과 환경. 서울: 학지사.

Ainsworth, M. (1989). Attachments beyond infancy. *American Psychologist, Vol 44*(4), 709-716.

Bandura, A. (1982). Self-efficacy mechanism in human agency. *American Psychologist. 37*, 122-147.

_____(1986). *Social foundations of thought and action: A social cognitive theory. Englewood Cliffs*. NJ: Prentice Hall.

Banks, J. A. (2004). *Diversity and citizenship education: Gobal perspectives*. San Francisco: Jossey-Bass.

Baumrind, D. (1975). *Early socialization and the discipline controversy. Morristown*. NJ: General Learning Press.

Berry, J. W. (1997). Immigration, acculturation and adaptation(Lead article). Applied Psychology. *An International Review. 46(1)*, 5-68.

Bloomfield, H. (2004). *Making peace in you stepfamily: Surviving and thriving as parents and stepparents*. San Diego, CA: Peace Publishing.

Bronfenbrenner, U. L. (2004). *Making human beings human: Bioecological perspectives on human development*. San Francisco, CA: Sage.

Bronstein, P.(1994). Patterns of parent-child interaction in Mexican families: A cross-cultural perspective. *International Journal of Behavior Development, 17*(3). 423-

446.

Bugental, D. B., Blue, J., & Lewis, J. (1990). Caregiver beliefs and dysphoric affect directed to difficult children. *Developmental Psychology, 26*(4), 631-638.

Clingempeel, W., Brand, E., & Segal, S. (1987). A Multilevel-Mutivariable developmental perspective for futrue research on stepfamilies. In pasley, K., & Ihinger-allman, M.(Eds.), *Remarriage and Stepparenting Today: Current Researchand Theory*, Gulford, 65-93.

Cobb(1976). Social support as a moderator of life stress. *Psychosom. Med, 38*, 300-314.

Costanzo, P. R. & Woody, E. Z. (1985). Domain-specific parenting styles and their impact on the child' s development of particular deviance: The example of obesity proneness. *Journal of Social and Clinical Psychology, 3*(4). 425-445.

Couchenour, D., & K. Chrisman (2004). *Families, schools, and communities: Together for young children*. New York: Delmar Learning.

Curran, D. (1983). *Traits of a healthy family*. New York: Harper & Row.

Dekovic, M., Gerris, J. R. M., & Janssens, J. M. A. M. (1991).Parental cognitions, parental behavior, and the child' s understanding of the parent-child relationship. *Merrill-Palmer Quarterly, 37*(4), 523-541.

Dix, T.(1991). The affective organization of parenting: Adaptive and maladaptive processes. *Psychological Bulletin, 110*(1), 3-25.

Dinkmeyer, D., & Mckay, G. D. (1976). The parents Handbook. AGS, Circle pines.

Doherty, W. J. (1991). Beyond reactivity and deficit model of manhood: A commentary on articles by Napier, Pittman, and Gottman. *Journal of Marital and Family Therapy*, 17, 29-32

Dumas, J. E. & LaFreniere, P. J. (1993). Mother-child relationships as sources of support or stress: A comparison of competent, average, aggressive, and anxious dyads. *Child Development, 64*, 1732-1754.

Franz, C. E., McCelland, D. C., & Weinberger, J. (1991). Childhood antecedents of conventional social accomplishment in midlife adults: A 36-year prospective study. *Journal of Personality and Social Psychology, 60*(4), 586-595.

Ganong, L., & Coleman, M. (1994). *Remarried Family Relationships.* Sage Pub.

Garbarino, J., & Abramowitz, R. H. (1992). *The ecology of human development. In J. Garbarino, Children & families in the social environment.* (2nd ed., pp. 11-33). New York: Aldine De Gruyter.

Gilbert, K. R. & Murray, C. I. (2007). Health education on the web: Lessons learned. *Eta Sigma Gamma, 25*, 1-6.

Glenn, H. Erwin, C., & Nelen, J. (2000). *Positive discipline for your stepfamily: Nuturing harmony, respect, unity and joy in your new family.* New York: Crown Publishing Group.

Gordon, T. (1970). *Parent effectiveness training.* NY: Peter H. Wyden.

Gottman, J. M., Katz, L. F., & Hooven, SC. (1996). Parental meta-emotion philophy and the emotional life of families: Theoretical models and preliminary data. *Journal of Family Psychology, 10*(3), 243-268.

Guthrie H. A, Picciano MF. (1995). Human Nutrition, 574-584, Mosby. st. Louis..

Hartup, W., & Laursen, B.(1989). The dynamics of preschool children's conflicts. *Merrill-Palmer Quarterly, 35*(3), 281-297.

Hauser-Cram, P. (1996). Mastery motivation in toddlers with developmental disabilities. *Child Development, 67,* 236-248.

Herman, M. A., & Mchale, S. M. (1993). Coping with parental negativity : Links with parental warmth and child adjustment. *Journal of Applied Developmental Psychology, 14*(1), 121-136.

Jacobsen, M. L. (1969). *How to keep your family together and still have fun.* Grand Rapids, MI: Zondervan.

Jaffe, M. L. (1997). *Understanding parenting,* Boston, MA: Allyn & Bacon.

Keith-Spiegel, P. C. (1976). Children's rights as participants in research. In G.P. Koocher (Ed.), *Children's rights and the mental health professions*(53-82), New York: Wiley.

Kerr, M. E., & Bowen, M. (1988). *Family Evaluation*. New York, London: W. W. Norton & Company.

Kostelnik, M. J., Stein. L. C., Whiren, A. P., & Soderman, A. K. (1998). *Guiding Children's Social Development* (3rd ed). Albany, NY: Delmar.

Lasko et al., (1996). Adolescent depressed mood and parental unhappiness. *Adolescence, 31*(121), 49-57.

Luster, T., Rhoades, K., & Hass, B. (1989). The relation between parental values and parenting behavior: A test of the Kohn hypothesis. *Journal of Marrage and the Family, 51,* 139-147.

Maccoby, E. E. (1992). The role of parents in the socialization in the children: An historical overview. *Developmental Psychology, 28*(6), 1006-1017.

Matthews, H, & Ewen, D. (2006). Reaching All Children? Understanding Early Care andEducation Participation Among Immigrant Families. Center for Law and Social Policy. from http://www.clasp.org/publications/child_care_immigrant.pdf.

Matthews, H., & Jang, D. (2007). The Challenges of Change: Learning from the Child Care and Early Education Experiences of immigrant Families. Retrieved July 13, from http://www.clasp.org

Mcginni, K,. & Mcginni. J. (1979). *Purentingfor Peace and Jwtice*. New York: Orbis Books.

Mckey, G. D. (1976). Systematic Training for Effective Parenting: Effects on behavioral change of parents and children. Doctoral Dissertation, Uni. of Arizona. Dissertation Abstracts International, 37/06A, 3423.

Melendez, W., & Beck, V. (2009). *Teaching young children in multicultural classrooms issues, concepts, and strategies* (3th ed.). Belmont, CA: Wadsworth.

Moline, S. D. (1979). Systematic Training for Effective Parenting: A study of the effects of the program on abusive parents perceptions of their children's behaviors and attitudes towards the freedom of children. Doctoral Dissertation, Brigham Young University. Dissertation Abstracts International,

Vol. 40, 3786-A.

Murphy, G. L. (1997). Reasons to doubt the present evidence for metaphoric representation. *Cognition, 62,* 99-108.

Okagaki, L., & Divecha, D. J. (1993). Development and parental beliefs. In T. Luster & L. Okagaki (Eds.), *Parenting: An ecological perspective. Hillsdale,* NJ: Erlbaum.

Olsen, G., & Fuller, M. (2003). *Home-school relations: Working successfully with parents and families* (2nd ed.). Boston, MA: Pearson Education.

Papernow, P. (1993). *Becoming a stepfamily: Patttterns of development in remarried families.* NY: Gardner.

Pasley, K., & Thinger-Tallman, M. (1982). Stress in remaried families. *Family Perspective, 16*(4), 181-190.

Poe, M. (1992). *Black grandparents as parents. Berkeley,* CA: Author.

Powell, D. R., (1993). Supporting parent-child relationships in the early years: Lessons learned and yet to be learned. In T.H. Brubaker (Ed.), *Family relations: Challenges for the future.* Newbury Park, CA: Sage.

Robles de Melendez, W. (2006). Activities for the graduate course. *Planning the multicultural environment.* Summer. Fort Lauderdale, FL: Nova Southeastern University.

Roff, M., Sells, B., & Golden, M. (1972). *Social adjustment and personality development in children.* Minneapolis: University of Minnesota Press.

Sampson, R., & Laub, J. (1994). Urban poverty and the family context of delinquency: A look at the structure and process in a classic study. *Child Development, 65,* 523-540.

Simon, K.(1986). The Second Handbook on Parent Education: Contemporary Perspectives: Marvin J. *The Healthy Family: Is It Possible(53-71),* Academic Press.

Stern, M., & Karraker, K. H. (1988). Prematurity stereotyping by mothers of premature infants. *Journal of Pediatric Psychology, 13*(2), 255-263.

Stinett, N., & Defrain, J.(1989). The healthy family: Is it possible? In M. J. Fine (Ed.), *The second handbook on parent education.* New York: Academic Press.

Symons, D. K., & Moran, G. (1987). The behavioral dynamics of mutual responsiveness in early face-to-face mothe-infant interactions. *Child Development, 58,* 1488-1495.

Teti, D. M., & Gelfand, D. M. (1991). Behavioral competence among mothers of infants in the first year: The mediational role of maternal self-efficacy. *Child Development, 62,* 918-929.

Terner, J., & Pew, W. L. (1978). *The courage to be imperfect: The life and work of Rudolf Dreikurs.* New York: Hawthorn Books.

UN(1994). *Refugee Children: Guidelines on Protection and Care.* United Nations.

Vaux, A. (1988). Social and emotional loneliness: The role of social and personal characteristics. *Personality and Social Psychology Bulletin, 14,* 722-734.

Visher, E., & Visher, J. (1988). *Old Loyalties, New Ties: Therapeutic Strategies with Stepfamilies.* Brunner/Mazel.

_____(1997). Stepping together: Creating strong stepfamilies. NY: Brunner & Mazel.

Wallerstein, Judith., & Kelley, Joan. (1980). *Surviving the break-up: how children and parents cope with divorce.* New York: Basic Books.

Walsh, F. (2003). Clinical views of family normality, health and dysfunction: From deficit to strengths perspective. In F. Walsh (Ed.), *Normal family processes (3rd ed., 27).* New York: Guilford Press.

Walsh, F. & Pryce, J. (2003). The spiritual dimension of Family Life. In F. Walsh, (Ed.), *Normal family processes: Growing diversity and Complexity(337-372).* New York: Guilford Press.

Waterlow JC. (1972). *Classification and definition of protein-calorie malnutrition. BrMed J3*(826): 566-579.

Weber, M. (1981) 'Bureaucracy' in G. Grusky & G. Miller (Eds.) *The Sociology of Organization,* New York: Free Press, 7-36.

Williams J. G. (1979) Proper orbital elements and family memberships of the asteroids.

In Asteroids (T. Gehrels, ed. 1040-1063). Univ. of Arizona, Tucson.

Wuerffel, J. L. (1986). The relationship between humor and family strengths; Putdowns, sarcasm, jokes, wit. ETD collection for University of Nebraska, Lincoln. Paper AAI8620825.

국립수면재단.
http://sleepfoundation.org/how-sleep-works/how-much-sleep-do-we-really-need

국민건강보험공단. http://www.nhis.or.kr

교통안전공단. http://www.ts2020.kr

대한소아과학회. http://www.pediatrics.or.kr '모유 영양과 성인 지능과의 관계'

_____ '아토피 피부염 환자의 관리 수칙'

_____ '잠이 부족한 9세에서 12세 사이 아동은 비만해지기 쉬워'

대한모유수유의사회. http://www.bfmed.co.kr

대한치과의사협회. http://www.kda.or.kr.

범국민 손씻기 운동본부. http://www.handwashing.or.kr

북스타트코리아. http://www.bookstart.org

브리태니커 백과사전. http://preview.britannica.co.kr '고령화사회'

식품안전정보서비스 식품나라. http://www.foodnara.go.kr '식품 표시 바로 읽기'

아이코리아 부속 새세대 유치원. http://kidspia.or.kr

어린이 안전넷. http://isafe.go.kr/index.jsp

여성가족부. http://www.mogef.go.kr

연세대학교 어린이생활지도연구원. http://cdri.x-y.net/v2

존슨즈베이비. http://www.johnsonsbaby.co.kr

청소년 금융교육 협의회. http://www.fq.or.kr '엄마와 함께 하는 주말 금융ㆍ경제 교실'

청소년 정보이용 안전망 그린 I-net. http://www.greeninet.or.kr '자녀 지도 Tip'

_____ '텔레비전 프로그램의 시청 등급과 내용'

한국교류분석 협회. http://www.ta.or.kr

한국소비자원. http://www.kca.go.kr

한부모가족연구소. http://www.hanbumo.org

헬스 조선. http://healthchosun.com '성조숙증'

화랑초등학교 병설유치원. http://www.kbgjed.go.kr

찾·아·보·기

인 명

내 용

저자 소개

■ 박명순(Park Myong-Schun)

독일 튀빙겐 대학교 대학원 사회과학 박사(교육심리학 전공)

전 여성가족부 정책자문위원회 가족정책위원
    경기도가족여성연구원 원장

현 경인여자대학교 유아교육학과 교수
    한국교육심리학회, 한국다문화교육학회, 한국영재학회, 한독교육학회 이사

저 · 역서 및 논문
『교육심리학의 이해』(공저, 학지사, 1998)
『아동을 위한 세계시민교육』(공역, 학지사, 2012)
「농촌 다문화가족 아동의 가족생활만족도와 자아정체성에 따른 또래관계에 관한 연구」(2013)
「농촌 거주 다문화가정 아동이 인식한 부모와의 갈등 및 의사소통에 관한 연구」(2014) 외 다수

■ 김현경(Kim Hyun-Kyoung)

덕성여자대학교 대학원 교육학 박사(유아교육 전공)

현 경인여자대학교 유아교육학과 교수
    한국유아교육보육복지학회 학술팀장

저 · 역서 및 논문
『유아다문화교육』(공저, 창지사, 2010)
『아동을 위한 세계시민교육』(공역, 학지사, 2012)
「다문화가정 유아의 유아교육기관 적응 관련 변인 분석」(2009)
「유아교사의 문화지능에 관한 연구」(2012) 외 다수

■ 이수현(Lee Soo-Hyun)

경기대학교 대학원 유아교육학 박사수료

전 동남보건대학교 강사

현 경인여자대학교 유아교육학과 강사

논문
「유아의 학교준비도에 영향을 미치는 변인에 관한 연구」(2014)
「유아의 성과 주변 환경 변인이 학교준비도에 미치는 영향: 부모의 교육수준, 어머니의 학습관여,
    교사의 지도방법 및 가정과 교실의 문해환경을 중심으로」(2014) 외 다수